区块链物联网融合技术与应用

李志祥 褚云霞 张岳魁 贾子恒 刘波 张军◎著

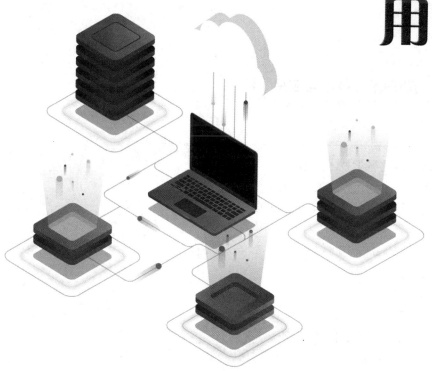

河北科学技术出版社
·石家庄·

图书在版编目（ＣＩＰ）数据

区块链物联网融合技术与应用 / 李志祥等著. -- 石
家庄：河北科学技术出版社，2022.6
ISBN 978-7-5717-1146-7

Ⅰ．①区… Ⅱ．①李… Ⅲ．①区块链技术－研究②物
联网－研究 Ⅳ．①F713.361.3②TP393.4③TP18

中国版本图书馆CIP数据核字(2022)第095510号

区块链物联网融合技术与应用

QUKUAILIAN WULIANWANG RONGHE JISHU YU YINGYONG

李志祥等　著

出版发行	河北科学技术出版社	
地　　址	石家庄市友谊北大街330号（邮编：050061）	
印　　刷	定州启航印刷有限公司	
经　　销	新华书店	
开　　本	710mm×1000mm　1/16	
印　　张	18.5	
字　　数	266千字	
版　　次	2022年6月第1版	
印　　次	2022年6月第1次印刷	
定　　价	98.00元	

内容简介

本专著总结了最新的区块链技术在物联网中的应用设计／应用理论、方法和实践经验，并基于国内、国际最新的区块链技术在物联网中的应用方向，旨在为中国区块链技术在物联网中的应用规划设计提供全新的理论架构、设计逻辑和方法、评估模型与实践。

物联网正在改变人类的日常生活，有着巨大的经济效益。然而物联网的数据安全和可信任不足严重限制了其发展。区块链是一种防篡改、共享的、可追溯的一种分布式账本技术，在不同的位置保持数据的一致记录，并且能在某些方面解决物联网中的数据安全问题。在为物联网提供数据安全的同时，区块链也面临着物联网固有的一些关键挑战，如大量的物联网设备、非同质的网络结构、有限的计算能力、低通信带宽和不稳定的无线链路。本专著综合讲述了现有的区块链技术，重点介绍了物联网的应用。区块链技术可以潜在地解决物联网带来的关键挑战，从而适合物联网应用，这些技术通过对区块链共识协议和数据结构的潜在调整增强而得到确认。对未来的研究方向进行了梳理，以实现区块链与物联网的有效整合。

本专著适合作为区块链技术在物联网中的应用建设运营方（包括金融、通信、政府、企业、军队、公共设施、社会机构等）、各设计院工程技术人员、系统集成／智能建筑/IT 等行业技术人员参考用书，也可作为高校学生的教材或研究院所的参考用书。

前　言

随着电子信息技术的快速发展，物联网成为人们日常工作和生活中不可缺少的元素。物联网设备数量的激增和中心化的管理架构给物联网的发展带来了严峻的挑战，区块链技术的去中心化和不可篡改等特点可以用来解决物联网的上述难题，故此将区块链技术应用到物联网领域成为研究热点。随着区块链技术在物联网应用中的深入研究，本书首先介绍了物联网的行业痛点和区块链相关技术，然后分析了将区块链技术应用到物联网领域的论文和白皮书，把融合文献分为平台架构和应用场景两类进行归纳总结，并调研了应用领域的典型公链和商业项目，指出了将区块链技术应用于物联网领域所面临的挑战与机遇，讨论了相应的解决方案，最后展望了新技术未来的发展趋势，提出未来研究方向应侧重于安全架构、适配性、性能提升和应用研究等方向。

本书是作者多年来从事区块链物联网融合技术与应用研究教学的成果总结。本书力求重点突出、论述清楚，做到深入浅出、通俗易懂，注重理论研究与实际应用技能的结合，便于读者自学。

本书结合区块链技术在物联网中的应用维护行业的特点，着重从实践的角度去讲述区块链技术在物联网中的应用的技术、应用和发展等方面的知识。全书共 7 章，主要介绍区块链技术在物联网中的产生背景、物联网技术、区块链技术、物联网区块链融合技术、融合应用以及物联网区块链融合研究方向等。全书具有严密的内在逻辑，物联网技术及其特点、区块链技术及其特点概述等两章分别讲解物联网与区块链技术，为融合应用研究奠定基础；接着通过阐述物联网技术存在的问题，引出利用区块链解决物联网问题的可能性；而后研究了物联网与区块链融合的理论可行性、物联网与区块链融合的商业实践，以及物联网与区块链融合开发技术，最后探讨了物联网与区块链融合几个可能的研究方向。

本书参阅了大量国内外文献，选择成熟的理论，对目前研究现状进行跟踪，补充了新的研究成果。全书充分考虑了内容组织的系统性和完整性，特别突出了各项技术的实用性，可以作为区块链技术在物联网中应用的培训教材，也可供本科生、研究生及其他信息技术爱好者学习参考。

本书由李志祥、褚云霞、张岳魁、贾子恒、刘波合著，褚云霞、张岳魁完成第一章和第二章前半部分，李志祥、贾子恒完成第二章后半部分和第三章，第四章由张岳魁、刘波共同完成，第五章由李志祥、褚云霞共同完成，第六章由褚云霞、贾子恒共同完成，第七章由李志祥完成。全书由李志祥统一编排定稿。

本书是河北省物联网区块链融合重点实验室（编号 SZX2020033）、河北省物联网安全与传感器检测工程研究中心、河北省物联网智能感知与应用技术创新中心（编号 SG20182058）等科研平台建设的成果，是在 2020 年石家庄市科技计划项目"基于区块链的物联网数据安全管理与交易平台（编号 211130221A）"、2021 年石家庄市科技孵化计划项目"基于 5G 智能边缘网关与区块链农业监控系统的开发（编号 211540079A）"等科研项目研究成果的基础上进一步总结完善形成的。另外在编写工作中，参考和引用了有关文献内容，在此谨表深切谢意。

由于著者水平有限，书中不足之处在所难免，恳请读者批评指正。

本书编写组

2022 年 4 月

目　录

第一章　区块链物联网融合概述

万物互联时代，数以百亿的物联网终端设备如何管理、如何实现数据交换、如何保障信息安全，是物联网发展亟须解决的问题。区块链技术的兴起，为物联网设备的交易、安全、管理等环节提供了新的解决方案。

第一节　研究背景

物联网是通过传感器实现物联化、互联化、智能化的网络连接，以全面感知、可靠传送和智能处理将人、物品和网络全面连接。

在我国的战略性新兴产业中，包括物联网在内的新一代信息技术产业具有资源消耗少、环境影响少等特点，呈现出迅速发展的势头。近年来，物联网网络和业务发展迅速。随着越来越多的设备的接入需求，现有的基于中心化信任管理的物联网网络与业务平台将面临越来越多的挑战。2020 年物连设备数量超过 500 亿，2025 年物连接数可能超过 1000 亿。万物互联将重新塑造现有网络与业务平台。我国已形成基本齐全的物联网产业体系，部分领域已形成一定市场规模，网络通信相关技术和产业支持能力与国外差距相对较小，传感器、RFID 等感知端制造产业、高端软件和集成服务与国外差距相对较大。仪器仪表、嵌入式系统、软件与集成服务等产业虽已有较大规模，但真正与物联网相关的设备和服务尚在起步。

在物联网网络通信服务业领域，我国物联网 M2M 网络服务保持高速增长势头，目前 M2M 终端数已超过 1000 万，年均增长率超过 80%，应用领域覆盖公共安全、城市管理、能源环保、交通运输、公共事业、农业服务、医疗卫生、教育文化、旅游等多个领域，未来几年仍将保持快速发展。三大电信企业在资源配置方面积极筹备，加紧建设 M2M 管理平台并推出终端通信协议标准，以推进 M2M 业务发展。国内通信模块厂商发展较为成熟，正依托现有优势向物联网领域扩展。尽管我国在物联网相关通信服务领域取得了不错的进展，但应在 M2M 通信网络技术、认知无线电和环境感知技术、传感器与通信集成终端、RFID 与通信集成终端、物联网网关等方面提升服务能力和服务水平。

在物联网应用基础设施服务业领域，虽然不是所有云计算产业都可纳入物联网产业范畴，但云计算是物联网应用基础设施服务业中的重要组成部分，物联网的大规模应用也将大大推动云计算服务发展。云安全方面，我国企业具有一定的特点和优势。随着物联网应用的规模推进、互联网快速发展和国家信息化进程的不断深入，我国云计算服务将形成巨大的市场需求空间。

在物联网相关信息处理与数据服务业领域，信息处理与数据分析的关键技术主要是数据库与商业智能。我国数据库产业非常薄弱，知名企业只有三四家，只占国内市场 10% 左右的份额。商业智能（BI）领域我国虽然技术相对落后，但已形成了一定规模，国内现有 BI 厂商有近 500 家，但高端市场仍由国际厂商垄断。整体而言，我国拥有自主知识产权的数据库产品、BI 产品和掌握关键技术的软件企业少，产业链不完整，缺乏产品线完整、软硬结合、竞争力强的国际企业。

在物联网应用服务业领域，整体上我国物联网应用服务业尚未成形，已有物联网应用大多是各行业或企业的内部化服务，未形成社会化、商业化的服务业，外部化的物联网应用服务业还需一个较长时期的市场培育，并需突破成本、安全、行业壁垒等一系列制约。

到目前为止我国尚未形成真正意义的物联网产业形态和爆发点，物联网有形成巨大市场的潜力，但潜在空间转化为现实市场还需要较长时间培育，关键点是通过技术和应用创新形成新兴业态和新增市场。物联网近年来的发展已经渐成规模，但在长期发展演进过程中也仍然存在许多需要攻克的难题。

1. 在设备安全方面

缺乏设备与设备之间相互信任的机制，所有的设备都需要和物联网中心的数据进行核对，一旦数据库崩塌，会对整个物联网造成很大的破坏。

2. 在个人隐私方面

中心化的管理架构无法自证清白，个人隐私数据被泄露的事件时有发生。

3. 在扩展能力方面

目前的物联网数据流都汇总到单一的中心控制系统，未来物联网设备将呈几何级数增长，中心化服务成本难以负担，物联网网络与业务平台需要有新型的系统扩展方案。

4. 在通信协作方面

全球物联网平台缺少统一的技术标准、接口，使得多个物联网设备彼此之间通信受到阻碍，并产生多个竞争性的标准和平台。

5. 在网间协作方面

目前很多物联网都是运营商、企业内部的自组织网络。涉及跨多个运营商、多个对等主体之间的协作时，建立信用的成本很高。

区块链是一种在对等网络（也称分布式网络、点对点网络）环境下，通过透明和可信规则，构建可追溯的块链式数据结构，实现和管理事务处理的模式，具有分布式对等、链式数据块、防伪造和防篡改、透明可信和高可靠性等五个方面的典型特征。自区块链技术产生后，凭借着"不可篡改""共识机制"和"去中心化"等特性，能解决物联网的一些问题。

1. 降低成本

区块链"去中心化"的特质将降低中心化架构的高额运维成本。

2. 隐私保护

区块链中所有传输的数据都经过加密处理，用户的数据和隐私将更加安全。

3. 设备安全

身份权限管理和多方共识有助于识别非法节点，及时阻止恶意节点的接入和作恶。

4. 追本溯源

数据只要写入区块链就难以篡改，依托链式的结构有助于构建可证可溯的电子证据存证。

5. 网间协作

区块链的分布式架构和主体对等的特点有助于打破物联网现存的多个信息孤岛桎梏，以低成本建立互信，促进信息的横向流动和网间协作。

国务院发布《"十三五"国家信息化规划》，首次提出加强区块链等新技术的创新、试验和应用；工信部发布《软件和信息技术服务业发展规划（2016—2020年）》，提出到2020年基本形成具有国际竞争力的产业生态体系，布局区块链等前沿技术研究和发展；国务院在2017年8月印发《关于进一步扩大和升级信息消费持续释放内需潜力的指导意见》，鼓励利用开源代码开发个性化软件，开展基于区块链、人工智能等新技术的试点应用。工信部指导国内区块链相关企业机构，开展区块链技术和应用研究，推进区块链标准化。除此之外，多个地方政府也对区块链行业加强政策支持。2017年6月贵阳发布了《关于支持区块链发展和应用的若干政策措施（试行）》，2017年7月，无锡市政府依据《无锡市加快发展以物联网为龙头的新一代信息技术产业三年（2017—2019年）行动计划》制定的2017年度工作实施方案中，提出推进区块链技术在物联网等新一代信息技术产业中的应用。

区块链可以提供三个方面的应用能力：一是通过对等网络提供计算、存储、网络和平台资源等基础设施，二是管理、查询和分析对等网络中的数据，三是通过对等网络提供数字资产交易、财务、支付结算等应用服务。

区块链具有独特的技术特征，可以有效解决物联网发展中面临的大数据管理、信任、安全和隐私等问题，从而推进物联网发展到分布式、智能化的高级形态。区块链可以为物联网提供信任、所有权记录、透明性和通信支持，实现可扩展的设备协调形式，构建高效、可信、安全的分布式物联网网络，以及部署海量的设备网络中运行的数据密集型应用，同时为用户隐私提供有效的保障。

区块链在物联网中作为一种普适性的底层技术，可以为大规模物联网网络提供高容纳性的、可信任的基础设施。区块链应用于工业生产等领域的物联网，可以降低中心化设备网络的运营和信用成本，提高运营效率和工业资产利用率。同时，通过身份验证、授权机制等技术，区块链还可以从存储、信息传递等方面保证物联网的安全性和隐私性。此外，区块链能带来物联网智能化应用模式的扩展，促进商业模式创新（如图 1-1 所示）。

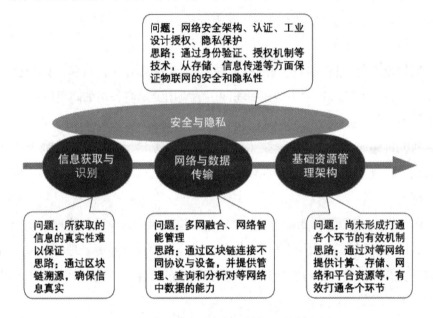

图 1-1 物联网面临的问题和区块链提供的解决思路

区块链的产生，让物联网变得更加有价值；而物联网的存在，给了区块链大展拳脚的机会。区块链与物联网的组合，将带给互联网时代一次规模宏大的技术改革。区块链与物联网的结合，会为我们的未来带来不可估量的价值。

第二节　研究现状

区块链物联网融合是目前学术界最活跃的研究主题之一，其核心是利用区块链技术解决物联网中存在的问题，进而让物联网真正发挥其万物互联的作用，更好地为社会服务。

面对区块链物联网融合这个热门技术，全球范围内有很多项目在努力做融合，有基于分布式账本的，有专门做溯源的，也有做 IoT 操作系统的，种类繁多。但应用落地成功案例少，很多解决方案很难从数学上证明可行性。

另外硬件的门槛让很多开发者望而却步，硬件并不是标准的，很多应用开发者最终发现，由于硬件的原因而失败。由于历史原因，做硬件，做嵌入式的，又比较少懂区块链，毕竟区块链涉及密码学、博弈论、P2P 协议、智能合约、分布式数据库等技术。

区块链在物联网领域的应用探索在 2015 年前后开始，目前国内外已经有一批企业和机构投入到区块链在物联网中的应用。知名公司如阿里巴巴、京东、中兴、中国联通、万向、IBM、Cisco、Bosch、Toyota、Walmart、Siemens 等。知名研究机构如：麻省理工学院（MIT）、清华大学等。同时，初创企业也在不断涌现，这些企业和机构正在探索或已经初步实现区块链在物联网多个领域中的应用。

区块链在物联网领域的应用主要集中在物联网平台、设备管理和安全等方向，具体包括智能制造、车联网、农业、供应链管理、能源管理等领域。目前国内外在智能制造、供应链管理等领域有一些已经成熟的项目，其他领域的项目多处于研发阶段。

比较成熟的应用如：2016 年 10 月 Bluemix 平台下的区块链项目，在物联网云平台的基础上加入区块链服务，根据用户需求实现不同功能。Blocklet 项目把各种电子设备登记在区块链上来建立物联网，同时将区块链应用在智能农场里来确保精准农业数据不被篡改。京东和科尔沁农业于 2017 年 5 月进行了基于区块链技术的全程牛肉的追溯案例。众安科技于 2017 年 6 月推出的步步鸡项目使消费者收到商品后可以通过产品溯源 APP 进行防伪溯源信息查询。Walmart 联合清华大学应用区块链的猪肉市场供应链项目在 2017 年 6 月进入试运行阶段。

早期阶段项目如：2016 年 9 月，万向控股对外发布了计划投资 2000 亿元的"万向创新聚能城"项目，其中包括融合以区块链、物联网、人工智能、微电网为代表的技术，实现新型的去中心化能源交易与管理系统。Siemens 与相关企业合作推动基于区块链的智能电网项目 TransActive Grid。Cisco、Bosch、

BNY　Mellon等公司在2017年1月新成立了专注于物联网与区块链交互的联盟，并且已开展了相关的开发工作。阿里巴巴、中兴、中国联通在 2017 年 3 月宣布共同打造物联网区块链框架。2017 年 5 月中国区块链与物联网融合创新应用蓝皮书 Toyota 公司与 MIT 媒体实验室达成合作关系，共同探索区块链在自动驾驶方面的应用。

物联网与区块链完美案例的一个例子是澳大利亚电信巨头澳大利亚电信公司。2017 年，这家公司开始引入物联网技术，并正在利用区块链技术来保护公司的智能家居生态系统。截至现在，这家公司的大多数智能家居设备都是通过使用移动应用程序来控制的。值得一提的是，该公司还将用户生物信息识别融入了区块链技术中去，这是一个单独的安全层，它使用区块链来验证设备的身份以及与这些使用这些设备的人士，来确保安全性。

区块链的技术优势为物联网生态的建立和完善提供了最佳的选择和重要的支撑。通过在设备身份权限管理、智能合约机制、数据安全与隐私保护、数据资源交易信任机制等诸多方面的突破，并与物联网各主体以及金融、保险等资源互为融合，增加信任，保护隐私，重构线上和线下开放式的价值信用体系，极大地拓展了物联网的增值服务和产业增量空间，将广泛影响工业、农业、医疗、健康、环保、交通、安全、金融、保险、物品溯源、供应链、智慧城市综合管理等诸多领域,实现从信息互联到价值互联的巨大转变（如图 1-2 所示）。今后，随着研究越发成熟，将有越来越多的成功应用诞生。

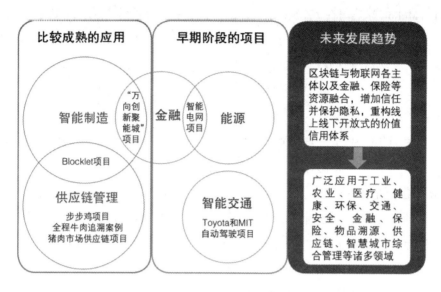

图 1-2　区块链在物联网中应用的现状和发展趋势

第三节　研究内容

物联网（Internet of Things，IoT）正在将传统产业改变成为以数据驱动决策为特征的智能产业。像密码技术这样传统单一安全机制不足以在巨大的规模下保持数据的完整性，这就严重限制了物联网未来的应用。物联网所立足的互联网本质上是不安全的，数据安全是设计中的一个薄弱环节，这从不断升级的补丁和不断手动处理中可以显示。此外物联网的架构与互联网有着本质上的不同，它将网络连接数量和计算能力扩展到如传感器和临时装置这样的有限计算能力的对象，这些设备无须人工干预就能自动生成、交换和使用数据。对于物联网简单地将计算能力提高、增加网络安全预算方案既不值得推广，也不实用。云服务以互联网为基础，广泛应用于海量物联网数据的处理和存储。在通常情况下，物联网数据通过云方案可以存储在不同的服务器内，以分布式方式进行处理和访问。然而，云服务继承了互联网的不安全的特性，并且容易受到诸如 SQL 注入和数据篡改等网络攻击，并且容易受到单节点故障的影响。通常，正如物联网应用所预测的那样，云服务无法确保数据的完整性和可用性。

作为一个分布式、不可破坏和防篡改的账本数据库，区块链可以解决物联网的安全问题，尤其是可以解决数据完整性和可靠性这两方面。区块链允许软件应用程序以可信和对等分布方式发送和记录交易/事件。区块链正在被迅速推广普及，并广泛用于智能合约、分布式存储和数字资产等方面的应用。区块链在物联网中的可能应用包括记录事件（如温度、湿度或位置信息）和创建防篡改账本，这些账本仅对有特定权限的管理者（如供应链中的特定参与者）可读。

通过区块链技术的应用，可以满足物联网安全性能的需求。区块链的以下显著特征有助于物联网应用的完整性，从而增强物联网的安全性。

1. 分散化

区块链的点对点网络设置特性适合典型分布的物联网网络。区块链可以记录多方之间的信息交易，而无须中央服务器进行协调。这可以提供灵活的网络配置，并降低单点故障的风险。

2. 完整性

区块链能够以可验证的方式永久保存交易。具体来说，交易中发送者的签名可以保证交易的完整性和不可否认性。区块链的散列链结构确保任何记录的数据都不能更新，甚至部分更新。区块链的一致性协议可以保证记录的有效性和一致性。协议还解决了失败和攻击，例如在工作量证明（Proof of Work，PoW）中散列能力小于1/2的攻击者不能改变结果，或在实用拜占庭容错（Practical Byzantine Fault Tolerance，PBFT）共识协议中节点数小于1/3的攻击者能反映真实结果。所有这些都对物联网应用至关重要，在这些应用中，物联网数据可以由异构设备或在异构网络环境中生成和处理。

3. 匿名性

区块链可以使用可更改的公钥作为用户身份，以保持匿名性和隐私性。这对许多物联网应用和服务很有吸引力，特别是那些需要保密身份和隐私的应用和服务。

将区块链应用于物联网已经在学术界和工业界兴起，其目标是提供安全性。从这个意义上讲，云可以为物联网应用提供分布式存储，而区块链可以保障存储的完整性，防止数据篡改。区块链和云可以集成为基于区块链的分布式云。

然而，由于上述物联网设备的大规模部署、具有强分区的非同质网络结构，以及随后巨大的感官数据和对区块链高容量（即高交易或块生成速度）的需求，现有的区块链技术对于物联网应用来说可能是低效的。尤其是物联网设备和网络的物理特性，如有限的带宽和连接性、非平凡的网络拓扑结构和不可预测的链路延迟，会导致在不同位置以分布式方式维护的记录之间的差异或不一致。事实上，记录的生成速度需要受到块的传播速度的限制，块是区块链的数据单元。现有的区块链技术几乎无一例外地在应用层运行，忽略了网络和设备的这些物理方面，大大降低了区块生成速度，远远低于传播速度，从而导致区块链的低效使用。

在本书中，我们研究了物联网应用中区块链的主要挑战和好处。从共识协议和数据结构的角度分析了最新的区块链技术。介绍了当前物联网应用区块链技术的局限性以及未来可能的研究方向。

最近有很多关于区块链的研究，以及关于物联网应用的区块链。这些研究着重于设计和应用。相比之下，在本书中更强调区块链的理论背景。特别感兴趣的是确定现有理论的局限性和差距，并了解它们对物联网应用区块链可扩展设计的影响。

本书总结了区块链和基于区块链的物联网应用的最新研究突破。它基于从Google Scholar、Web of Science、IEEE Xplore、Elsevier 以及在线资源库获取的参考文献，以便及时学习区块链技术。参考文献按照以下区块链物联网技术的五个重要方面进行了整体分类。

针对物联网安全问题，本书首先总结了物联网的特点，并在第二章对物联网进行了安全分析。特别关注物联网网络和应用的独特特性，如移动性、低成本、高吞吐量要求、大量设备、大物联网数据、分散的网络架构和不稳定的连接。通过对物联网最新安全研究的回顾，指出了物联网的安全问题，如对终端设备的攻击、对通信信道的攻击、对网络协议的攻击、对感知数据的攻击、拒绝服务攻击和软件攻击。

以第一个区块链应用（即比特币）为例，第三章提供了区块链的初步内容，包括链式数据结构、区块链访问方式、拜占庭将军的问题和共识协议。通过回顾理论攻击模型，分析现有的区块链攻击，对区块链进行安全性分析。典型的攻击包括双重开销攻击、一致协议攻击、日蚀攻击（Eclipse Attack）和分布式拒绝服务攻击。如第三章所述，区块链还存在编程欺诈、智能合约漏洞和私钥泄漏等问题。从区块链的三个主要类别，即公共区块链、私人区块链和混合区块链，进一步阐述了物联网中最新区块链技术的适用性。详细说明了常用的块验证机制，如工作量证明、X的证明和拜占庭容错。除了链结构之外，还介绍了其他有助于提高区块链性能、有利于区块链在物联网中应用的数据结构，包括有向无环图（DAG，Directed Acyclic Graph）、贪婪最重可观察子树协议（Greedy Heaviest-Observed Sub-Tree，GHOST）等。从能力、规模、特点等方面比较了具有影响力的项目和技术。

在第四章中，主要从数据存储、数据传输，跨主体协作、身份鉴权、隐私保护、降低成本和可证可溯等方面讲述了区块链物联网融合优势，然后从数据管理、系统安全、计算、存储和网络资源解决方案、身份验证、隐私保护、信任机制和访问控制方面介绍了区块链物联网平台架构融合。在本章的最后讲述了工业4.0、车联网、智慧城市、农业溯源、产品溯源、环保监管、智能合约应用和其他区块链物联网应用融合技术。

本书第五章主要讲述了区块链物联网融合技术，从区块链物联网融合技术架构、基于区块链的物联网信息安全、基于区块链的物联网信息隐私保护、基于区块链的物联网数据资产化等。随后介绍了区块链物联网融合技术发展趋势和区块链物联网融合应用实践中的IOTA——为物联网而生的区块链技术、基于树莓派+以太坊实现设备控制和Hyperledger Fabric+树莓派搭建物联网网关等实用案例。

本书第六章回顾了基于产业区块链的物联网应用和项目，重点介绍了基于区块链的物联网应用的两种典型结构，即物联网涉及的区块链和作为物联网服务的区块链。通过研究区块链的性能和物联网需求，提出了区块链在物联网中应用的关键挑战。研究了可应用于物联网应用的潜在区块链设计和技术，随后讨论了隐私、身份和访问控制。从典型公链、商业项目和区块链物联网融合应用案例来讲述，典型公链介绍了艾欧塔—IOTA 和沃尔顿链—WTC。区块链物联网融合应用案例介绍了物联网数据资产化、安全与隐私保护、农业领域应用和电力行业应用。

最后一章从数据存储、IoT 的移动性和分区容错、高延迟和高能耗等方面指出了一些研究方向和机会，以弥合物联网应用需求与当前区块链技术限制之间的差距。潜在的研究方向包括侧链、物联网指定共识算法、简化支付验证和可编辑区块链。

第二章　物联网技术概述

物联网是指通过各种信息传感器、射频识别技术、全球定位系统、红外感应器、激光扫描器等各种装置与技术，实时采集任何需要监控、连接、互动的物体或过程，采集其声、光、热、电、力学、化学、生物、位置等各种需要的信息，通过各类可能的网络接入，实现物与物、物与人的泛在连接，实现对物品和过程的智能化感知、识别和管理。物联网是一个基于互联网、传统电信网等的信息承载体，它让所有能够被独立寻址的普通物理对象形成互联互通的网络。

第一节　物联网的发展

一、物联网的产生

（一）物联网的起源

物联网概念最早出现于比尔·盖茨1995年《未来之路》一书，在《未来之路》中，比尔·盖茨已经提及物联网概念，只是当时受限于无线网络、硬件及传感设备的发展，并未引起世人的重视。

1998 年，美国麻省理工学院创造性地提出了当时被称作 EPC 系统的"物联网"的构想。

1999 年，美国 Auto-ID 首先提出"物联网"的概念，主要是建立在物品编码、RFID 技术和互联网的基础上。过去在中国，物联网被称之为传感网。中科院早在 1999 年就启动了传感网的研究，并已取得了一些科研成果，建立了一些实用的传感网。同年，在美国召开的移动计算和网络国际会议提出了，"传感网是下一个世纪人类面临的又一个发展机遇"。

2003 年，美国《技术评论》提出传感网络技术将是未来改变人们生活的十大技术之首。

2005 年 11 月 17 日，在突尼斯举行的信息社会世界峰会（WSIS）上，国际电信联盟（ITU）发布了《ITU 互联网报告 2005：物联网》，正式提出了"物联网"的概念。报告指出，无所不在的"物联网"通信时代即将来临，世界上所有的物体从轮胎到牙刷、从房屋到纸巾都可以通过因特网主动进行交换。射频识别技术（RFID）、传感器技术、纳米技术、智能嵌入技术将到更加广泛的应用

（二）国外发展情况

作为物联网发展排头兵的 RFID 技术，早在"二战"时期就出现了，后来在美国对伊拉克战争中得到大量使用，用于管理军需后勤物资。1991 年，由美国提出普适计算的概念，它具有两个关键特性：一是随时随地访问信息的能力；二是不可见性，通过在物理环境中提供多个传感器、嵌入式设备，在用户不察觉的情况下进行计算和通信。1999 年，在美国召开的移动计算和网络国际会议提出了传感网的概念，认为"传感网是下一个世纪人类面临的又一个发展机遇"。美国国防部在 2000 年时把传感网定为五大国防建设领域之一，仅在美墨边境"虚拟栅栏"（即防入侵传感网）上就投入了 470 亿美元。2009 年 2 月 17 日，奥巴马签署生效的《恢复和再投资法案》批准推进"智慧地球"中两个领域的发展——智慧的电网和智慧的医疗，前者批准投资为 110 亿美元，后者为 190 亿美元；同时批准宽带网络投资 72 亿美元。"智慧地球"得到美国各界的高度关注，并上升至美国的国家战略，由此引发了世界各国对物联网的追捧。2000 年 3 月在葡萄牙的里斯本举行的欧洲首脑特别会议上，欧洲理事会提出了一个未来十年的战略目标——使欧盟成为世界上最有竞争力、经济最活跃的知识经济

体。为了实现这个目标,需要一个全球性的战略,即建设"为所有人的信息社会"。2006 年 3 月，欧盟召开会议 "From RFID to the Internet of Things"，对物联网做了进一步的描述。2008 年在法国召开的欧洲物联网大会的重要议题包括未来互联网和物联网的挑战、物联网中的隐私权、物联网在主要工业部门中的影响等内容。2009 年 6 月 18 日,欧盟委员会发布了世界第一个物联网发展战略——《欧盟物联网行动计划》(Internet of Things：An action plan for Europe)，描绘了物联网技术应用的前景，并提出要加强欧盟政府对物联网的管理，消除物联网发展的障碍。

（三）国内发展情况

2009 年 8 月 7 日，温家宝总理在江苏考察期间，到中科院无锡高新微纳传感网工程技术研发中心考察，听取了我国传感网发展和运用的汇报。"传感网""物联网"一时成为热点，引起广泛关注。"物联网"概念在中国移动总经理王建宙的大倡导下，已开始迅速普及，中国电信和中国联通也快马加鞭赶了上来。在 2009 年 9 月 16 日正式开幕的"2009 年中国国际信息通信展览会"上，三大运营商"物联网"业务全部登台亮相。中国移动的"物联网"展台展出了物流信息化、企业一卡通、公交视频、校讯通、手机购电等主题，这些业务都是物联网概念统合下的业务分支。中国电信将物联网业务分成两部分——"平安 e 家"和"商务领航"。面向家庭的业务"平安 e 家"于两年前推出，那时物联网概念还没有出现。该业务可利用网络传输，结合感应技术，为用户提供以家庭为单位的安防、看护、紧急呼叫等功能。而以"商务领航"为业务统合名称的业务主要面向企业用户，包括：车辆定位、农村信息化、渔业监控、全球眼等，用户范围涉及交通、司法、农林牧副渔等领域。中国联通的 3G 污水监测业务更脱离了个人消费的传统应用领域。这项业务可以通过 3G 网络，实时对水表、灌溉、水文、水质等动态数据进行监测，还可以对空气质量、碳排放和噪声进行监测。

二、物联网的定义

物联网一词最早于 1999 年由英国工程师 Kevin Ashton 在宝洁公司的一次演讲中首次提出。物联网简体而言就是物体与物体之间的互通互联，其目的是让所有的物体都能够远程感知和控制，并与现有的网络连接在一起，形成一个更加智能的生产生活体系，也就是把世上的每一件物品，都编码、扫描、感知，而后通过网络传输和处理。成为可以追踪、控制、操纵的对象。目前国际上并没有形成关于物联网的明确的通用官方定义。国际电信联盟在 20 年物联网报告中，将物联网形容成为一个无所不在的计算及通信网络，在任何时间、任何地方，任何人、任何物体之间都可以相互联结。我国国务院在今年政府工作报告中，把物联网注释为：是指通过信息传感设备，按照约定的协议，把任何物品与互联网连接起来，进行信息交换和通讯，以实现智能化识别、定位、跟踪、监控和管理的一种网络。它是在互联网基础上延伸和扩展的网络。总之，物联网，也叫传感网，是指通过电子标签、传感器、智能芯片以及传输网络实现对物体进行标识、信息收集和处理以及信息传输，从而实现人对物或物对物的互联，最终实现对物体智能控制，并在此基础之上产生一系列行业应用的一种产业形态。

第二节　物联网的架构及关键技术

一、物联网的构架

物联网总体上由三层典型技术架构组成，即可以分成感知层、网络传输层和应用层（如图 2-1）。从产业链的角度，物联网以传感感知、传输通信、运算处理为基础，形成面向最终用户的具体应用解决方案。传感感知是基础，传输通信是保障，运算处理是能力，并以行业应用解决方案为核心的。

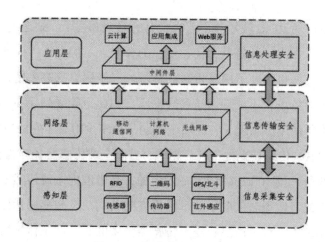

图 2-1　物联网的三层结构

（一）感知层

感知层是物联网的基础，是联系物理世界与信息世界的重要纽带。感知层是由大量的具有感知、通信、识别能力的智能物体与感知网络组成。目前的主要技术有：RFID 技术、二维码技术、ZigBee 技术和蓝牙技术。

ZigBee 技术是一种近距离、低复杂度、低功耗、低速率、低成本的双向无线通信技术。ZigBee 由于价格相对昂贵，其次协议占带宽的开销量对信道带宽要求较高，在技术实现方面，ZigBee 协议开发难度很大，大多数 ZigBee 协议还没开源，各家厂商通信协议互不兼容，极大地阻碍了设备的统一性，所以相比 ZigBee 和蓝牙技术，我国在二维码技术与 RFID 技术的建设较多。

RFID 作为用途最广泛的自动识别技术近些年颇受企业关注，据悉，RFID 是一种非接触式的自动识别技术，它通过射频信号自动识别目标对象，可快速地进行物品追踪和数据交换。识别工作无须人工干预，可广泛适用于各种领域，如物流和供应链管理、门禁安防系统、电子支付、生产制造和装配、物品监视、汽车监控、动物身份标识等。目前我国在 RFID 的领军企业有深圳远望谷、上海复旦微电子、深圳先施科技、北京航天金卡等。

但目前 RFID 发展也存在这许多的问题，首先是成本较高。其次是可靠性较差，相比二维码技术，RFID 读取资料的准确性不那么尽如人意。最后是兼容性较差，目前的 RFID 技术并不兼容现有的系统和技术，缺乏统一的标准。

二维码技术作为一种信息交换、传递的介质，不但在质方面使应用水平得以提升，在量方面也拓宽了信息传递的领域。二维码具有高密度、高容量、纠错强和成本低等特点，不依赖网络和数据库，因此也颇受到厂商的关注。但近年来，在二维码使用中出现了各种安全问题，也多少阻碍了它的应用和发展。

物联网时代，传感器无处不在。据悉，目前全球传感器各类约有 2 万多种，我国已拥有科研、技术和产品约为一万多种，其中国内主流传感器厂商以汽车传感器为代表的有航天时代电子技术股份有限公司、常州盛士达传感器有限公司等，以仪器仪表、称重产品、压力传感器为主的有西门子传感器与通讯有限公司、广州市西克传感器有限公司等。这些传感器被广泛应用于航天、航空、国防科技、医疗设备以及工农业等各个领域。为我们实现智慧城市迈出了坚实的一步。

由于目前对传感器尚无一个统一的分类方法，目前常见的传感器包括压力、温度、光电、湿度等。随着市场对智能设备的需求不断上升，传感技术已成 21 世纪最具有影响力的高新技术之一。近年来，受应用需求传感器呈爆发式增长的影响，业界预测全球传感器需求有望从当前的百亿级激增到 2025 年的 Trillion-Sensor（TSensor，万亿 - 传感器）量级。未来，亚太地区将成为传感器应用最有潜力的市场。

但是我国在传感器发展中也暴露出许多的问题，比如我国传感器行业整体缺乏创新的基础和动力，特别是在敏感元件核心技术及生产工艺方面差距较大。目前全球主流传感技术仍掌握在国外企业手中。

（二）网络层

物联网通信技术繁多，从传输距离上可划分成两类：第一类是短距离通信技术，例如 ZigBee、WiFi、Bluetooth 等，典型的应用场合如智能家居；第二类是低功耗广域网（Low Power Wide Area Network，LPWAN），典型的应用为智能抄表系统。LPWAN 技术又可根据工作频段分为两类：一类工作在非授权频段，如 Lora、SigFox 等，此类技术无统一标准，自定义实现；第二类工作于授权频段下，3GPP 支持的 2/3/4G 蜂窝通信技术，如全球移动通信系统（Global System for Mobile Communication，GSM）、长期演进（Long Term Evolution，LTE）和基于蜂窝的窄带物联网（Narrow Band Internet of Things，NB-IoT）等。

对于物联网标准的发展，华为的推进最早。2014 年 5 月，华为提出了窄带技术 NB M2M；2015 年 5 月融合 NB OFDMA 形成了 NB-CIOT；7 月份，NB-LTE 跟 NB-CIOT 进一步融合形成 NB-IoT；2015 年 9 月，NB-IoT Work Item 立项通过，2016 年 6 月，NB-IoT R13 协议的核心部分冻结。

此前，相对于爱立信、诺基亚和英特尔推动的 NB-LTE，华为更注重构建 NB-CIOT 的生态系统，包括高通、沃达丰、德国电信、中国移动、中国联通、Bell 等主流运营商、芯片商及设备系统产业链上下游均加入了该阵营。

基于蜂窝的窄带物联网（Narrow Band Internet of Things，NB-IoT）成为万物互联网络的一个重要分支。NB-IoT 构建于蜂窝网络，只消耗大约 180KHz 的带宽，可直接部署于 GSM 网络、UMTS 网络或 LTE 网络，以降低部署成本、实现平滑升级。

（三）应用层

应用层位于物联网三层结构中的最顶层，其功能为"处理"，即通过云计算平台进行信息处理。应用层与最低端的感知层一起，是物联网的显著特征和核心所在，应用层可以对感知层采集数据进行计算、处理和知识挖掘，从而实现对物理世界的实时控制、精确管理和科学决策。

从结构上划分，物联网应用层包括以下三个部分。

1. 物联网中间件

物联网中间件是一种独立的系统软件或服务程序，中间件将各种可以公用的能力进行统一封装，提供给物联网应用使用。

2. 物联网应用

物联网应用就是用户直接使用的各种应用，如智能操控、安防、电力抄表、远程医疗、智能农业等。

3. 云计算

云计算可以助力物联网海量数据的存储和分析。依据云计算的服务类型可以将云分为：基础架构即服务（IaaS）、平台即服务（PaaS）、服务和软件即服务（SaaS）。

从物联网三层结构的发展来看，网络层已经非常成熟，感知层的发展也非常迅速，而应用层不管是从受到的重视程度还是实现的技术成果上，以前都落后于其他两个层面。但因为应用层可以为用户提供具体服务，是与我们最紧密相关的，因此应用层的未来发展潜力很大。

物联网的应用层相当于整个物联网体系的大脑和神经中枢，该层主要解决计算、处理和决策的问题。应用层的主要技术是基于软件技术和计算机技术，其中，云计算是物联网的重要组成。

物联网应用层利用经过分析处理的感知数据，为用户提供丰富的特定服务，包括制造领域、物流领域、医疗领域、农业领域、电子支付领域、环境监测领域、智能家居领域等。物联网的应用可分为监控型（物流监控、污染监控），查询型（智能检索、远程抄表），控制型（智能交通、智能家居、路灯控制），扫描型（手机钱包、高速公路不停车收费）等。应用层是物联网发展的目的，软件开发、智能控制技术将会为用户提供丰富多彩的物联网应用。

各种行业和家庭应用的开发将会推动物联网的普及，也给整个物联网产业链带来利润。目前已经有不少物联网范畴的应用，譬如通过一种感应器感应到某个物体触发信息，然后按设定通过网络完成一系列动作。

二、物联网的关键技术

（一）射频识别技术

射频识别技术（adio Frequency Identification，RFID）是一种非接触式的无线自动识别技术，它通过射频信号自动识别目标对象并获取相关数据信息。要实现任何物体之间的互联就必须给每件物体一个识别编码（ID）。每个产品或事物出现在这个世界就得获得一个唯一的编码来证明它的唯一性，而且单个物品可以拥有多个标识号，复合物体的每个组件可以都有标识号；而且属于一类的物品要有证明类属的特殊标识 ID，而单个物品同时要有区别于同类其他物品的 ID。另外，对于一些特殊物品要考虑其安全隐私要求。RFID 系统一般由电子标签、读写器、应用接口等硬件设备与中间件软件、传输网络、业务应用、管理系统等构成。电子标签是一个内部保存数据的无线收发装置，负责发送数据给读写器。读写器是一个捕捉和处理标签数据的装置，同时还负责与后台处理系统接口。软件包括 RFID 系统软件、RFID 中间件、后台应用程序。RFID 系统软件是在标签和读写器之间进行通信所必需的功能集合。RFID 中间件是在读写器和后台处理系统之间运行的一组软件，它将标签和读写器上运行的 RFID 系统软件和在后台处理系统上运行的应用软件联系起来。后台应用程序接收由标签发出，经过读写器和 RFID 中间件处理过滤后的标准化的数据。

（二）无线传感网技术

无线传感网是由大量部署在监测区域内的传感器节点构成的多个、自组织的无线网络系统。无线传感网络具有无须固定设备支撑的特点，可以快速部署，同时具有易组网，不受有线网络的约束。在无线传感器系统中，单个节点能够感应其环境，然后在本地处理信息或者通过无线链路将信息发送到一个或多个集节点。于 RF 发射功率低，所以每个节点的传输距离比较近。短距离传输使传输信号被窃听的可能性降到最小，同时还延长了电池的寿命，适用于物于物之间的联系。无传感网通常被用来监测在不同地点的物理或者环境参量，如光、温度、湿度、声音、振动、压力、运动或者污染等。它主要是通过各节点相互协作地感知、采集和处理网络覆盖区域的监测信息，并发布给观察者。物联网的快速发展依赖于终端的大规模、大范围的部署，而物联网终端的多形态和泛在化既是物联网业务发展的特点，也是其面临的重点和难点；具体研究对象为传感器、传感器适配器、传感器网络网关等。

（三）生物计量识别技术

1.虹膜识别技术

虹膜是位于眼睛的白色巩膜和黑色瞳孔之间的圆环状部分，由相当复杂的纤维组织构成。虹膜包含了最丰富的纹理信息，包括很多类似冠状、水晶体、细丝、斑点、凹点、射线、皱纹、条理等细节特征结构，这些特征由遗传基因决定。在出生之前就已经确定下来并且终生不变，在所有的生物计量识别技术中，虹膜识别是当前应用最为方便和精确的一种，两个不同虹膜产生相同虹膜代码的可能性是1/1052。

2.指纹识别技术

指纹是指人手指正面皮肤凹凸不平的纹线，每个人的指纹不尽相同，因此可以作为识别生物的技术之一，在20世纪60年达指纹自动识别系统已经被FBI（美国联邦调查局）用于刑事侦破。

（四）中间件技术

物联网的目标是要实现任何时间、任何地点及任何物体的连接，这个特点就决定了屏蔽底层硬件的多样性和复杂性以及与上层信息交换的复杂应用性。中间件为底层与上层之间的数据传递提供了很好的交互平台，实现各类信息资源之间的关联、整合、协同、互动和按需服务等，所以现在中间件的研究热点集中在基于程控制的应用管理方式；支持多种传感设备的管理、数据采集和处理功能，从而降低应用与硬件的耦合性；具备符合多种应用通用需求的API集合，具有跨平台的灵活性移植。

（五）云计算技术

物联网要求每个物体都与它唯一的标示符相关联，这样就可以在数据库中检索信息。因此需要一个海量的数据库和数据平台把数据信息转换成实际决策和行动。若所有的数据中心都各自为政，数据中心的大量有价值的信息就会形成信息孤岛，无法被有需求的用户有效使用。云计算试图在这些孤立的信息孤岛之间通过提供灵活、安全、协同的资源共享来构造一个大规模的、地理上分布的、异构的资源池，包括信息资源和硬件资源，再结合有效的信息生命周期管理技术和节能技术。云计算是由软件、硬件、处理器加存储器构成的复杂系统，它作为一种虚拟化、硬件／软件运营化的解决方案，可以为物联网提供高效的计算、存储能力，为泛在链接的物联网提供网络引擎。采用云计算技术实现信息存储资源和计算能力的分布式共享，为海量信息的高效利用提供支撑。它按需进行动态部署、配置、重配置以及取消服务。在云计算平台中的服务器可以是物理的服务器或者虚拟的服务器，其本质是由远程运行的应用程序驻留在个人电脑和局部服务器。

（六）信息安全技术

物联网的绝大多数应用都涉及个人隐私或机构内部秘密，物联网必须提供严密的安全性和可控性。由于任意一个标签的标识或识别码都能在远程被任意扫描，且标签自动地、不加区别地回应阅读器的指令并将其所存储的信息传输给阅读器，这就需要保证国家及企业的机密不被泄露还要确保标签物的拥有者个人隐私不受侵犯，这些也就导致安全和隐私技术成为物联网识别技术的关键问题之一。由于物联网的每个层的性质和功能不同，每层的安全问题也各不相同。除此之外，终端安全管理、感知节点的物理安全也要给予相当的重视，其中包括用户卡（如认证、加密等）、设备软硬件完整性安全问题（如信息采集、存储的安全问题设备硬件）以及防止非法移动的安全问题。

（七）异构网络与通信技术

异构网络是物联网信息传递和服务支撑的基础设施，通过泛在的互联功能，实现感知信息高可靠性、高安全性传输。物联网的网络技术涵盖泛在接人和骨干网传输等多个层面。以 IPv6 为核心的下一代互联网为物联网的发展创造了良好的基础网条件。以传感器网络为代表的末梢网络在规模化应用后，面临与骨干网络的接入和协同问题，需要研究固定、无线网、移动网及 Ad-Hoc 网技术等。物联网综合了各种有线及无线通信技术，其中近距离无线通信技术将是物联网的研究重点。由于物联网终端一般使用工业科学医疗（ISM）频段进行通信，频段内包括大量的物联网设备以及现有的 WiFi、超宽带（Ultra Wide Band，UWB）、蓝牙等设备，频谱空间将极其拥挤，制约物联网的大规模应用。需要提升频谱资源的利用率，让更多物联网业务能实现空间并存，切实提高物联网规模化应用的频谱保障能力，保证异种物联网的共存，并实现其互联互通互操作。

第三节　物联网的特征

物联网的基本特征从通信对象和过程来看，物与物、人与物之间的信息交互是物联网的核心。物联网的基本特征可概括为整体感知、可靠传输和智能处理。

整体感知——可以利用射频识别、二维码、智能传感器等感知设备感知获取物体的各类信息。

可靠传输——通过对互联网、无线网络的融合，将物体的信息实时、准确地传送，以便信息交流、分享。

智能处理——使用各种智能技术，对感知和传送到的数据、信息进行分析处理，实现监测与控制的智能化。根据物联网的以上特征，结合信息科学的观点，围绕信息的流动过程，可以归纳出物联网处理信息的功能。

1.获取信息的功能

主要是信息的感知、识别，信息的感知是指对事物属性状态及其变化方式的知觉和敏感；信息的识别指能把所感受到的事物状态用一定方式表示出来。

2.传送信息的功能

主要是信息发送、传输、接收等环节，最后把获取的事物状态信息及其变化的方式从时间（或空间）上的一点传送到另一点的任务，这就是常说的通信过程。

3. 处理信息的功能

是指信息的加工过程，利用已有的信息或感知的信息产生新的信息，实际是制定决策的过程。'

4. 施效信息的功能

指信息最终发挥效用的过程，有很多的表现形式，比较重要的是通过调节对象事物的状态及其变换方式，始终使对象处于预先设计的状态。

物联网的优势在于，它能够在无干预的情况下，将具有各种感知和有计算能力的众多设备互连起来。传感和驱动设备构成异构物联网，提供多种应用。典型的物联网应用包括智能家居、智能交通、电子健康和智能电网。

从另外一个角度物联网架构还可分为感知层、网络层、服务层和接口层组成。感知层，在其他物联网架构中也被称为传感器层，本层由传感器和执行器组成，收集和处理环境信息以执行功能，如查询温度、位置、运动、加速度。感知层是各种物联网应用不可或缺的一部分。感知层可采用多种终端设备，连接物理世界和数字世界。典型的终端设备包括射频识别（Radio Frequency Identification，RFID）、无线传感器和执行器、近距离无线通信（Near Field Communication，NFC）和移动电话。例如，射频识别标签是一个附着在天线上的小微芯片。通过将射频识别标签附加到对象，可以在物流、零售和供应链期间识别、跟踪和监视对象；网络层负责连接其他智能设备、网络设备和服务器；服务层创建和管理特定的服务，以满足物联网应用需求；接口层有助于数据使用与特定应用程序对象的交互。

一、物联网的特性

物联网应用有可能影响人类日常生活的方方面面。终端设备、通信和网络技术因满足不同应用的目标和需求而有所不同，以下是不同应用的两个主要方面。

移动性与稳定拓扑：物联网应用的拓扑可以随着速度的不同而变化。具有稳定拓扑和移动拓扑的典型应用分别是用于交通应用的智能家庭和车辆 ad hoc 网络。智能家居中的大多数设备都是稳定的，构成了一个稳定的网络拓扑结构，而车辆移动迅速，导致拓扑结构时变。终端设备的移动性使得网络连接不可预测，实体管理面临挑战。

低成本与高容量性能：物联网设备是异构的，具有不同的硬件平台和能力。物联网设备的一种类型是传感器，其体积小，用于处理、通信和存储的资源有限。这种装置通常成本较低，因此可广泛用于大规模测量温度、压力、湿度、人体医疗参数以及化学和生化物质。它们通常在无线 ad hoc 或无线网格（mesh）中通信。这种传感器通常由有限的电池供电，这使得有限的能量成为一个主要问题。近年来，新的通信技术，如 NB-IoT 被提出用来延长传感器的寿命，但是传感器在处理、通信和存储能力方面仍然受到限制。另一种类型的物联网设备可能更加昂贵和强大，如移动电话和车辆。它们拥有巨大的电池和更强的计算和存储能力。因此，这类设备可以提供更高的容量。

物联网采用异构终端设备和不同协议实现，它具有以下特征。

节点数量庞大，物联网数据量大：物联网设备数量将不断增加。预计到2020 年，物联网中连接设备的数量将增加到 204 亿台。物联网不仅面临大量节点，而且随着众多终端设备感知和收集海量数据，对容量的需求也在不断增长。

分散化：分散化和异质性是物联网的两大特征。鉴于物联网节点数量庞大，例如在智能城市中，分散化是必不可少的，因为要同时处理的数据相当庞大。物联网设备以分散的方式收集、处理和存储数据。物联网中的分散算法，例如，无线传感器网络（wireless sensor network，WSN）中的集群算法和分散计算，可以有助于物联网的容量和可扩展性。

不稳定和不可预测的连接：物联网设备的不稳定和不可预测的连接不仅是由物联网设备的移动性和休眠 / 空闲模式造成的，而且是到物联网设备的典型不可靠无线链路。因此，物联网可以划分为断开连接的分区，并且分区可以随时间而变化。

二、 物联网安全特性

物联网的特殊性使得数据安全成为物联网中的一个严重问题。首先，许多物联网设备部署在人类不友好和无人值守的区域，不可能一直盯着大量的设备。

这使得设备容易受到多维危害。例如，对手可以物理地捕获和控制这些设备以入侵物联网。传统的安全机制（如非对称加密）对能力有限的物联网设备的计算要求很高。来自传感器的数据可以被许多不同的中间系统存储、转发和处理，这增加了被篡改和伪造的风险。不可靠、开放的无线广播信道给数据安全带来了额外的风险。物联网系统的复杂性进一步增加了上述漏洞。

1. 攻击终端节点

对手通过节点捕获攻击物理地捕获和控制节点。存储在捕获节点中的密钥和证书等机密信息对对手可见。对手可以进一步利用捕获的信息假装为合法节点并执行其他攻击，例如虚假数据注入攻击。

2. 攻击通信链路

敌方可利用无线电的广播性质窃听和干扰发射频道。如果信号没有加密，对手就可以很容易地获得信息。即使信号被加密，对手仍然能够分析信号流并推断出私有信息，例如源或目的地的位置。对手也可以通过发送噪声信号来干扰甚至干扰无线信道。

3. 攻击网络协议

通过利用网络协议的漏洞，对手可以发起Sybil攻击、应答攻击、中间人攻击、黑洞（Blackhole）攻击、虫洞（Wormhole）攻击等。例如，Sybil设备在物联网系统中模拟几个合法身份。这种攻击会损害投票机制和多路径路由协议的效率和准确性。

4. 攻击传感器数据

物联网可以通过 Ad-Hoc 协议进行通信，即消息在到达目的地之前逐跳传输。这为对手提供了篡改数据或注入虚假数据的机会。对手作为转发器，可以篡改消息并将消息转发给其他节点，称为数据篡改。为了防止数据篡改，采用了身份验证算法。虚假数据注入攻击指的是对手以合法身份通过目标网络发送数据。一旦错误数据被接受，物联网应用可能返回错误的指令或提供错误的服务，从而损害物联网应用和网络的可靠性。例如，如果车辆接受虚假的道路辅助信息，交通拥挤可能会加剧。身份验证算法很难阻止注入攻击。

5. 拒绝服务（Denial of service，DoS）攻击

拒绝服务攻击是一类攻击，它耗尽了物联网系统的资源和拥塞服务。例如，取消休眠攻击是指破坏已运行的休眠程序，并使设备或节点一直保持运行，直到它们耗尽电池电源。物联网设备具有有限的网络和通信资源，因此拒绝服务攻击可能是灾难性的。这种攻击耗尽了感知节点的有限能量，降低了网络连通性，瘫痪了整个网络，并缩短了网络寿命。

6. 软件攻击

软件攻击是指利用软件后门来修改软件和控制操作的一系列攻击。典型的软件攻击包括恶意病毒/蠕虫/脚本。入侵检测系统（Intrusion Detection Systems，IDS）和其他传统的互联网安全机制被用来对付软件攻击。

安全性是物联网应用的关键问题。尤其是物联网数据和设备（如传感器读数和执行器命令）的完整性是确保物联网操作安全的基本保证。需要设计有效的机制来保护物联网通信的机密性、完整性、身份验证和信息流的不可否认性。物联网设备需要被识别，以确保来自来源地的数据完整性，这通常依赖于可信的第三方，例如身份提供者。认证和加密算法用于保护物联网数据的机密性和完整性。在感觉数据被发送到数据存储之后，数据安全依赖于数据存储服务。

第四节　物联网面临的问题

NB-IoT 和 5G（5th generation mobile networks，第五代移动通信技术）等技术的发展让万物互联成为现实，物联网应用正在向制造、政务、金融、交通、医疗等领域发展，但同时也带来了数据存储、数据传输、设备安全、隐私泄露、通信兼容等问题，IoT 最大的问题是成本高，其次是数据一致性和安全问题，面临的挑战如下。

1. 成本高

中心化的平台需要维护，升级，成本压力较大，传输海量数据也会产生较高的成本。

2. 安全性差

大多数物联网设备会接触更多隐私，存在很多漏洞，并且物联网以中心化的方式部署，更容易受到恶意软件，黑客的攻击。

3. 隐私泄露

物联网设备连接的传感器自动化搜集各种信息和数据，这些数据可能会被恶意收集甚至泄露，信息分散性造成了信息孤岛现象，难以确保数据的准确性、完整性。

4. 兼容性差

目前物联网的发展还处于碎片化阶段，底层智能硬件接口之间的传输协议不兼容。

5. 可靠性、扩展性差

IoT 设备的分布式特点导致设备管理困难，使系统的可靠性较差。

6. 协作困难

越来越多的应用场景需要跳出单个角色，涉及多个对等实体间的协作，因此建立信任机制的成本提高。

第三章　区块链技术

区块链（Blockchain）是分布式数据存储、点对点传输、共识机制、加密算法等计算机技术的新型应用模式。区块链，是比特币的一个重要概念，它本质上是一个去中心化的数据库，同时作为比特币的底层技术，是一串使用密码学方法相关联产生的数据块，每一个数据块中包含了一批次比特币网络交易的信息，用于验证其信息的有效性（防伪）和生成下一个区块。国家互联网信息办公室 2019 年 1 月 10 日发布《区块链信息服务管理规定》，自 2019 年 2 月 15 日起施行。2019 年 10 月 24 日，中央政治局就区块链技术发展现状和趋势进行第十八次集体学习，明确提出把区块链作为核心技术自主创新的重要突破口，加快推动区块链技术和产业创新发展。区块链技术已正式上升为国家重大战略。

第一节　区块链概述

2008 年 11 月，一位署名中本聪的密码学家发表了论文《比特币：一个点对点的电子货币系统》。论文描述了一种完全去中心化的数字货币，而区块链作为其底层技术从此开始进入公众视野。经过十年发展，区块链正逐渐成为最有可能改变世界的技术之一。引用维基百科中对于区块链的描述：区块链（Blockchain）是借由密码学串接以保护内容的自增长的交易记录列表（又称区块）。每一个区块包含了前一个区块的哈希值、本区块的时间戳记以及交易数据（通常用默克尔树结构的哈希值表示），这样的设计使得区块内容具有难以篡改的特性。用区块链能让多方有效记录交易，且可永久查验此交易。狭义来讲，区块链是一种按照时间顺序将数据区块以顺序相连的方式组合成的一种链式数据结构，并以密码学方式保证的不可篡改和不可伪造的分布式账本。广义来讲，区块链技术是利用块链式数据结构来验证与存储数据、利用分布式节点共识算法来生成和更新数据、利用密码学方式保证数据传输和访问的安全、利用由自动化脚本代码组成的智能合约来操作数据的一种全新的分布式基础架构与计算方式。

比特币是加密数字货币的代表。比特币出现之后，莱特币、零币、PPCoin、Ethreum 等数字货币如雨后春笋般涌现出来，这些加密货币实验或许将促进人类货币体系的进一步发展。随着以比特币为首的数字货币受到越来越多的关注，人们开始将区块链技术应用到金融领域，为区块链系统引入"智能合约"技术。智能合约是一种通过计算机语言实现的旨在以信息化方式传播、验证或执行合同的计算机协议。智能合约技术对区块链的功能进行了拓展。自此，区块链发展进入第二阶段：可编程金融。有了智能合约系统的支持，区块链的应用范围开始从单一的货币领域扩大到涉及合约共识的其他金融领域，区块链技术得以在股票、清算、私募股权等众多金融领域崭露头角。随着区块链技术的进一步发展，其"开放透明""去中心化"及"不可篡改"的特性在其他领域逐步受到重视。各行业专业人士开始意识到，区块链的应用也许不仅局限在金融领域，还可以扩展到任何需要协同共识的领域中去。于是，在金融领域之外，区块链技术又陆续被应用到了公证、仲裁、审计、域名、物流、医疗、邮件、鉴证、投票等其他领域，应用范围逐渐扩大到整个经济社会。除此以外，人们还试图将区块链技术应用到物联网中，实现人与人、人与机器的万物互联。整个社会将逐渐进入智能互联网时代，最终形成一个可编程的社会。

区块链技术本质上是一个去中心化的分布式数据库，以块的形式存储数据。这些区块通过散列的方式按时间顺序串在一起，形成一条不可篡改的链，并将该链共享且分发给所有参与实体。区块链最大的特点在于去中心化，通过数据的存储方式、共识机制、加密算法等一些关键技术的配合，在节点互不信任的系统中实现点对点的可信交易。共识机制主要包括：工作量证明、权益证明（Proofof Stake,PoS）、工作量证明与权益证明混合（PoS+PoW）、委托权益证明（Delegated Proof of Stake，DPoS）、实用拜占庭容错（Practical Byzantine Fault Tolerance，PBFT）、改进的拜占庭容错、Tendermint 算法等。

1. 区块链 1.0

以比特币为代表的虚拟货币的时代，特点为去中心化的数字货币交易，结合了点对点共享和加密技术，主要是数字货币支付、流通等职能应用，具有分布式账本、链式数据、梅克尔树、工作量证明等特征。

2. 区块链 2.0

其核心技术为智能合约，"以太坊"是区块链 2.0 的主要代表，拥有自由的协议，提供了让用户用以搭建应用的各种模块的平台，可以极大增强数字经济中信息和价值共享的方式，使区块链技术可应用于更多场景。

3. 区块链 3.0

智能化社会时代，超出金融领域，为去中心化方案应用到各个行业当中，同时保证高性能，3.0 将更具实用性，不再通过第三方获取信任与建立信用，可以提高整体系统的工作效率。

由此看来，区块链 1.0 是区块链技术的萌芽，2.0 是区块链在金融、智能合约方向的技术落地，3.0 则是解决各行业互信问题与数据传递安全性的技术实现。区块链有着巨大的优势，并开始在一些领域应用，如金融行业，支付行业，物联网行业，食品安全行业，公共服务行业等，但也面临着亟待解决的问题，如不可篡改、无法撤销、无隐私、性能问题等，优缺点见表 3-1。

表 3-1　区块链优缺点

优点	缺点
去中心化，分布式核算和存储	能耗高，消耗了大量能源
区块链的数据对所有人公开，整个系统信息高度透明	公链上交易数据公开透明，不利于隐私保护
采用基于协商一致的规范和协议	交易要被大多数节点认可
信息不可篡改，数据稳定可靠性	下载、验证慢
无须通过公开身份的方式让对方	操作不可逆转，区块链数据无法变动
自己产生信任	交易数据增大造成效率低下

随着区块链技术在各行业领域的不断应用，共识机制、私钥管理和智能合约等面临的问题逐渐凸显，安全事件层出不穷，区块链架构分为：存储层、协

议层、扩展层和应用层。各个层次面临的安全风险如下，存储层安全风险包括：数据泄漏、网络攻击和设备安全，协议层包括来自协议漏洞、流量攻击、恶意节点的威胁，区块链常见的攻击手段包括 eclipse 攻击、sybil 攻击、算力攻击和分叉攻击，扩展层一般指来自代码的智能合约漏洞，应用层涉及应用软件漏洞、拒绝服务攻击、私钥管理等。

此外，列举的协议层上针对核心机制的下述几种典型攻击，包括：①以共识机制为目标的针对性攻击，造成链上记录被篡改，实现攻击者对区块链网络的高度控制权；②分布式的存储机制增加了安全威胁，攻击者获得数据的机会增加，区块链系统内的攻击持续时间更长；③密码学机制本身有一定的风险，私钥丢失意味着资产的损失，也无法找回，量子计算技术的发展，对于加密算法来说是个潜在的威胁。业务运营离不开信息。信息接收速度越快，内容越准确，越有利于业务运营。区块链是交付这类信息的理想平台，因为它能够提供即时、共享且完全透明的信息，这些信息存储在不可更改的账本上，而且只能由许可的网络成员访问。区块链网络可以跟踪订单、付款、账户和生产等等。而且由于成员之间共享单一真相视图，因此您可以端到端查看交易的所有细节，从而给予您更大的信心，以及带来新的效率和商机。

一、区块链兴起背景

（一）以银行为信任中心的货币体系

如果生活中没有银行的存在，那么我们人与人之间如何才能进行可靠、公平的交易呢？在熟人之间可能会进行熟人之间的交易，但是如果要在陌生人之间呢？在没有互信基础的团体之间呢？很多时候，这种交易是很难完成的。

陌生人之间完全缺少必要的互信，双方之间都对对方保持不信任。那么扩展到整个社会的交易关系，每个人形成了一个信任孤岛，整个社会形成了如下松散、无联系的关系图,社会经济也必然会衰败。这也是所谓的拜占庭将军问题，军队虽大，但是将军之间没有互信，最终也无法攻占一个小城池。

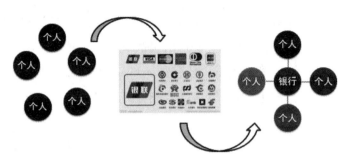

图 3-1　以银行为信任中心的货币体系

当银行的出现后，经济交易关系就不同了。银行作为一个充分稳定、可信的第三方权威机构坐落于两两交易双方，此时银行就充当了陌生人交易之间的信任中介。交易双方都是认同银行不可动摇的信用度，并将自己的资金流和银行交互，而银行作为一个中间人沟通陌生人之间的资金流，从而完成陌生人之间的可靠交易。此时银行成了整个社会交易关系的中心点，每个人都和银行产生联系，进而间接的和其他人发生可靠的交易。而至于银行发行的货币其实就是银行可靠信任度的代表，是银行信任的凭证，其结构如图 3-1 所示。

（二）以第三方机构为信任中心的网络交易

当前互联网高速发展下，网络交易频繁、交易额巨大，这已经成为国家 GDP 重要组成部分。保证网络交易的可靠就显得格外的重要。当前的网络交易都需要依赖于第三方可信机构。网络环境和现实环境下的交易关系是很相似的，卖家和买家之间缺少必要的可靠信任，那么涉及到各自利益的交易就不是那么容易完成。

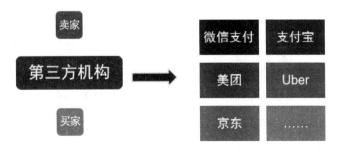

图 3-2　以第三方机构为信任中心的网络交易

买卖双方的互信依赖于第三方机构的保证和维持。如图 3-2 所示。买家将所需资金存储第三方可信机构，卖家在这个事件驱动下为买家提供商品、服务。当双方都确定得到了双方开始的承诺，第三方机构完成资金流的转移，交易完成。而这些第三方机构有：微信、支付宝、网银、亚马逊、美团、Uber 等提供各种特定交易服务的平台。

（三）基于区块链技术的比特币网络

当前的共享经济严重依赖于第三方信任中心，这种高度集中的交易关系网络必然有自己的劣势。

（1）过于集中。集中式机构的安全性是比较弱的。当外界对机构产生严重冲击，就容易崩溃，无法对外提供稳定的可用服务，容灾能力较差。

（2）信任中心不是总是可靠的。信任中心是有团体维护的，必然会内部人员出于自身利益而偷偷在机构内部发生攻击，损害用户利益。同时信任中心可能会考虑自身整体利益采取极端措施。

（3）增加交易成本。基于第三方信任中心的交易为了提高信任度，必然要付出额外的信任代价，从而增加交易成本。

为了克服信任中心的劣势，学者中本聪在 2009 年发表文章《比特币：一种点对点电子现金系统》，旨在发展一种去信任中心的完全分布式的点对点电子货币系统——比特币。而区块链技术是比特币的底层基础技术，从此区块链和比特币走入大众视野。

中心化（Centralized）、去中心化（Decentralized）与分布式（Distributed）是三种基本的计算模式，如图 3-3 所示。

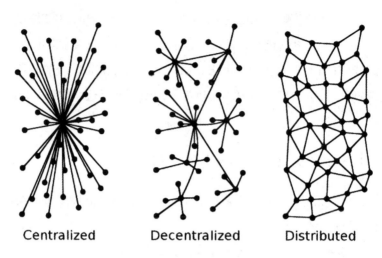

图 3-3　三种计算模式

从图 3-4 网络搜索趋势看，在 2011—2015 年，区块链技术的关注度迅速上升。当前在各大互联网公司、证券交易所、银行等都开始发力区块链技术，抢占新技术的话语权。

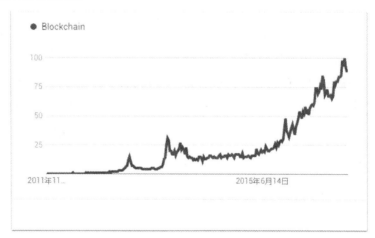

图 3-4　区块链研究趋势

另外从图 3-5 关注的区域看，欧美国家和俄罗斯对区块链技术的关注度很好，而中国的关注度较少。

图 3-5　区块链研究区域特征

二、区块链的产生

既然区块链是比特币的基础支撑技术，那么其诞生必然也带着比特币的"烙印"。

2008 年，比特币创始人中本聪在密码学邮件组发表了大名鼎鼎的奠基性论文——《比特币：一种点对点的电子现金系统》。在这篇文章中，作者详细地描述了如何建立一套全新的、去中心化的、不需要信任基础的点到点交易体系的方法——区块链。而其可实现性，也已经被自 2009 年起运行至今的比特币所证明了。

2009 年 1 月，比特币区块链的第一个区块——"创世区块"诞生，持有人为创始人中本聪。一周后，中本聪发送了 10 个比特币给密码学专家哈尔·芬尼，这也成为比特币史上的第一笔交易。

近年来，伴随着比特币的蓬勃发展，有关区块链技术的研究也开始呈现出井喷式增长，并吸引了来自各行各业的众多目光。

2014 年，业界开始认识到区块链技术的重要价值，并通过智能合约技术将其用于数字货币外的分布式应用领域。2015 年，英国《经济学人》杂志以封面报道形式阐释了作为"信任的机器"的区块链，指出它可以在没有中央权威机构的情况下，建立交易双方的信任关系。

也正是从这时起，区块链技术进入了欧美主流金融机构的视线。2015 年 12 月 30 日，美国纳斯达克通过区块链平台完成了首个证券交易。

将区块链的无限可能性看在眼里的可不只有金融机构，各国政府同样"窥探"到了"先机"。

2016 年 1 月，英国政府发布区块链专题研究报告，积极推行区块链在金融和政府交易中的应用；而作为全球区块链技术应用和虚拟货币交易的领军国家，美国政府也正积极参与区块链技术存在的潜在使用的项目。

再将视线转回国内。2016 年可谓是区块链产业深入发展和全面加速前进的一年，从国家战略、产业界到学术界，区块链技术都受到前所未有的广泛关注。

这一年，中国人民银行提出争取早日推出央行发行的数字货币，并给出了央行数字货币原型的构想。作为一项可选的技术，中国人民银行还专门部署了重要力量，研究探讨区块链应用技术。

同时，工信部也大力推动区块链发展，包括组织召开区块链技术和产业发展论坛筹备会、发布《中国区块链技术和应用发展白皮书》（2016 版）等。白皮书分析了区块链为信息产业发展可能带来的机遇和挑战，分享了区块链开源最新发展趋势、区块链应用现状和趋势以及区块链技术开发的最佳实践，还探讨了我国区块链技术和产业发展路线图、标准化路线图，因此成为我国区块链技术的第一个官方指导文件。

与此同时，为了促进区块链技术的发展，推进区块链核心技术的研发与应用，我国自 2016 年初至今，陆续成立了各种区块链研究机构，其中包括中国区块链研究联盟、中关村区块链产业联盟、中国分布式总账基础协议联盟、中国互联网金融协会区块链研究工作组以及银行间市场技术标准工作组区块链技术研究组等。

三、区块链定义

目前国内外尚未对区块链形成一个公认的定义。从狭义的角度来说，它是比特币的基础，本质上是一个去中心化的分布式账本数据库。

传统电子货币的交易记录是保存在银行中的，而与之不同的是，比特币是基于 P2P 网络的，因此它需要所有用户共同维护一个全球统一的交易记录，并将数据储存在每个客户端中。

于是，为了维护这样一个全球统一的交易记录，区块链技术便应运而生。它对数据库的结构进行了革新，将数据分割成为不同的区块，每一个区块中都包含了过去 10 分钟内产生的所有比特币交易信息。同时，每个区块通过特定的信息链接到上一区块的后面，前后顺连来呈现一套完整的数据，这就是"区块链"名称的由来。

了解了其技术原理后，人们便发现，从数据库的层面来看，区块链与现有金融机构的数据库相比，实在具备了太多优势与特点。虽然研究者们为这些特点冠以了不同的名称，但本质上却异曲同工。

在区块链众多特点之中，最具代表性的当属"去中心化"。中国人民银行国际司益言在《区块链的发展现状、银行面临的挑战及对策分析》一文中对去中心化特点的解读，或许能够帮助我们更好地理解这一创新之处。

在当前的商业模式和社会组织架构下，人们只能通过集中的制度体系和机构体系（如银行等）进行交易。然而，区块链技术却运用一套基于共识的数学算法，在机器之间建立起"信任"网络，通过革命性的技术（而非信用机构）来创造信用、安全存储交易数据，并且无须任何中心化机构的审核。

换句话说，区块链用数据区块取代了目前互联网对中心服务器的依赖，使得所有交易都实时显示在类似于全球共享的电子平台上，网络里每一个用户都能随时访问查看，继而解决了目前中心化模式存在的可靠性差、安全性低、高成本、低效率等问题。

除此之外，区块链还具有时序数据、可编程、网络健壮以及安全可靠等特点。

首先，区块链通过带有时间戳的链式区块结构来存储数据，这就相当于为数据打上了时间的"标签"，使其具有极强的可验证性和可追溯性。

其次，区块链还为用户提供了可编程的脚本系统，从而大大增加了区块链应用的灵活性。举例来说，比特币中的脚本不是很成熟，其多用于交易用途；

而在以太坊中，更加完备、功能更加强大的脚本系统智能合约，可以使更为复杂、高级的分布式应用——实现。

而在网络健壮方面，区块链采用了一种非常独特的经济激励机制（如比特币中的挖矿）来吸引节点完成工作，促使节点提供算力或其他资源，从而保证了整个分布式网络的顺利运行。而整个分布式网络所容纳的节点越多，其健壮性就越强，除非一半以上的节点同时出现问题，否则分布式网络就会一直安全运行。

区块链技术采用非对称密码学原理对数据进行加密，同时借助分布式系统各节点的工作量证明等共识算法形成的强大算力来抵御外部攻击，保证区块链数据不可篡改和不可伪造。整个分布式网络所提供的算力可谓相当惊人——这意味着黑客想要篡改区块链中的数据就必须花费巨大的电力、设备等成本，而这几乎无法实现。

区块链中存放了大量的交易信息，相当于一个数据库。下面可以从狭义和广义两个方面讨论了区块链。从狭义上来看，区块链是一种按照时间顺序将区块从后向前有序链接起来的数据结构，并以密码学方式保证不可篡改和不可伪造的去中心化共享账本；从广义上来看，区块链是利用非对称加密技术、共识机制和智能合约等整合而成的分布式架构。图 3-6 是区块链结构图，区块被从后向前有序地链接在链条上。区块由区块头和区块体构成，区块头包括父区块哈希值、版本号、时间戳、难度目标、Nonce 值以及 Merkle 根，区块体保存着很多的交易。

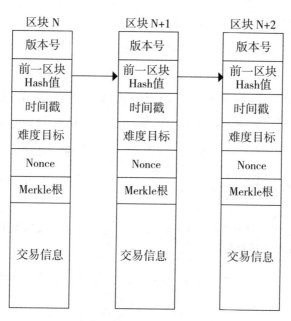

图 3-6 区块链结构

区块链具有去中心化、共识机制和不可篡改等特点，保证了交易信息的完整性、真实性。首先，区块链是以分布式系统结构为基础，每个节点都存储整个区块链的交易信息，并对交易信息进行验证，因此区块链具有去中心化的特点；其次，区块链在开放透明的环境下，每个节点不需要知道其他节点的身份，直接依靠共识机制来达成一致性协议，因此区块链具有开放性、匿名性、共识机制的特点；最后，交易信息如果被添加到区块链上得到确认就不可再改变，而且采用时间戳记录区块生成的时刻，因此区块链具有不可篡改、可追溯的特点。此外，根据应用场景和开放程度，区块链可以被划分为公有链、联盟链和私有链。

去中心化是区块链中的一个核心要素，每个节点的权力都是一样的，为了保证各个节点之间相互协作需要一套算法，这套算法被称为共识机制。共识机制的研究起源比较早。1982 年，Lamport、Shostak 和 Pease 提出了在遭受拜占庭节点的情况下如何达成一致性协议的拜占庭将军问题，推动了共识机制的发展。区块链核心技术共识机制首先应用于比特币中，随着区块链技术的不断发展与完善，共识机制也越来越成熟。常见的共识机制有工作量证明、权益证明（Proof of Stake，PoS）、授权股权证明、权威证明（Proof of Authority，PoA）、燃烧证明、贡献证明（Proof of Contribution，PoC）、存在证明（Proof of Existence，PoE）、数据可恢复证明（Proof of Retrievability，PoR）、存储证明（Proof of Storage）、拜占庭容错（Byzantine Fault Tolerant，BFT）、实用拜占庭容错（Practical Byzantine Fault Tolerance，PBFT）、简化拜占庭容错（Simplified Byzantine Fault Tolerance，SBFT）、MinBFT、Honeybadge-BFT、Algorand、Paxos、Raft、Tendermint、IOTA、Byteball、Hashgraph、HashNet、Ouroboros 等。

四、区块链的进化

区块链科学研究所创始人 Melanie Swan 在其所著的《区块链：新经济蓝图及导读》一书中，按照区块链已经完成的以及将要完成的功能，将其划分成区块链 1.0、2.0 和 3.0 三个发展阶段和方向，这也成为当前业界基本认可的一种区块链划分方式。

其中，区块链 1.0 带给人们关于数字货币的概念及其市场影响的思考；区块链 2.0 更关注智能合约所体现的业务价值，合约通过在区块链上增加应用功能，拓展了区块链的适用范围和生存空间；区块链 3.0 则要把区块链的应用范围拓展到政府、医疗、金融、文化等各个领域，并支持广义的资产交互和登记。

对应以上划分方式再看当下。目前，包括纳斯达克、纽交所、花旗银行在内的数十家金融机构都在开展区块链金融创新。而在金融业之外，区块链技术的应用范围也逐渐拓展到互联网业务、政府公开信息、电子证据、数据安全等领域，即技术和产业正从区块链 2.0 向 3.0 迈进，走向万物互联的"区块链 +"时代。

其实，区块链的火爆刷屏，说到底还是因为人们嗅到了其未来可能带来的巨大变革。

如前所述，区块链最大的创新之处在于它提供了一种去中心化的信用创造方式。它能让交易双方在无须借助第三方信用中介的条件下开展经济活动，从而实现全球范围内的低成本价值转移，让整个交易和支付速度变得更快、成本更低、更安全且更容易操作，是对人类信用创造的一次革新。

不仅如此，区块链技术更"被认为是继大型机、个人电脑、互联网、移动/社交网络之后计算范式的第五次颠覆式创新，是人类信用进化史上继血亲信用、贵金属信用、央行纸币信用之后的第四个里程碑。区块链技术是下一代云计算的雏形，有望像互联网一样彻底重塑人类社会活动形态，并实现从目前的信息互联网向价值互联网的转变。"袁勇、王飞跃在发表于《自动化学报》上的《区块链技术发展现状与展望》一文中，这样阐述区块链技术的意义。

区块链这一概念最早始于比特币，其目的是为了解决中心化银行的支付效率以及高昂的成本问题，但是其功能特别简单，不具备编写智能合约以及跨链的功能，大家甚至可以类比成只能进行转账而且速度很慢的支付宝。

而后面随着以太坊、EOS 的兴起，第二代区块链架构逐渐兴起，而第二代区块链架构的重要特点就是支持智能合约，智能合约有什么用呢？大家可以理解成，任何人都可以在上面部署一个 DApp，而这个 DApp 可以发行任何资产，也可以作为一个合同，达到某个条件后就触发合同里的内容。

第三代区块链架构则是跨链网络，就像我们刚刚提到的，第一代和第二代网络都很难有一个通用的协议去进行上面的资产和数据交互，而第三代区块链网络做的就是这个事。以 Cosmos 和 Polkadot 为首的跨链项目即属此类。

比特币是区块链 1.0 版本的代表，它是一种数字货币，由分布式网络结构生成，实现货币转移和交易，区块链 1.0 版本的系统架构如图 3-7 所示。

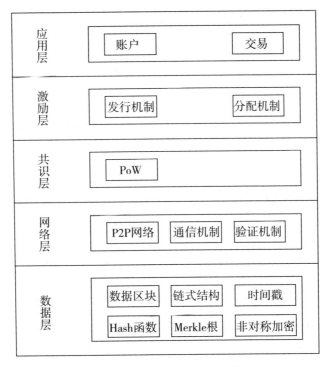

图 3-7 区块链 1.0 版本架构

在比特币系统中，采用分布式结构，系统中的节点通过 P2P 网络完成通信，能够使网络同步交易记录，而且系统中的节点可以匿名，节点能够随时加入或者退出，实现了去中心化。为了防止双花攻击，需要各个节点付出一定的算力代价，来保证比特币系统的安全性。图 3-8 是比特币系统的运行流程。

（1）用户发起一笔新的交易，交易信息向全网所有节点进行广播。

（2）每个节点对接收到的交易进行验证，如果该交易被验证为有效，则节点将收到的交易放入自己的交易池中，并向网络中继续广播。

（3）各节点通过挖矿来产生区块，矿工们需要通过工作量证明来解决一种基于加密哈希函数的数学难题。

（4）当一个节点挖出一个区块，需要广播到全网。其他节点需要验证该区块的有效性，只需完成少量的计算即可。

（5）如果该区块被验证为有效，则链接到区块链中。

（6）交易完成。

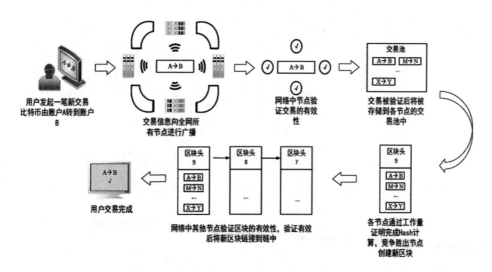

图 3-8　比特币系统运行流程

　　智能合约这一概念最先由 Nick Szabo 提出，是一套以数字方式定义的承诺，合约参与方能够在上面执行这些承诺的协议。区块链技术的出现为智能合约赋予了新的含义，给智能合约提供了安全可靠的执行环境，并且降低了与合约相关的交易成本。智能合约作为区块链的核心元素，是区块链技术的 2.0 版本，其基础架构如图 3-9 所示。共识层包含各种共识机制，网络层中 P2P 网络负责信息的广播，数据层存放数据信息、时间戳等，激励层包含将经济激励考虑到区块链系统中的机制，合约层主要是智能合约，应用层是区块链的应用场景。目前，智能合约的应用范围越来越广泛，例如开源项目 Ethereum 和 Hyperledger 等。以太坊平台利用智能合约，有效地解决了比特币交易处理速度慢和确认时间长的问题。

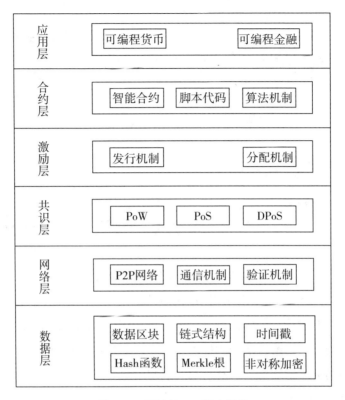

图 3-9　区块链 2.0 版本架构

五、区块链的运行方式

首先，中本聪很清楚建立一个支付系统的信用必须解决防止"重复支付"问题，也就是不能造假币。中心化的信用系统是靠国家机器防止造假币。"比特币"怎么办呢？中本聪的伟大创新是给每一笔交易"盖时间戳"（timestamp）。每十分钟一个区块（block：相当于网络账簿），把这十分钟的全网交易都正确的盖上时间戳。问题是谁来盖呢？中本聪并没有假设互联网上都是雷锋，他同意亚当·斯密的观点：市场上的人是贪婪的。他让所谓自称"矿工"的人去竞争这十分钟一个区块的记账权，竞争的规则就是正确记账的同时要去解 SHA256 难题，谁能证明自己的计算机算力最快（所谓 Proof of Work 机制），"他"就能竞争到这十分钟区块的合法记账权，并得到二十五个比特币的奖励。这就是所谓俗称的"挖矿"过程，实际是建立一个全网总账——区块链的去中心化信用过程，所以矿工更本质的职能是"记账员"！

中本聪在其比特币白皮书中，比较详尽地叙述了这个信用系统建立的过程。

第一步：每一笔交易为了让全网承认有效，必须广播给每个节点（node：也就是矿工）。

第二步：每个矿工节点要正确无误的给这十分钟的每一笔交易盖上时间戳并记入那个区块（block）。

第三步：每个矿工节点要通过解 SHA256 难题去竞争这个十分钟区块的合法记账权，并争取得到二十五个比特币的奖励（头四年是每十分钟五十个比特币，每四年递减一半）。

第四步：如果一个矿工节点解开了这十分钟的 SHA256 难题，"他"将向全网公布"他"这十分钟区块记录的所有盖时间戳交易，并由全网其他矿工节点核对。

第五步：全网其他矿工节点核对该区块记账的正确性（因为他们同时也在盖时间戳记账，只是没有竞争到合法区块记账权，因此无奖励），没有错误后他们将在该合法区块之后竞争下一个区块，这样就形成了一个合法记账的区块单链，也就是比特币支付系统的总账——区块链。

一般来说，每一笔交易，必须经过六次区块确认，也就是六个十分钟记账，才能最终在区块链上被承认合法交易。

所以所谓"比特币"，就是这样一个账单系统：它包括所有者用私钥进行电子签名并支付给下一个所有者，然后由全网的"矿工"盖时间戳记账，形成区块链。

一般来说区块链的运作方式可以概括如下。

（1）每个交易每个交易发生时，都会被记录为一个数据"块"。这些交易显示资产的移动轨迹，资产可以是有形的（例如产品），也可以是无形的（例如，才智）。数据块可以记录您选择的信息：人物、事件、时间、地点、数量，甚至条件——如食品运输的温度。

（2）每个块都连接到位于它前后的块。随着资产从一个地方转移到另一个地方或所有权易手，这些块构成了一个数据链。块可以确认交易的准确时间和顺序，通过将块安全地链接在一起，可以防止更改任何块或在两个现有块之间插入块。

（3）交易一起封闭在不可逆的链即区块链中。每个附加的块都会加强对前一个块的验证，从而增强整个区块链。这使得区块链能够防止篡改，提供不可更改的关键优势。这消除了恶意参与者进行篡改的可能性，并构建了您与其他网络成员可以信任的交易账本。

区块链作为当下最炙手可热的技术新宠，对于它的持续健康发展，也是有着各种各样的期盼与展望。目前，最热的两种观点都与"币"结下了不解之缘。

一种倾向于发币，称之为有币区块链；一种反对发币，力将无币区块链落地发展。

从区块链的本质来说，有币区块链偏向于"原生态"。为什么会这样说？因为区块链区块链诞生时的初心本身就是一个去中心化，公众自由公平参与治理的网络。

（一）有币区块链的自然属性

很多人将"去中心化"当做是区块链的灵魂。"去中心化"，立志建立一个自由的、无人为干扰的理性世界。可是，要想达到这类似于"理想国"的境界，就必须要设置激励模式，让人人都可参与、人人可"见证"，这样来吸引参与者主动维护账本的公平运行。这种方式被称之为"Token"，也可以看做是大家所说的币。"Token"产生价值流转，从而维护整个价值网络的发展。并且，"Token"带有的融资属性，对于互联网时代的创新具有很大的意义。举比特币为例来说，这种价值的意义非同一般。Jack Dorsey 曾这样评价比特币："比特币这种东西是非常纯粹的，而且专注于公共利益，与其他任何特定'货币'都不一样。比特币是通缩的，这样的设计是为了鼓励储蓄而不是支出，这种模式对世界以及人们对消费的看法来说都是非常积极的。由于比特币是一种稀缺资源，因此它的价值会一直增加，也意味着人们需要更多地去思考如何正确使用比特币。"

毫无疑问地说，"Token"是带有更有的投资意义的东西。它带来的不仅是财富的获得，更多的是一种生态的稳定运行。若舍弃 Token，系统就缺少代币激励，无币区块链无法吸引海量节点进入，也就无法得到巨大的算力支持以提供工作量证明，同时也缺乏足够多的节点对账本进行分布式存储。即使是类似于一种"自然"存在，有币区块链还是得不到多数国家层面的赞同。毕竟通过币来构建治理体系，伴随强金融属性，因此监管层较为谨慎，毕竟涉及了人民群众的财产安全问题。

（二）无币区块链并非百利无一害

相比有币区块链的险象重重，无币区块链的前途可以被看作是一片光明。自 10 月 24 日，中央宣布掀起区块链高潮后，无币区块链一直是发展的重中之重。

中国电子学会区块链专家委员黄连金曾表示，无币区块链可以对中心化的数据库进行优化，增强数据运行的速度、性能。中国通信工业协会区块链专委会成员蔡玉峰亦认为，无币区块链是未来的一个大方向。中心化系统仍然有优势，变革的过程很艰难。所以在类似金融、食品、医药品溯源以及政府公共领域，无币区块链可能会推进得更快。从官方表态来看，无币区块链将专注于仲裁机构、金融机构、第三方存证机构、企业之间的落地应用。

无币区块链多指联盟链。联盟链是一种需要许可的区块链。参与者仅限于联盟成员，联盟规模可以大到国与国之间，也可以是不同的机构企业之间，链上权利由联盟成员共同所有。在这种情况下，仲裁机构、金融机构、第三方存证机构、企业之间共同组建一条联盟链，记录在链上保存，不可篡改，需要仲裁的时候即可以在链上取证，节约了大量的成本。

最终以联盟链等方式将区块链应用投入到有限、封闭的商业场景中，并将激励机制限定性地进行分配。

在这一方面，由大型企业和政府主导的无币区块链，因为没有足够的利益驱动，所以在很多情况下，机构财政状况也会影响到无币区块链的参与，即使是强行政力量加以推广，其过程也不会具有"Token"激励的情况下的自发参与来得迅速。

另一方面，无币区块具有的源头数据的造假可能，也将使区块链建立的信任大打折扣。中国人民银行工作论文作者徐忠、邹传伟很精准地指出：无币区块链面临的主要问题是如何保证区块链外信息在源头和写入区块链环节的真实准确性。或许很多人或许试想过如何避免造假的方案。以人为单位，充当监督角色，采取法币奖励，是通用的方式。但事实上我们看到的是在人为监管的情况下，人们不敢去拿法币奖励，就如举报食品安全一样，怕受到打击报复。

有币区块链与无币区块链这对孪生兄弟，在"家长式"的眼光中，常会有以己之长攻己之短的嫌疑。而换之在区块链社会中，有币区块链与无币区块链其实都能开拓出自己的天地，甚至是成为璀璨之双珠。有币区块链与无币区块链背后都有很大的价值支撑。有币区块链专注于去中心化，在不可篡改、不可磨灭等方面，与互联网融合，创新除新的"文明"；而成本较低、效率较高的无币区块链则可以运用于公共服务等大型项目，推动社会整体加速发展。

第二节　区块链网络访问方式

全球区块链创业公司，物联网巨头公司纷纷在"区块链＋物联网"领域布局，截至 2021 年年初，全球有 66 个公链项目，而亚马逊、Microsoft、PREDIX、SAP、阿里巴巴等巨头公司也开始进军该领域，为未来物联网设备的大量接入提供资源池做超前布局。区块链分为三类：公共区块链、私有区块链、联盟链，公共区块链是指全世界任何人都可以随时进入到系统中读取数据、发送可确认交易、竞争记账的区块链。私有区块链非公开，需要授权才能加入节点，联盟链是由若干机构或组织共同发起并参与维护的链，超级账本（Hyperledger Fabric）是一种典型的联盟链技术。

根据区块链的使用范围和准入权限的不同，区块链大体可分为公链、联盟链和私有链三种，所谓公链即面向大众，不需要任何许可，人人皆可参与使用；联盟链即面向行业阵营，需要一定的许可才能加入，譬如银行系统、保险系统、公安系统等，系统内部人员得到许可才能使用；私有链即单机链，公司内部数据库，不对外开放。区块链发展至今，已有成百上千个公链和联盟链项目，由于不同的链与链之间是平行空间，链上数据完全隔离，也就形成了一个个数据孤岛，且数据冗余程度远比互联网时期更甚，其中，第一代区块链网络主要以公链为主，第二代区块链网络包括公链、联盟链、私链，而第三代区块链网络主要是跨链。

一、公共区块链

在公共区块链中，每一个参与的人都可以享有一定的平等权利，可以进行读取和交易，并且因为共识原因，所以参与其中的区块可以具有明确的状态，每个人从中可获得的经济奖励，与对共识过程作出的贡献成正比。公有区块链是任何人都可以加入和参与的区块链，如比特币。缺点可能包括需要大量计算能力，交易的隐私性极低或根本没有隐私性可言，以及安全性较弱。而这些又是区块链企业用例的重要考虑因素。公有链的验证节点遍布于世界各地，所有人共同参与记账、维护区块链上的所有交易数据。

公有链能够稳定运行，得益于特定的共识机制，例如比特币块链依赖工作量证明（PoW）、以太坊目前依赖权益证明（PoS）等，其中 Token（代币，也有人称"通证"）能够激励所有参与节点"愿意主动合作"，共同维护链上数据的安全性。因此，公有链的运行离不开代币。

（一）公共区块链的优点

1. 保护用户，免受开发者的影响

在公共区块链中程序开发者无权干涉用户，所以区块链可以保护使用他们开发的程序的用户。从天真的角度来看，的确难以理解为何程序开发者会愿意放弃自己的权限。然而，较为超前的经济分析为此提供了两个理由：借用 Thomas Schelling 的话语，妥协是一种力量。第一，如果你明确地选择做一些很难或者不可能的事情，其他人会更容易信任你并与您产生互动，因为他们自信那些事情不大可能发生在他们身上。第二，如果你是受人或其他外界因素的强迫，无法去做自己想做的事，你大可说句"即使我想，但我也无权去做"的话语作为谈判筹码，这样可以劝阻对方不去强迫你去做不情愿的事。程序开发者们所面临的主要的压力或者说风险，主要是来自政府，所以说"审查阻力"，

便是公共区块链最大的优势。

2. 网络效应

公共区块链是开放的，因此有可能被许多外界用户使用和产生一定的网络效应。举一个特定的例子，就拿域名托管来说吧。现在，如果 A 想卖给 B 一个域名，就有个需要待解决的风险问题：如果 A 首先出售了域名，但 B 可能还没给钱；或者如果 B 给钱了，但 A 还没出售域名。为解决这个问题，我们要设立中心化的托管中介，但须支付 3 ～ 6 个百分点的手续费。然而，如果我们在区块链上拥有一个域名系统，并使用这个区块链的货币，那么我们可建立交易费低至 0 的智能合约：A 向该系统出售域名，系统马上将域名出售给首先支付资金的人，而且因为这系统是建立在公共区块链上所以值得信任。但注意为了使交易过程更高效，要将来自完全不同行业的完全不同的资产寄放在同一公共数据库上——这在私有区块链上是不可能轻易做到的。同样的例子可以是土地登记和产权保险，但注意若想可交互操作，要使用能被公共区块链验证的私有区块链，这样可通过跨链完成交易。

区块链的主导类是公共区块链，在公共区块链中，没有访问控制，任何未经认证的、不可信的节点都可以读取和记录交易，并参与挖掘区块和给区块链做贡献。为公开访问公共分布式网络设计的公共区块链可以提供强大的可伸缩性。然而，随着网络规模的扩大，保持公共区块链的一致记录变得越来越困难，从而会降低公共区块链的区块生成率。这是因为，如果没有访问控制，公共网络对任何参与者的标识和认证没有严格的控制策略，因此，实现的共识协议必须为安全性确定块生成率。具体来说，PoW 和 PoX 通常作为共识协议在公共区块链中使用，与私有区块链中使用的 PBFT 算法相比，块生成率更低，这将在本节后面详细分析。

目前的公共区块链项目，包括比特币和以太坊，也显示出开放性和容量有限的特点。公共区块链适用于大规模开放接入或灵活对等的物联网应用，如 VANET 和供应链。

3. 公共区块链组件

公共区块链由五种主要技术组成。

（1）公共的分布式分类账或数据库，在这里信息是通过过账交易被写入的。任何用户都可以通过发送或接收交易来写入此数据库。地址是伪匿名的，所有记录的信息都以多个区块链接在一起，所有时间都由创建者盖章。

（2）PGP 加密，或者隐私保护，可以创建私有公共地址。这项技术允许任何用户证明他们是一区块数据的所有者，而不显示他们的主密钥（或密码）。本质上，我们可以向另一个用户显示我们是地址（账户）的所有者，而不显示我们的凭证。它为用户提供了独立进行数字处理所需的隐私。

（3）一种与在任何给定的区块链上发生的所有交易相关联的加密货币或代币。代币可以赋予其所有者不同的财产，例如，在区块链上书写的权利、投票权、收入权利，等等。代币可以是一种商品、一种货币、一种收藏品或任何资产的数字表示形式。加密货币是必不可少的，因为它们激励用户保持网络安全。

（4）分布式共识，通常与工作量证明（PoW）相关，或者要求任何希望验证交易并希望保证网络安全的用户通过解决复杂的计算问题来浪费能源的技术。其动机是保证区块链安全的加密奖励验证者（或矿工）。其基本思想是通过要求区块链验证器不断地浪费能量，以便找到解决手头的计算问题（通常称为散列）的解决方案，我们通过让任何人都几乎不可能拥有超过 51% 的投票权来维护网络的安全性。因此，共识仍然是去中心化的。

（5）一个无权限的 P2P 网络为了让用户拥有自己的加密货币而不依赖于第三方（如传统支付渠道的银行基础设施）。它允许他们能够自由地相互交易。P2P 基于这样的理念用户可以是他们的数据的所有者，因为数据是公开存储的，但只有拥有正确密钥对的所有者才能访问它。

4. 所有交易数据公开、透明，无法篡改

虽然公有链上所有节点是匿名（更确切一点，"非实名"）加入网络，但任何节点都可以查看其他节点的账户余额以及交易活动。公有链是高度去中心化的分布式账本，篡改交易数据几乎不可能实现，除非篡改者控制了全网 51% 的算力，以及超过 5 亿 RMB 的运作资金。区块链观察网（www.blockob.com）在《区块链是什么》一文中提到过这点。

（二）公共区块链的缺点

1. 低吞吐量（TPS）

高度去中心化和低吞吐量是公有链不得不面对的两难境地，例如，最成熟的公有链——比特币块链——每秒只能处理 7 笔交易信息（按照每笔交易大小为 250 字节），高峰期能处理的交易笔数就更低了。

2. 交易速度缓慢

低吞吐量的必然带来缓慢的交易速度。比特币网络极度拥堵，有时一笔交易需要几天才能处理完毕，还需要缴纳几百块转账费。

二、私有区块链

另一种流行的区块链是私有区块链，它位于具有严格访问控制和读写权限以及参与者身份和认证的封闭专有网络中。私有区块链能够满足隐私要求，并日益受到金融机构的关注。私有区块链在其上运行的专有网络可以针对高速和低延迟进行优化。例如，在私有区块链中，每秒可实现高达数万个交易的高速传输。私有区块链网络类似于公有区块链网络，是一个去中心化的点对点网络，其显著差异是整个网络由一个组织管理。该组织控制允许谁参与网络，执行共识协议和维护共享分类账。根据使用情况，这可以显著提高参与者之间的信任和信心。私有区块链可以在企业防火墙后面运行，甚至可以在内部托管。私有链的读写权限掌握在某个组织或机构手里，由该组织根据自身需求决定区块链链的公开程度；适用于数据管理、审计等金融场景。

私有区块链采用 BFT 协议，即 PBFT 及其变体作为一致性协议，提供更高容量的受限访问控制。私有区块链提供的访问控制进一步保护物联网应用免受外部对手的攻击。一般来说，由于 BFT 协议的高通信复杂度和开销，私有区块链适合于具有小规模矿工的物联网应用。当网络规模超过 20 时，私有区块链的容量急剧下降。

除了各种 BFT 共识协议外，私有区块链还可以使用其他有效的共识协议，例如 Paxos 和 Raft，以响应特定类型的故障，例如崩溃故障和故障停止故障。

私有或许可的区块链通常由公司财团创建，是一种分布式分类账技术（DLT），由许多数据库组成，由有限的一组公司运营。只有在获得许可后才能访问网络，并且由少数可信方（写访问）强制对数据库的最新状态达成共识。网络中的其他各方可以读取数据库，但无法更改。通常，集中实体（或几个预定实体）负责验证交易。同一实体（通常是组织）可以提供或拒绝访问分布式分类账网络。

开发许可区块链的最大区块链项目之一是 Hyper Ledger，它是 Fabric DLT的幕后推手。另一个私人区块链是 R3 的 Corda，主要用于金融产品。

历史上用于设置规则和控制他们管理的网络的每个方面的大型企业，不出所料地更喜欢将私有区块链用于各种用例。有些已经将 DLT 纳入供应链管理。沃尔玛和 Albert Heijn 等超市正在采用经过许可的区块链来提高其供应链的效率。

与完全集中的云计算相比，许可的区块链引入了一个小的（但也许是重要的）改进。其中大多数实际上是在云中运行。例如，微软的 Azure 平台已经在很长一段时间内推出了区块链即服务产品。通常，尚未创建区块链技术来为企业客户提供服务。它的开发是为了创建开放的，无权限的网络，任何人都可以使用或开发应用程序。这就是他们真正的价值所在。

私有区块链的优点包括以下几点。

1.更快的交易速度、更低的交易成本

链上只有少量的节点也都具有很高的信任度，并不需要每个节点来验证一个交易。因此,相比需要通过大多数节点验证的公有链,私有链的交易速度更快,交易成本也更低。

2.不容易被恶意攻击

相比中心化数据库，私有链能够防止内部某个节点篡改数据。故意隐瞒或篡改数据的情况很容易被发现，发生错误时也能追踪错误来源。

3.更好地保护组织自身的隐私，交易数据不会对全网公开

私有区块链的缺点：

区块链是构建社会信任的最佳解决方案,"去中心化"是区块链的核心价值。

而由某个组织或机构控制的私有链与"去中心化"理念有所出入。如果过于中心化，那就跟其他中心化数据库没有太大区别。

三、混合区块链

混合区块链：另一类区块链是混合区块链，它是为了利用公共区块链和私有区块链的优势，更具体地说，是为了私有区块链的区块生成率和公共区块链的可扩展性。

例如，Luu 等人为区块链开发了一个可计算的拜占庭共识协议，在该协议中，区块链的容量几乎可以随计算能力线性扩展。在这种设计中，一个无权限的分布式网络被统一地聚集成更小的委员会。首先，网络中的节点需要解决 PoW 难题来证明自己的身份，避免 Sybil 攻击。然后，根据节点的计算能力，通过所需的时间将其统一地聚集到委员会中，以解决 PoW 难题。每个委员会处理一组不相交的交易。委员会内部的共识是通过使用拜占庭共识协议，即 PBFT 来实现的。委员会之间通过拜占庭共识协议达成的最终共识通过网络广播。这种混合设计对具有 1600 个节点的大规模网络具有很强的可扩展性。

混合区块链的另一个最新例子是 Byz Coin，它动态地形成散列幂比例一致性组，以收集最近成功的区块挖掘者。通信树可以用来优化正常操作下的交易提交和验证。

更多混合区块链的例子包括 Crain 等人提出的弹性最优拜占庭共识算法。提议的财团区块链既不依赖领导者，也不依赖签名或随机化。提出的一致性协议将多变量一致性降为满足有效性的二元一致性。其性质是，如果所有非故障进程都提出相同的值，则无法确定其他值。

$$0x181bc330 \rightarrow \quad 0x1bc330 \quad * \quad 256 \quad \wedge \quad (0x18 \quad - \quad 3)$$
$$B_i \qquad\qquad B_i^l \qquad\quad 2^8 \qquad\quad B_i^u$$

Target: 0x1bc3300000000000000000000000000000000000000000000000000

图 3-10　将位字段转换为目标

```
02000000 ......................... Block version: 2

b6ff0b1b1680a2862a30ca44d346d9e8
910d334beb48ca0c0000000000000000 ... Hash of previous block's header
9d10aa52ee949386ca9385695f04ede2
70dda20810decd12bc9b048aaab31471 ... Merkle root

24d95a54 ......................... Unix time: 1415239972
30c31b18 ......................... nBits
fe9f0864 ......................... Nonce
```

图 3-11　包含版本、前序块头散列、Merkle 根散列、时间、字节和随机字段的区块头

由于物联网网络的复杂性和异构性，混合区块链对物联网应用具有吸引力。针对智能家居应用提出了一种层次化的区块链结构，其中由足智多谋的"矿工"维护的私有区块链在每个家庭运行，公共区块链在"矿工"网络上运行。

四、区块链网络技术架构对比

区块链网络架构非常灵活，按照节点授权方式可分为：公共区块链、私有区块链、混合（联盟）区块链。

区块链网络技术架构如图 3-12 所示。

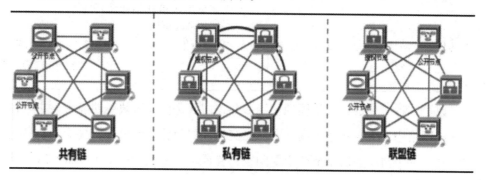

图 3-12　三种区块链网络技术架构

公共区块链：网络中的节点可任意接入，网络中数据读写权限不受限制，任何人都能参与共识过程，比特币属于典型的公有链。

私有区块链：网络中的节点被一个组织控制，写入权限仅限在一个组织内部，读取权限有限对外开放，全球 42 家银行组建的区块链联盟 R3CEV 就是私有链。

57

混合（联盟）区块链：网络中的节点部分可以任意接入，另一部分则必须通过授权才可以接入的区块链。

三大技术架构都充分利用了区块链技术去中心化、去中介信用、数据可靠性等特点，只是在节点的接入和共识机制的建立方面存在区别。

区块链技术架构对比如表 3-1 所示。

表 3-1　三类区块链技术架构对比

概念	公有链	私有链	混合（联盟）链
定义	节点可任意接入网络，节点之间可以互相不信任。读写权限不受限制，任何人都能参与共识过程	节点只有通过授权才能接入网络，节点之间彼此信任	网络中的节点既有授权节点又有公开节点，共识过程受到预选节点控制
优势	1. 完全解决信任问题 2. 全球可用户访问，应用程序容易部署，进入壁垒最低	1. 一般而言没有挖矿过程，网络能耗低； 2. 规则修改容易、交易量、交易速度无限制； 3. 节点通过授权接入，不存在 51% 攻击风险	1. 容易进行控制权限定； 2. 具有很高的可扩展性
缺点	交易量受限，挖矿能耗高	1. 接入节点受限； 2. 不能完全解决信任问题（接入前需要通过审核）	不能完全解决信任问题
适用场景	网络节点之间没有信任的场景	节点之间高度信任场景	连接多个公司或多中心化组织
典型案例	比特币、以太坊	R3 联盟等金融领域联盟	

以上三种区块链适合不同的应用。共识协议是保证区块链功能的核心。在区块链网络中，节点在整个网络中广播交易，并遵循一致协议就接受的交易达成一致。共识协议解决了两个主要问题：验证单元数据的原则是什么？区块链分类账中的单位数据结构是什么？

第三节　单位数据结构

该结构指定如何存储单元数据以及如何决定总账。分布式网络中同时存在多个账本的情况。如果不同的分类账都被接受，区块链网络将获得更多的容量，但同时也会面临双倍支出的风险。双倍花费攻击指的是一枚硬币成功花费不止一次的错误。一般情况下，双倍开销攻击会导致分布式系统中的记录相互矛盾。区块链只能确保所有记录在最后是一致的。在最终接受之前，可以暂时接受记录，然后删除。这使得双重支出攻击成为可能。

一、链块

在具有链式数据结构（如比特币）的区块链中，只有单链最终可以在整个系统中被接受，这个链被命名为主链。每个块包含使用 SHA-256 散列算法的前一个块头的加密散列，该算法将当前块链接到前一个块，如图 3-6 所示。这样可以防止篡改区块链。由于对网络其余部分的每个部分的看法有限，在网络的不同部分维护的链可能不一致；或者换句话说，在未来的物联网网络中可能占主导地位的网络划分。为了解决这个问题，比特币采用了一个简单的规则，该规则的系统只能将最长的链作为主链，而丢弃其余的链。对于实际实现，区块链交换机中的对等方如果它看到了一个，或者保留了自己的区块链，那么它将被转移到更长的区块链上。

基于本地维护的链被同步用于一致记录之后是否丢弃块，可以定义两种不同类型的不一致。

第一种类型的不一致只会导致一个分区自上一个一致的区块链以来挖掘了一个或多个区块。其他分区通过接受新的块来达成共识。同步期间不会删除任何块；第二种不一致账户，即多个分区从上一个一致状态附加块。只剩下最长的链条，其余的都被召回。被调用的块被命名为陈旧块；显然，矿工可以通过接受最新的区块。在第二种不一致的情况下，矿工需要放弃自己的一部分区块，转而使用较长的主链。

第二种类型的不一致会导致过时块中的事务丢失。然而，交易损失的风险很低，原因有二。第一个原因是，过时块中的事务可能位于可接受块中，因为事务对网络的许多部分可见，并且可以在不同块中观察到，并在不同节点上挖掘。第二个原因是，如果事务与陈旧块一起丢弃，则该事务将返回到未确认事务的状态，并等待放人另一个新块中。

当第二种不一致类型的不同分区中存在冲突的事务 / 块时，可能会遭受双重开销攻击。比特币建议硬币接收者等待 6 个区块确认，以防止双重支出攻击。利用一致性协议，连锁区块链中也会发生双倍开销攻击。以 51% 攻击力为例。如果一个强大的节点拥有超过 50% 的网络计算资源，那么强大的攻击者能够如此快速地生成块并劫持主链，从而产生最长的链规则。因此，攻击者可以控制任意长度的链。到 2018 年 7 月，网络哈希率约为每秒 4×10^{19}H/s，51% 的攻击几乎不可能。此外，比特币将块生成速率限制为每 10 分钟一个块，以减少不一致性。这是通过调整本节前面描述的 PoW 难度来实现的。

二、有向无环图

Nxt 社区提出的 DAG of blocks。有人提出用 DAG 的拓扑结构来存储区块，解决区块链的效率问题。区块链只有一条单链，打包出块无法并发执行。如果改变区块的链式存储结构，变成 DAG 的网状拓扑可以并发写入。在区块打包时间不变的情况下，网络中可以并行打包 N 个区块，网络中的交易就可以容纳 N 倍。

此时 DAG 跟区块链的结合依旧停留在类似侧链的解决思路，交易打包可以并行在不同的分支链条进行，达到提升性能的目的。此时 DAG 还是有区块的概念。

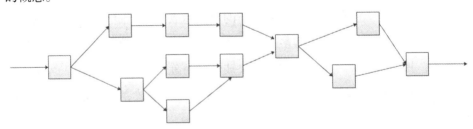

图 3-13 DAG 结构示意图

Dag Coin 的思路，让每一笔交易都直接参与维护全网的交易顺序。交易发起后，直接广播全网，跳过打包区块阶段，达到所谓的 Blockless。这样省去了打包交易出块的时间。如前文提到的，DAG 最初跟区块链的结合就是为了解决效率问题，现在不用打包确认，交易发起后直接广播网络确认，理论上效率得到了质的飞跃。DAG进一步演变成了完全抛弃区块链的一种解决方案。

DAG（有向无环图）是面向未来的新一代区块链，从单链进化到树状和网状、从区块粒度细化到交易粒度、从单点跃迁到并发写入，这是区块链从容量到速度的一次革新。DAG原本是计算机领域一种常用数据结构，因为独特的拓扑结构所带来的优异特性，经常被用于处理动态规划、导航中寻求最短路径、数据压缩等多种算法场景。

其他共识解决方案利用了这样一个事实，即根据共识协议开采但由于分叉而被排除在主链之外的一些废弃区块可以用来提高容量。这可以通过调整数据结构来实现。其中一个被称为Tangle的一致协议使用有向无环图（DAG）来组织块，而不是链，其中DAG是一个没有有向无环的有限有向图。在纠结中，交易必须批准（指向）两个以前的交易记录。最后，其中一个冲突记录可以赢得批准竞争并被接受。与链结构中的单个副本不同，Tangle不会丢弃冲突事务，并将它们保存在DAG的不同分支中。DAG结构可以获得更好的性能。

传统区块链和DAG的区别，简单地说：

（1）单元：区块链组成单元是Block，DAG组成单元是TX（交易）。

（2）拓扑：区块链是由Block区块组成的单链，只能按出块时间同步依次写入，好像单核单线程CPU；DAG是由交易单元组成的网络，可以异步并发写入交易，好像多核多线程CPU。

（3）粒度：区块链每个区块单元记录多个用户的多笔交易，DAG每个单元记录单个用户交易。

三、贪婪最重观测子树

以太坊采用一个与比特币不同的算法——贪婪最重观测子树（Greedy Heaviest Observed Subtree，GHOST）来构建区块链。因为加了叔伯块的关系，严格来说，以太坊的区块链不是一个链条，更像是一棵树，但是具体交易数据等信息仍以主链为主。

贪婪最重观测子树（GHOST）在树结构中排列块。它从区块链中的第一个区块 Genesisblock 到拥有最大区块数的最重子树，或者换句话说，包含作为公共接受的主链的最重计算量。GHOST 可以将生成块的速度从比特币的每块 10 分钟左右提高到以太坊的每块 12 秒。因此，可以提高区块链的容量。

简单来说，GHOST 协议就是让我们必须选择一个在其上完成计算最多的路径。确定路径一个方法就是使用最近一个区块（叶子区块）的区块号，区块号代表着当前路径上总的区块数（不包含创世纪区块）。区块号越大，路径就会越长，就说明越多的挖矿算力被消耗在此路径上以达到叶子区块。

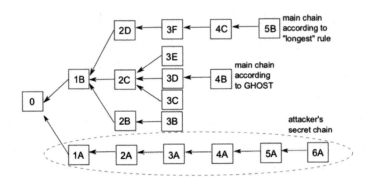

图 3-14　GHOST 协议原理示意图

与最长链规则相比，GHOST 的优点在于能够在网络延迟较高时降低攻击效率，同时最小化链重组的深度。原因是即使攻击者能够高效地在其分叉链上继续产生区块，尝试使该链成为最长链，GHOST 也会选择另一条票数更高的分叉链。如图 3-14 所示。

解决了快速生成区块时区块链安全方面的矛盾，因为在区块生成速度过快时，由于网络延迟的原因会导致许多节点没有收到新的区块继续在以前的旧的区块上继续挖矿，从而导致网络中的废区块增多，这就会导致中心化的问题。

如果 A 是一个拥有全网 30% 算力的矿池而 B 拥有 10% 的算力，A 将面临 70% 的时间都在产生作废区块的风险而 B 在 90% 的时间里都在产生作废区块。如果作废率高，A 将简单地因为更高的算力份额而更有效率。因此，区块产生速度快的区块链很可能导致一个矿池拥有实际上能够控制挖矿过程的算力份额。

1. GHOST 优点

（1）安全性独立于出块速度，为 GHOST 的扩容提供了保证（不会因间隔时间的减少而导致安全性降低，最高可达 200TPS）。

（2）解决孤块奖励问题，鼓励矿工参与出块。

（3）论证了盲目通过增加出块速率和区块大小，来提高 TPS 不可行。

2. GHOST 缺点

（1）区块链可能会突然跨深度任意切换分叉。

（2）eth1 链应对这种情况的方式是让用户假设矿工的区块需要多久才能被全网接收到，因此交易需要等待 x 个确认。

四、混合结构

比特币 NG（Next Generation）是一种公共区块链协议，它将区块生成的任务交给计算能力强大的领导者，以加速交易确认。比特币 NG 将比特币的区块链操作分解为两个阶段：领袖选举和交易序列化。领袖选举的基础是解决像 PoW 这样需要计算的难题的速度。当选的领导人被记录在关键区块。领导者有责任通过生成微区块来序列化事务。微区块包含事务和引用上一个块的头。微区块不包含 Nonce，因此可以以比关键区块的生成速率高得多的预定义速率生成。

第四节　单元数据共识机制

一、工作量证明共识机制

（一）起源

工作量证明（Proof of Work，POW），简单理解就是一份证明，用来确认你做过一定量的工作。通过对工作的结果进行认证来证明完成了相应的工作量。

散列现金是一种工作量证明机制，它是亚当·贝克（Adam Back）在1997年发明的，用于抵抗邮件的拒绝服务攻击及垃圾邮件网关滥用。

在比特币之前，散列现金被用于垃圾邮件的过滤，也被微软用于 hotmail/exchange/outlook 等产品中（微软使用一种与散列现金不兼容的格式并将之命名为电子邮戳）。

散列现金也被哈尔·芬尼以可重复使用的工作量证明（RPOW）的形式用于一种比特币之前的加密货币实验中。

PoW 共识机制，即工作量证明共识机制。其思想最早出现在1992年由 Dwork 和 Naor 发表的论文中，用来防止分布式拒绝服务（Distributed Denial of Service，DDoS）攻击的。其要求发送方在向服务器请求之前，需要完成哈希计算，找到数学难题的答案，满足条件后服务器进行响应。比特币成功利用 PoW 共识机制在没有中央机构的情况下，使全网各个节点之间达成共识，实现节点之间的相互信任，同时防止恶意节点制造假身份发起女巫攻击。

（二）散列函数

哈希函数（Hash Function），也称为散列函数，给定一个输入 x，它会算出相应的输出 $H(x)$。散列函数的主要特征是：

（1）输入 x 可以是任意长度的字符串。

（2）输出结果即 $H(x)$ 的长度是固定的。

（3）计算 $H(x)$ 的过程是高效的 [对于长度为 n 的字符串 x，计算出 $H(x)$ 的时间复杂度应为 $O(x)$]。

而对于比特币这种加密系统所使用的散列函数，它需要另外具备以下的性质：

（1）免碰撞，即不会出现输入 $x \neq y$，但是 $H(x) = H(y)$。其实这个特点在理论上并不成立，比如，比特币使用的 SHA256 算法，会有 2^{256} 种输出，如果我们进行 $2^{256}+1$ 次输入，那么必然会产生一次碰撞；甚至从概率的角度看，进行 2^{130} 次输入就会有 99% 的可能发生一次碰撞。

不过我们可以计算一下，假设一台计算机以每秒10000次的速度进行散列运算，要经过 10^{27} 年才能完成 2^{128} 次散列！甚至可以这么说，即便是人类制造的所有计算机自宇宙诞生开始一直运算到今天，发现碰撞的概率也是极其小的。

（2）隐匿性，也就是说，对于一个给定的输出结果 $H(x)$，想要逆推出输入 x，在计算上是不可能的。

（3）不存在比穷举更好的方法，可以使散列结果 $H(x)$ 落在特定的范围。

以上特点是比特币的工作量证明系统可以正常运行的基石。

PoW 共识机制用公式 Hash（Head‖nonce）<Target 来表示，Hash 函数是密码学的一个重要分支，head 表示区块头相关数据，Nonce 表示随机数，Target 表示难度目标值（网络目标值）。PoW 共识机制的工作原理：矿工首先把所有交易打包生成候选区块，然后通过穷举不断改变 Nonce 值，重复计算区块头的哈希值，使得 Nonce 拼接上区块头信息哈希值再进行哈希计算所得到的哈希值前 n 位为零，直到找到一个 Nonce 满足区块头信息哈希值小于难度目标值。图 3-15 是 PoW 共识机制工作原理图，难度目标值越小，挖矿的难度越大，因为我们需要投入更多的算力来找到合适的 Nonce 值。

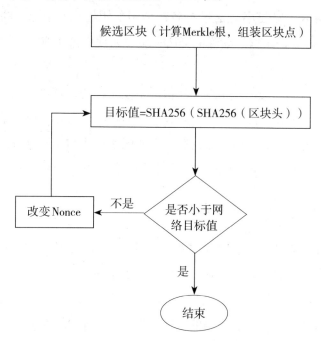

图 3-15　PoW 共识机制工作原理

难度目标值的计算公式为：

$$newtarget=oldtarget*（totaltime/20160）\qquad（1）$$

其中，Newtarget 为新区块的难度目标值，Oldtarget 为前一个区块的难度目标值，Totaltime 为创建过去 2016 个区块所花费的总时长。PoW 难度目标值调整机制：Newtarget 变大，计算花费的时间会减少；Newtarget 变小，计算花费的时间会增加。

SHA256 哈希函数：交易信息被编码为固定长度的由字母和数字组成的字符串后写入区块链。哈希函数满足三个特性：①不同长度的输入产生固定长度的输出。②由输出几乎不可能反推出输入值（单向性）。对于给定的 b，找到一个 a，使 Hash（a）$=b$，几乎不可能。③不同输入值产生相同哈希值是很难的。给定不相同的 a 和 b，使 Hash（a）=Hash（b）基本上不可能。

数字签名：共识机制通过数字签名的方式来核对发送者的身份，验证交易信息在传输过程中没有被篡改过，保证交易信息的完整性。数字签名的算法流程是：①密钥生成：通过哈希算法生成私钥 sk 和公钥 pk，私钥由签名者保存，公钥面向所有人。②签名算法：签名者利用私钥生成对消息 x 的签名后，把 < 消息，签名 > 广播出去。③验证算法：所有人使用公钥对 < 消息，签名 > 进行验证。

PoW 共识机制的通信复杂度：通信复杂度是指通信密钥协商过程中所需要的通信量。由于工作量证明采用哈希算法，通过寻找 Nonce 值，重复计算区块头信息，矿工之间不需要通信，只有在生成区块后才在全网进行广播，其他节点验证区块有效性。因此，PoW 共识机制的通信复杂度为 $O（x）$。

（三）工作量证明的基本原理

工作量证明系统主要特征是客户端需要做一定难度的工作得出一个结果，验证方却很容易通过结果来检查出客户端是不是做了相应的工作。这种方案的一个核心特征是不对称性：工作对于请求方是适中的，对于验证方则是易于验证的。它与验证码不同，验证码的设计出发点是易于被人类解决而不易被计算机解决。

举个例子，给定的一个基本的字符串"Hello,world!"，我们给出的工作量要求是，可以在这个字符串后面添加一个叫做随机值的整数值，对变更后（添加随机值）的字符串进行 SHA256 散列运算，如果得到的散列结果（以 16 进制的形式表示）是以"0000"开头的，则验证通过。为了达到这个工作量证明的目标。我们需要不停地递增随机值值，对得到的新字符串进行 SHA256 散列运算。按照这个规则，我们需要经过 4251 次计算才能找到恰好前 4 位为 0 的散列散列。

工作量证明提供了一种实用的方法来在以分布式方式生成的块链之间达成共识，同时防止不可信的参与者篡改或破坏链。工作量证明产生的问题很难完成，但很容易验证，例如使用散列函数，这种函数是单向函数，使用给定的输入很容易计算，但很难从输出中导出输入。以比特币区块链为例。比特币中的每一块都需要大约 10 分钟的时间才能在整个网络中开采出来。另一方面，工作量证明的答案可以通过散列操作轻松验证。通过这种方式，比特币可以实现一个单 CPU 一票策略以防止 Sybil 攻击，其中一个实体可以在一个协商一致的过程中假装为多个身份。

PoW 比特币由第 i 个纪元的全局目标设置，用 i 表示，i 是 256 位无符号整数，如图 5-1 中的"目标"所示。通过调整 32 位"随机值"字段，有效块头的散列（连接头中的所有字段，包括版本、以前的块头散列、Merkle 根散列、时间、nBits 和随机值，需要等于或小于目标。较小的 Ti 是更严格的目标，通过调整"随机值"字段很难找到等于或小于小 T 的散列结果。比特币使用 SHA-256 作为散列函数，将任意大小的数据映射到 256 位。矿工必须为"随机值"字段尝试完全不同的值，直到获得有效的散列值。矿工必须遵守一套关于交易的共同规则。例如，拟开采的新交易不得与已分段开采并公开接受的任何交易相冲突或重复。按照规则，矿工可以选择要在新块中挖掘的交易。

比特币工作量证明目标是每 2016 块调整一次，以稳定块生成率。矿工必须遵循目标更新流程，否则，比特币网络将无法接受新开采的区块。目标 T_i 对于要在 i 个时期中挖掘的新块，压缩为 32 位，用 B_i 表示，并保存在块头中的 32 位"Bits"段中。将 B_i 转换为目标 T_i 由

$$T\_i = B\_i^{\wedge}lX2^{\wedge}\big(8X\big(B\_i^{\wedge}u - 3\big)\big) \tag{2}$$

在这里$B\_i^{\wedge}l$是B_i和$B\_i^{\wedge}u$的低位 24 位的值。B_i的高 8 位的值。转换过程如图 5-2 所示。

生成有效散列值的困难的特征是最大目标与当前目标之间的比率，如

$$D\_i = T\_max / T\_i \tag{3}$$

其中T_max是最大目标，约为2^{256-32}，如2^{224}，比特币的难度是678760110082 到 2017 年 6 月 12 日。在给定困难D_i的情况下，块的平均开采时间，用$E(t)$表示，可以近似为

$$E(t) = \big(D\_iX2^{\wedge}32\big)/r \tag{4}$$

其中r是挖掘器的哈希率，即每秒可以完成的哈希操作数

一旦生成了新的块，就使用流算法将其发送到整个网络，也就是说，每个传入的包都通过每个传出链路发送。比特币网络中的对等方接收到新块时，会检查"nBits"值是否与目标续订过程匹配，并计算块头的哈希值，以检查头的哈希值是否满足"nBits"字段中声明的目标。接收者还检查块的其他内容以进行验证。

同龄人可以合作工作以消除彼此之间的冲突。这个被称为联合开采变的块生成。此外，联合开采倾向于将分布式区块链转移到集中系统中。这将不利于区块链的抗篡改性。为了防止同行合作，Miller 等人。提出了非外包的刮刮拼图。联合开采是基于采矿池成员没有相互信任，然后将加密证明提交给其他池为了证明他们有助于游泳池。在联合开采中，雇主可以雇佣矿工开采区块。雇主将从矿区获得奖励并分享根据矿工的密码证明奖励他们。不可外包的难题旨在通过让真正的矿工从雇主那里偷来的报酬毫无踪迹。

一般来说，PoW 只用于查找 nonce 而不是提供有用的服务。一个例外是Permacoin 使用提供数据保存服务。Permacoin 要求同行投资存储来存储文件，并使用计算资源来执行证明过程和提供服务。

（四）工作量证明（PoW）共识机制的优缺点

1. 优点

（1）去中心化程度高。每个节点可以随时参与或退出，都拥有记账的权力。

（2）安全性高。基于最长链原则的 PoW 共识机制，产生区块需要牺牲大量的算力，作恶成本高，避免双花攻击。

（3）算法简单，容易实现。生成和验证区块是通过求解哈希函数来解决一个纯粹的数学问题。

2. 缺点

（1）高延迟。由于限制比特币出块的时间是 10 分钟，使得区块的确认时间长。

（2）可扩展性差。随着交易数量的增加，处理交易的能力有限。

（3）成本高。由于挖矿是一个不断进行哈希运算的过程，消耗了大量的电力和算力，造成资源浪费。

（4）需要特殊的硬件设备，而且对带宽的要求较高。

（五）PoW 共识机制与物联网场景的适应度

PoW 共识机制应用于物联网场景中，受到四个限制因素：一是挖矿需要消耗大量的算力资源，而物联网设备由于计算能力弱不适合成为矿工节点；二是完成共识过程需要消耗大量的能量，而物联网设备具有低功耗的特征，而且大部分物联网终端采用电池供电寿命有限，不能满足能量的供应；三是由于哈希函数求解的复杂性，解决此难题需要一些时间，使得出快速度慢，无法满足物联网应用的低延迟需求；四是工作量证明共识机制需要特殊的硬件设备来支持以及对带宽有一定的要求，也不适合物联网场景中。

二、PoS 共识机制

PoS 共识机制，即权益证明共识机制，也称股权证明共识机制。其想法来源于 NickSzabo，之后在 2011 年 bitconitalk 论坛上被 QuantumMechanic 正式提出，目的是解决 PoW 共识机制存在高延迟、计算量大和耗能多的问题。与 PoW 相比，PoS 是用权益来代替算力，权益也被称为币龄。该算法的中心思想是通过权益大小来获得生成区块的权力，权益越大的节点被选中的概率越高，当系统签名一个区块时，其币龄被置为零。由于依靠币龄来产生区块不需要消耗大量的算力，这大大减少了能量消耗。

（一）PoS 算法表示

coinage–coin*time，coinage 表示该笔交易的币龄，coin 和 time 分别表示持有货币的数量和时间，持有货币的数量越多或者时间越长，则获得产生区块的难度越小。

PoS 共识机制的优缺点如下。

1. 优点

（1）节省资源。生产区块不需要进行大量的计算，消耗的能量少。

（2）低延迟。节点挖矿不需要算力竞争，只需要权益证明，提高了确认效率，从交易被打包装入区块到生成新区块的共识过程的确认时间大约是 1 分钟。

2. 缺点

（1）安全性差。由于挖矿成本不高，攻击者可以累积一定量的币龄，发起双花攻击。

（2）可扩展性差。由于交易数量的增加，网络节点处理交易的能力有限。

（3）激励问题。因为 PoS 共识机制的挖矿不是进行大量的算力，与 PoW 相比，对矿工的激励有限。

PoS 共识机制与物联网场景的适应度：

PoS 共识机制应用于物联网场景中，受到二个限制：一是 PoS 共识机制生成区块成本低，恶意节点可以发起 51% 攻击，而物联网设备本身就容易遭受攻击，因此不太适用于物联网场景中。二是由于扩展性差，当物联网设备增加时，网络节点处理能力有限。

（二）DPoS 共识机制

即授权股份证明机制。DPoS 是在 PoS 的基础上改进的一种共识算法，与 PoW 和 PoS 一样，最长的有效区块链即为最佳区块链。相比于 PoW 和 PoS 共识机制，DPoS 共识机制提高了交易处理速度，大约每 3 秒产生一个区块。全网每个拥有权益的节点都具有投票的权力，投票选出一定数量的代表节点，代表节点的职责是生产区块并进行区块的验证，类似于现实中"民主集中"制度的记账方式，可以在短时间内达成共识。图 3-16 是 DPoS 共识机制的工作流程：权益持有者通过投票选出自己认为可信的代表，获得票数最多的前 100 名代表，按照规定时间轮流产生区块，并且区块的验证只在代表节点内部进行，如果代表不按规则产生有效区块或者长时间不在线，将收回其代表权，另选一个新代表。

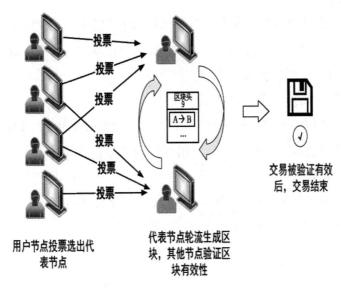

图 3-16 DPoS 共识机制的工作流程

DPoS 共识机制的优缺点如下。

1. 优点

（1）交易确认速度快。代表节点的数量是有限的，使得短时间内达成共识，生成一个区块只需要 3 秒，一笔交易的确认时间不超过一分钟。相比较于 PoW

共识机制，生成一个区块需要 10 分钟，确认一笔交易需要 60 分钟，明显提高了确认速度。

（2）节约资源。由于代表节点数量少，一次只允许一个代表节点生产区块，节点之间是合作关系，不需要竞争，节省了能量消耗。

（3）可扩展性好。由于代表节点处理交易能力强，提高了节点处理交易的扩展能力。

（4）抵御双花攻击。因为产生区块的节点是轮换的，会防止有恶意节点发布很多的区块。如果代表节点没有在规定的时间生成区块或者发布无效的区块，那么这个代表节点会被其他代表节点投票剔除。

2. 缺点

（1）将一些代表的权力中心化。因为多个代表节点能够联合起来共同作恶，影响共识过程。

（2）针对代表的 DDoS 攻击。因为只有 100 名代表，一个攻击者可以对每名代表依次进行攻击。但是由于代表的标识是公钥以及代表之间潜在的直接联系，使得这种攻击很容易被减轻。

DPoS 共识机制与物联网场景的适应度：

目前，采用 DPoS 共识机制的区块链应用平台是 EOS 项目。EOS 全称 EOS.IO 软件，通过创建一个可以构建应用程序的类似操作系统的架构来实现的，其目的在于实现去中心化应用程序的性能扩展（每秒可以处理百万级交易）。EOSIoT 是 EOS 项目的物联网扩展，通过 RFID 系统，将 RFID 电子标签发送到 EOS 链上，由智能合约为物联网系统提供服务。

（三）PoA 共识机制

即权威证明共识机制，基于 PoS，进一步提高交易处理速度，解决网络的可扩展性问题。该机制把网络中所有节点分为普通节点和小部分的权威节点（也称为验证者），由验证者轮流对产生的区块进行签名并广播。验证者是 PoA 共识机制的核心，身份是通过验证的。PoA 共识机制的工作原理如下。

（1）网络设定规则指定验证者。

（2）用户或者智能合约向网络提交交易请求。

（3）网络中被授权的验证者（指派一个验证者）不断接受交易请求，并打包到区块中。

（4）当一个验证者将交易打包到区块并确认出块，在全网进行广播，验证者根据签名算出其地址，检查该节点是否为验证者。如果满足条件，则该区块为合法区块。

（5）在网络中加入一个新的验证者，需要由申请节点发起请求，并广播给所有验证者。然后由验证者根据规则对申请节点进行投票，如果投票数量大于1/2，则该节点为新的验证者。同时，如果需要剔除恶意验证者，由所有验证者投票决定，投票数量大于1/2，该节点将会被剔除。

PoA 共识机制的优缺点如下。

1. 优点

（1）交易处理速度快。由于计算能力要求低，不需要进行大量的计算，平均只需 5 秒即可生成区块。

（2）安全性高。由于验证者的身份需要被审查，只有审查合格才能发布区块，所以验证者很难作恶。同时能够有效避免双花攻击，因为所有交易都是统一发送给验证者进行验证的。

2. 缺点

（1）有悖去中心化理念。因为可参与区块验证的验证者是有限的。

（2）名誉不能保证验证者不作恶。如果验证者作恶所获得的奖励更多，他们会选择破坏系统。为了阻止这种情况，利用多重签名机制。

（3）隐私威胁。由于验证者身份是公开的，个人信息容易被泄露。

PoA 共识机制与物联网场景的适应度：

PoA 共识机制适用于解决物联网面临的处理能力弱、能量供应有限等问题，但是应用于物联网场景中会受到一个限制：与 DPoS 共识机制类似，由于去中心化程度不高，不适用于分布范围广的物联网设备。

活动证明（PoA）包含 PoW 和 PoS。首先矿工试图生成空的块头，即由前一个块的散列，矿工的公共地址，块的索引和 nonce，通过解决类似 PoW 的散列难题。之后，空的块头被广播到网络。"幸运的"利益相关者被选中签署区块标题。第 i 个干系人将空的块头组合起来，它已经被批准由（–1）个利益相关者，并将交易分块进行。奖励在利益相关者和矿工之间共享。不像战俘在 PoA 中哈希能力超过 50% 的攻击无法控制现有的区块链或确定链的扩展。然而，PoA 要求对空块头进行签名和广播时间，因此增加了通信复杂性并减少了系统能力。

许多其他的解决方案也与桩号大小决定生成下一个块的桩号。特别地，Blackcoin 使用随机性来预测下一个生成器，Peercoin 更倾向于基于硬币年龄的选择。与 PoW 相比，PoS 更节能。不幸的是，由于采矿成本很低，几乎为零，PoS 易受攻击，远程攻击，无危险攻击，初始分配攻击、新娘攻击、币龄累积攻击和预计算攻击。例如，拥有足够赌注的攻击者可以尝试覆盖现有块中的区块链。即使是对手以 PoS 为基础的区块链中的少数股权可以产生从 genesis 区块（或任何足够古老的街区），被称为远程攻击。新的节点加入区块链网络无法可靠区分实际区块链和替代区块链。相反地，这样的攻击可以通过大量的计算来防止在 PoW 中重建区块链所需的功率 / 时间。

公共区块链中使用的其他建议的 PoX 方法包括存款证明（PoD），工作证明（PoB），证明逝去的时间（诗人）。在 PoD 中，参与采矿需要将硬币存入一个有时间锁定的债券账户，在此期间无法传输。每一个矿工都有相应的投票权锁定硬币的数量。一个块是有效的，只要它接收到 2 总投票权的一部分。投票过程类似于 PBFT，并且基于回合的共识协议。投票过程由三部分组成步骤：提议、投票和承诺。在对等方收到更多超过 23 个预提交，继续扩展其链。吊舱可以摧毁签署冲突交易的参与者的保税硬币，以避免双重支出攻击。在 PoB 中，矿工发送把硬币送到一个不可消费的地址，也就是说，把硬币烧到矿块上。这个硬币，来自无法使用的地址，可以在矿工之间共享我的街区作为奖励。然而，硬币燃烧是无法控制的，而且硬币总数可以减少。英特尔贡献，锯齿用途诗人作为共识协议。在诗人中，每个节点都有一个可信随机时间。时间到期后，对应的节点可以生成块。PoET 基于 Intel trustplatform 软件防护延伸（SGX）。

（四）PoC 共识机制

即贡献证明共识机制，最早是由 CyberVein 团队提出的，被用来防止区块链中权力或者算力集中并且滥用的算法。PoC 共识机制通过贡献算法得到节点的贡献大小，选择贡献最高的节点生产区块，贡献算法的计算公式：

$$MC - \sum_{1}^{n}\omega_2 \times \frac{\Delta T^2}{\omega_1} + (kc)^3 + \sum_{1}^{m}\omega_3 + \omega_4 \times (T_1 - T_2 - T_3) \qquad （5）$$

其中，MC 为贡献值，贡献分为节点数据保全贡献、节点数据授权协议保全贡献、节点数据权利转移贡献、节点在线贡献四部分。ω_1 和 ω_2 是公式的两个变量，m 和 n 为用户保全的数量，ΔT 表示用户保全的时间差（本次保全的时间减去上一次保全的时间），kc 表示用户在进行保全时的影响因子，ω_3 为常数值，ω_4 为系统在线时间系数，T_1 为已完成共识的最后一个区块的时间戳，T_2 是用户首次加入网络的时间戳，T_3 是用户离线时长。

PoC 共识机制的优缺点如下。

1. 优点

（1）去中心化程度高。贡献证明算法每次选择贡献最高的节点生产区块，节点可以自由参与或者退出。

（2）安全可靠。采用贡献算法，以贡献量最大的节点生产区块，能够避免双花攻击。

2. 缺点

可扩展性差。随着交易量的增加，网络节点处理交易的性能没有改变。

PoC 共识机制与物联网场景的适应度：

PoC 共识机制虽然能够解决物联网存在的安全问题，但是会受到一个限制：随着物联网设备日益增加，扩展能力将受限。

三、拜占庭容错

拜占庭容错（BFT）通常用于私有区块链制定共识协议并保证一致性利用解决拜占庭将军问题的方法协议问题，如第 4.2 节所述。特别是 PBFT 算法被广泛用于消除拜占庭式失败。1999 年，卡斯特罗和利斯科夫提出了第一个拜占庭容错的状态机复制算法，名为"实用的"拜占庭容错（PBFT），在对等网络中产生（2）的通信开销。作为领导者 BFT 算法，PBFT 在节点网络，其中的备份可能已损坏。主要是负责接收客户端的请求并初始化算法。灵感来源于 Viewstamped 复制和插图在图 7 中，PBFT 包括四个阶段：（1）客户端向对主服务器调用服务操作。（2）主多播备份的操作。具体来说，主（副本 0）分配来自客户端和多播的第 th 个请求的序列号具有分配的预准备消息；（3）副本执行请求并回复客户端；如果备份同意分配，即正确和有效的参数，它多播一个准备消息。当备份接收到来自一个法定人数，即 2 个验证和一致的准备信息。不同的备份，它多播一个提交消息。备份执行请求并在接收到 2 个已验证的和一致的提交消息；和（4）客户端等待（+1）不同副本的回复结果相同操作的最大容错性。

PBFT 算法是有弹性的。事实证明，PBFT 算法可以保证在同步可靠的网络中，只要不超过 –1 个节点，就可以达到一致 3 个被背叛的同龄人。具体来说，该算法只需要 ≥ 3+1 个副本就可以容忍最多错误副本，并保证向客户端输出一致、无故障的数据。这是因为（3 + 1）在任何备份节点（包括它自己）准备消息，在第二阶段足够用于可信的、未损坏的备份以生成真正的提交消息。第三和第四个阶段都可以保证在任何备份和客户机上收到的一致回复数都超过最多错误回复数。

PBFT 算法是高效的，能够处理每秒数千个请求，处理延迟以毫秒为单位。然而，除了（2）开销外，PBFT 还需要充分识别、认证和授权所有参与节点。由于这些原因，PBFT 算法适合于规模较小且可控的私有区块链。PBFT 算法易受网络划分的影响。

PBFT 共识算法，即实用拜占庭容错共识机制，最早是由 Castro 和 Liskov 在 1999 年发表的论文中提出的。节点间为了达成共识需要处理大量的消息，做出决定所需的消息数量取决于拜占庭节点的估计数量。比特币中，敌手算力超过 1/2 时，会使区块链分叉，发起 51% 攻击。而 PBFT 共识机制采用的是，只要系统中有 2/3 的节点正常工作就可以达成共识。PBFT 算法的流程分为五个阶段：请求、预准备、准备、提交和回复。共识过程中存在主节点和备份节点两种角色，一次共识中主节点只存在一个。

PBFT 共识机制的工作过程如下。

（1）请求。客户端发送请求，上传请求消息到网络中的主节点。

（2）预准备。主节点收到客户端上传的请求消息，并对其进行编号标记为，然后计算预准备消息为，其中表示视图编号（视图用来记录主节点的替换，主节点发生更换，视图随着加1），为消息的摘要。

（3）准备。备份节点收到主节点发送的预准备消息后，计算准备消息，为节点编号。在此阶段，每个节点需要检验自己收到消息的有效性。如果验证有效，就会把消息写到日志文件中。

（4）提交。每个节点在收到准备消息后，会完成同准备阶段相同的验证工作，验证通过后向客户端发送一个回复消息。

（5）回复。若客户端收到的相同回复消息至少是，则表示请求结束。否则，重新发起请求。

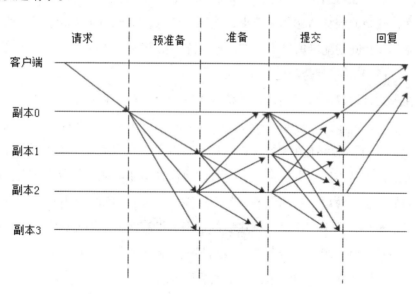

图 3-17　PBFT 算法流程

同步服务器的状态，比较容易理解与做到。比如在区块链系统中，同步服务器的状态，实际上就是追块，即服务器节点会通过链定时广播的链世界状态或其他消息获知到自己区块落后了，然后启动追块流程。

PBFT 核心由 3 个协议组成：一致性协议、检查点协议、视图更换协议。系统正常运行在一致性协议和检查点协议下，只有当主节点出错或者运行缓慢的情况下才会启动视图更换协议，以维持系统继续响应客户端的请求。正常情况下工作流程如下。

（1）客户端发送请求给主节点（如果请求发送给了从节点，从节点会将该请求转发给主节点或者将主节点的信息告知客户端，让客户端发送给主节点）。

（2）主节点将请求广播给从节点。

（3）主从节点经过 2 轮投票后执行客户端的请求并响应客户端。（协议细节见下面的一致性协议）

（4）客户端收集到来着个不同节点的相同的响应后，确认请求执行成功。（因为最多有个恶意节点，个相同即能保证正确性）。

一致性协议的目标是使来自客户端的请求在每个服务器上都按照一个确定的顺序执行。在协议中，一般有一个服务器被称作主节点，负责将客户端的请求排序；其余的服务器称作从节点，按照主节点提供的顺序执行请求。所有的服务器都在相同的配置信息下工作，这个配置信息称作视图 View，每更换一次主节点，视图 View 就会随之变化。

在一致性协议中可以知道，系统每执行一个请求，服务器都需要记录日志（包括，request、pre-prepare、prepare、commit 等消息）。如果日志得不到及时的清理，就会导致系统资源被大量的日志所占用，影响系统性能及可用性。另一方面，由于拜占庭节点的存在，一致性协议并不能保证每一台服务器都执行了相同的请求，所以，不同服务器状态可能不一致。例如，某些服务器可能由于网络延时导致从某个序号开始之后的请求都没有执行。因此，设置周期性的检查点协议，将系统中的服务器同步到某一个相同的状态。简言之，主要作用有 2 个：①同步服务器的状态；②定期清理日志。

在一致性协议里，已经知道主节点在整个系统中拥有序号分配，请求转发等核心能力，支配着这个系统的运行行为。然而一旦主节点自身发生错误，就可能导致从节点接收到具有相同序号的不同请求，或者同一个请求被分配多个序号等问题，这将直接导致请求不能被正确执行。视图更换协议的作用就是在主节点不能继续履行职责时，将其用一个从节点替换掉，并且保证已经被非拜占庭服务器执行的请求不会被篡改。即，核心有2点：①主节点故障时，可能造成系统不可用，要更换主节点；②当主节点是恶意节点时，要更换为诚实节点，不能让作恶节点作为主节点。

PBFT 共识机制的优缺点如下。

1. 优点

（1）安全可靠。由于主网络稳定，不产生分叉，避免了双花攻击。

（2）共识效率高。解决了原始拜占庭容错（BFT）算法效率不高的问题。

2. 缺点

（1）适用范围有限。不能用于公有链。

（2）可扩展性较差。在节点数增多后，网络节点处理能力有限。

（3）容错性低。PBFT 共识机制要求节点总数，系统拜占庭节点数不超过全网节点数的 1/3。

（4）容易遭受拒绝服务（DenialofService，DoS）攻击。恶意节点通过拒绝服务的方式来阻止特定的交易。特别是在增加节点数量后，会降低全网的性能和安全性。

PBFT 共识机制与物联网场景的适应度：

PBFT 共识机制应用于物联网会受到一个限制：随着物联网设备数量的不断增多，PBFT 的安全性会下降，不能够解决物联网设备的安全威胁问题。

Tendermint 共识机制，基于 PoS 和 PBFT 共识机制，是一种不需要挖矿、容易理解、性能高，并且比较好实现的状态机副本复制算法，其目的是为了解决无利害关系问题。在保证安全性的条件下，可以容忍 1/3 的拜占庭节点。Tendermint 一致性算法受 PBFTSMR 算法和 DLS 算法的启发。与 DLS 算法类似，Tendermint 以轮为单位进行，每轮都有一个专用的提议者（协调者或领导者），流程进入新一轮，作为正常处理的一部分。Tendermint 共识算法中有两个角色：①验证者：对交易进行投票；②提议者：提议区块。其共识过程分为三个标准步骤和两个特殊步骤，也称一轮。三个标准步骤是预投票、预提交、提交，两个特殊步骤是提议者提议区块、生成新区块并且区块链高度加 1。

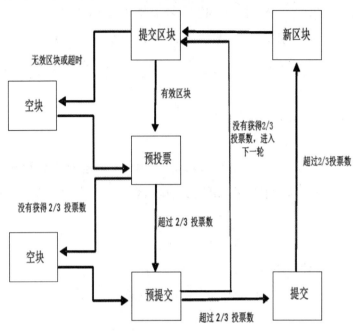

图 3-18　Tendermint 共识机制工作原理

图 3-18 是共识过程：首先随机选出一些节点作为验证者，然后从验证者中选择一个作为提议者，提议者以循环方式从验证者中选择。提议者开始提议一个区块，并向全网广播，验证者在收到这个提议区块后，验证该区块的有效性，如果是有效区块，就进入交易验证投票环节。交易验证是基于多数投票进行的，即诚实的验证者应拥有大于等于总投票数 2/3 的多数票。投票过程分为三个阶段，第一阶段预投票，如果有 2/3 的验证者投票同意则进入到第二阶段预提交，如果有 2/3 的验证者投票同意则进入到第三阶段提交。在提交阶段，如果有 2/3 验证者投票同意提交区块，则把这个区块写入区块链中，同时区块链高度加 1，进入下一轮，开始提议下一个区块。一般情况下，一个区块只需要一轮就可以完成确认，有时受到提议者离线、提议者提议的区块受网络延迟没有及时广播，会造成提议者提议区块失败，即使是有效区块，但未及时收到超过 2/3 的预投票或超过 2/3 的预提交也会造成交易失败，这就会需要进行几轮来完成共识过程。在提议者提议区块阶段，所有验证者会启动一个定时器，如果超过时

间 T 没有收到提议者发出的消息，不会等待而会生成一个空块，空块会获得多数投票，进入下一阶段。在预投票阶段，如果没有获得 2/3 验证者投票的同意，不会等待也会生成一个空块，进入预提交阶段。在预提交阶段，如果没有获得 2/3 验证者投票的同意，直接进入下一轮，由下一个提议者开始提议区块。空块没有任何交易信息，不会使区块链高度加 1。

Tendermint 共识机制的通信复杂度：因为在投票阶段，网络传送超过 2/3 的投票消息，所以，Algorand 共识机制的通信复杂度为。

Tendermint 共识机制的优缺点如下。

1. 优点

（1）交易处理速度快。因为只要有验证者 2/3 的投票同意就能够生产区块，可以在短时间内处理大量的交易，系统交易吞吐量大。

（2）安全性高。Tendermint 共识机制使用分叉责任制来确定验证者的责任，对恶意节点采取罚款的方式。因此不会产生分叉，能够抵御双花攻击，而且安全性比 PBFT 共识机制更可靠。在 PoW 共识机制中，矿工是可以匿名的，只需要花费算力，不会对恶意节点进行惩罚。

2. 缺点

（1）可能会遭受 DoS 攻击。由于以循环方式选择提议者，可以针对某一个验证者节点发起攻击，阻止交易完成。

（2）最多能容忍 1/3 拜占庭节点。因为 Tendermint 共识机制中的验证者只有在接受到超过 2/3 投票时才会达成共识，需要大多数的验证者 100% 正常运行，否则网络就不能够正常工作。

Tendermint 共识机制与物联网场景的适应度：

Tendermint 共识机制的高吞吐和低延迟提高了物联网的性能，特别是通过 Tendermint 实现的 Ethermint 被认为是物联网区块链结合的合适选择。相比于后面 DAG 类共识机制，当节点数量特别多的时候其交易处理速度、安全性以及可扩展性上不如 IOTA 以及 Byteball 共识机制。

四、PBFT 的变异性

Miller 等人开发了一个异步 BFT 协议，名为"Honey Badger BFT"，它可以保证在没有时间同步的情况下的可用性。Honey Badger BFT 减少了异步公共子集（ACS）的原子广播协议，从而提供了更好的效率。ACS 原语允许每个节点提出一个值，并保证每个节点输出一个公共向量，其中包含故障对等网络中至少（–2）个正确节点的输入值。在对等网络中，Honey Badger BFT 需要（）的通信开销。因此，Honey Badger BFT 可以支持大型网络应用，实现 1500 多笔交易在 104 个对等网络中每秒。

最近一个关于区块链的国际保护伞项目，名为 Hyperledger，专注于实用的区块链技术，并在区块链中实现 BFT 算法。Hyperledger 是一个开源协作项目，旨在推进跨行业区块链应用。该项目由 Linux 基金会主办，由金融、银行、物联网、供应链、制造业和技术领域的领先组织参与。超账本包含一系列独立的区块链项目，例如 Fabric、Burrow、Iroha 和锯齿形。

Fabric 是 DigitalAsset 和 IBM 的旗舰项目。Fabric 具有模块化架构，支持动态加载模块，例如共识协议和成员服务。Fabric 使用 PBFT 作为其默认的共识协议。为了保持 Fabric 的可编程性，智能合约被专门设计为由容器技术托管，称为"链码"。Burrow 是以太坊的扩展，专注于许可的智能合约服务。它使用 Tendermin，一个用于区块链的 BFT 类型的中间件，作为共识协议。Iroha 的目标是为其他项目提供封装的 C++ 组件。Iroha 还将 PBFT 作为其共识协议。

加密数字货币的成功使得 BFT 共识协议不断地被应用在那些重要的领域尤其是金融行业。传统的 PBFT 是一种弱同步性质的共识协议，因为它的可靠性对网络中的时间处理延时依赖非常大。也就是说，网络的活性 Liveness 很大程度上会受到网络条件的影响。

Honey Badger BFT 作为一种异步的 BFT 共识协议，号称不依赖网络中的对时间条件的依赖。对比与传统的 PBFT 共识协议，它的效率都有显著提高。可以满足下面两个应用场景：

（1）由多个金融机构组成的金融财团共同基于 Byzantine agreement protocol

协作运行的联盟链，这样，就能保证快速、稳定的处理交易。

（2）在无许可（permissionless）的公链中依然可以提供可以接受的（acceptable）的吞吐量和延迟。

Honey Badger BFT 的网络模型是这样的：Honey Badger BFT 系统假定每两个节点之间都有可靠的通信管道连接，消息的最终投递状态完全取决于敌方（adversary），但是诚实节点之间的消息最终一定会被投递。在整个网络中的总节点数必须大于三分之一的敌方节点，也就是。网络中的交易还依赖于一个全局顺序。

一个成功的网络，最后状态应该是这样的：

任何诚实的节点确认了一笔交易 TX，那么其他所有的诚实节点也会确认这笔交易。

任何诚实的节点确认了一笔交易 TX，其序号是 s1，而另一个诚实节点确认了另一笔交易 TX，其序号是 s2，那么要么 s1 发生在 s2 之前，要么之后。也就是说，其时间顺序是确定的。

如果一笔交易被发送到个诚实节点了，那么最终每个诚实节点都会确认这笔交易。这就是可审查特性。

Honey Badger BFT 使用了两个方法来提升共识效率：①通过分割交易来缓解单节点带宽瓶颈；②通过在批量交易中选择随机交易块，并配合门限加密来提升交易吞吐量。

下面就分别详细解释这两种方法的原理。

1. 交易分割传输

在网络中，批量的交易（总数为 n）需要打包传输给其他节点，作为共识发起方，一个节点需要把打包的交易发送 $N-1$ 份给其他节点。如图 3-19 所示。

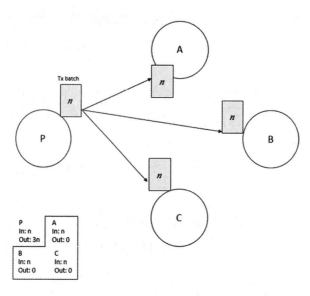

图 3–19　交易打包传输示意图

　　改进的方案是：把总数为 n 的交易分割成 N–1 分，也就是说，每份包含
n / N–1 条交易。如图，把交易分成三个小块，每块发给不同的节点。这样原来
一共需要发 $3 \times n$ 份交易数据就变成了只需要发送 n 份即可。

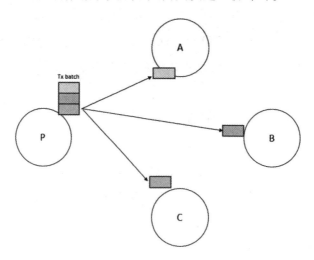

图 3–20　交易分割传输

　　其他节点收到了分块的交易之后，分别再从其他节点收取缺失的交易块，
这样，节点 A、B、C 之间的带宽就被充分利用了，而减少了 P 作为发起节点

的瓶颈，整个系统的性能不会完全受限于 P 节点。

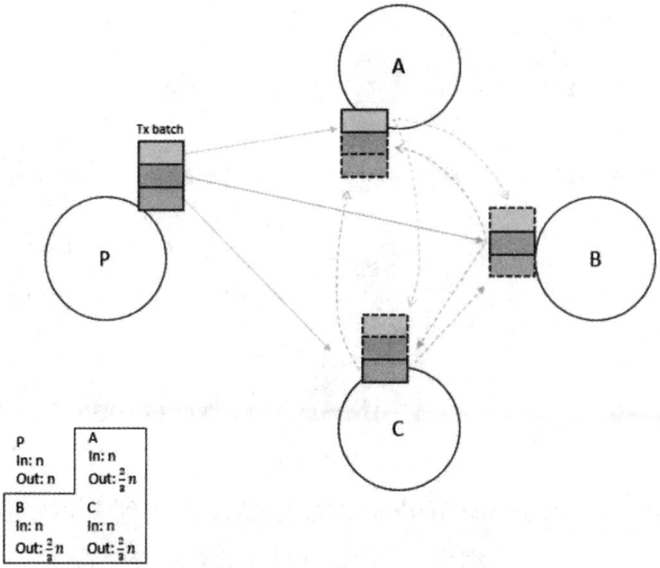

图 3-21　交易重组

2. 随机块的选择以及门限加密

由于 Honey Badge BFT 是一种异步共识协议，节点之间收到交易是非同步的，随机的。也就是说，每个节点收到来自客户端的交易可以是不同的，交易到达各个节点的时间顺序也是不定的。

各节点收到交易信息之后，会把该交易放入它自身的 Input Buffer 中，后续收到的交易也依次按顺序放入其 Input Buffer。Honey Badger 网络中是依靠 epochs 来作为时间间隔进行交易打包处理的，在一个 epoch 中，每个节点会从自身的 Input Buffer 中选一批交易，并广播给其他所有节点。最终，每个节点都会有形成一个有相同交易集的交易池，它们是这些节点广播出来的所有交易的并集，也就是 BatchA U BatchB U BatchC U ...。

显然，这个交易池中可能存在重复的、无效的交易，需要剔除。

最终确认哪些交易还需要一个叫做 Binary Byzantine Agreement 的过程，简单来说就是，在所有节点之间进行一轮共识，得到一个最终确认的二进制数值，由这个二进制的对应的位来决定哪个交易会被最终确认。

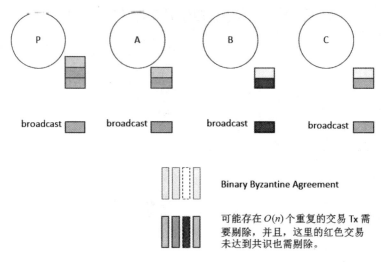

图 3-22

在进行 Binary Byzanting Agreement 完成之后，会得到一个确定的 Value，根据这个 Value 来确定交易集合。在剔除无效交易和重复交易之后，每个节点就可以立刻确认剩余的交易集（Asynchronous Common Subset）。

需要注意的是，各节点广播时的交易都是按照顺序从自己的 Input Buffer 中取出的，为了防止这种策略被 adversary 节点监控到，从而对诚实节点进行网络干扰阻碍交易的发布和共识，Honey Badger 采用了一种 Random Selective 的优化方式随机选取一批交易。

就是，每个节点从自己的 Input Buffer 中随机选区一批交易，这样的好处有两个，一是可以防止 adversary 了解策略进行干扰或者攻击，二是随机选取一批交易可以很大程度上避免各节点提交的交易出现大量重复。原因是各节点虽然收到的交易顺序不一定一致，但在网络条件差不多的情况下，大部分交易顺序可能是相同的，随机选取而不是都按顺序选取可以避免大量的重复。

3. 门限加密 Threshold Encrytion

因为 Adversary 的存在可能干扰 Binary Byzantine Agreement 的结果。因此，Honey Badger 提出了门限加密的方式来避免最终的交易集受到攻击。

门限加密的原理是允许任何节点使用一把主公钥来加密一条信息，但是解密则需要网络中所有节点来共同合作，只有当个诚实节点共同合作才能获得解密秘钥,从而得到消息原文。在这之前,任何攻击者都无法解密获得消息的原文。

具体过程如下:

由一个第三方的可信节点为每个节点生成公 / 私钥,使用一把主公钥(master public key) 加密原交易信息得到一份 ciphertext,然后每个节点分别使用其私钥 SKi 和这份 ciphertext 得到完整解码秘钥的一个部分。当节点拿到份时, 配合 PK 就可以解密 ciphertext。

五、DAG 类共识机制

如果一个有向图从某个顶点出发,经过若干条边不能够回到原点,则这个图就是一个 DAG 图,DAG 结构是一种新型区块链技术。区块链在物联网的运用中存在很多问题,目前的区块链技术大多数采用耗能比较多、吞吐量比较低和扩展性比较差的 PoW 共识机制,这远远不能满足物联网的应用需求。因此,提出了面向物联网场景的 DAG (也称为 Tangle) 技术。

(一)IOTA 共识机制

IOTA 是一个面向物联网的分布式账本,账本的参与节点是物联网的设备。与之前区块链技术不一样的是,不在使用链式结构的区块设计,而是将交易看作为一个个区块,实现了去区块效果,减少了交易打包的时间。相比于链式区块链,DAG 式区块链的优点在于有良好的扩展性,并且随着节点数的增加,系统会变得越来越安全和快速。通过节点发出的所有交易构成了这个有向无环图的集合。图 11 是 IOTA 架构,每个新加入的交易将会被放在后面指向之前的二笔交易 (想要发起交易,必须帮着验证 Tangle 中的其他交易)。而且,交易信息的改变,将会引起 DAG 图的变化。

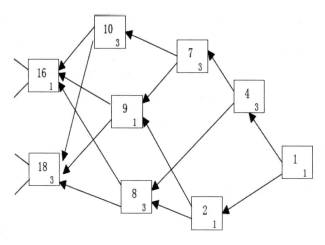

图 3-23 IOTA 架构

为了了解 IOTA 的运行过程，需要知道交易的权重和累积权重。是权重，*n* 是非负整数。交易的累积权重是一个交易的自身权重与其他直接或者间接验证这个交易的所有交易的自身权重之和。如图 12 所示，方框表示一个交易，如 A、B，方框内较大的数字是交易的累积权重，而较小的数字是交易的自身权重。例如，交易 A 指向交易 B 和 D，那么 A 直接验证了 B 和 D；交易 G 经交易 A，B，C，D，E，F 直接或者间接被验证。交易 G 的累积权重就是交易 A，B，C，D，E 和 F 的各自自身权重与交易 G 自身权重之和，即 15=1+1+1+3+3+3+3。累积权重代表了全网节点对该交易的认可度，累积权重越大，交易越被系统所接受。

IOTA 共识机制的工作原理：节点发起一个交易，需要验证 Tangle 中的两个交易，将新发起的交易指向这 2 个交易。在验证过程中，需要花费少量的 PoW 来计算权重和累积权重。随着这个交易被之后新的交易直接或者间接所验证，当交易的累积权重足够大的时候，则认为这个交易就是有效的。利用累积权重大小来验证交易有效性，可能会受到双花攻击。如图 13 所示，双花交易累积权重超过正常交易累积权重（"大权重"攻击），攻击者期望他的 sub-DAG 超越主体 DAG，从而使 DAG 持续从攻击者的双花交易进行增长，使正常交易被抛弃掉。

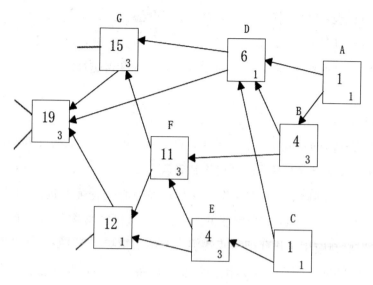

图 3-24　交易的权重和累积权重

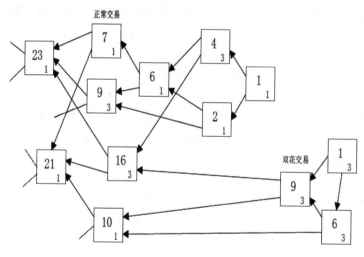

图 3-25　"大权重"攻击

IOTA 共识机制的优缺点如下。

1. 优点

（1）高吞吐量：由于采取 DAG 结构，每个节点不需要等待其他节点的数据达成一致就可以处理新的交易，避免了因网络延迟造成的共识时间长的问题。而且，DAG 结构的尾端可以增加任意多的交易，能够并发处理大量的交易，适用于交易数量多和网络状况不稳定的物联网设备。

（2）可扩展性好。交易并行发生，交易越多，广播速度越快，节点处理交易的性能会得到提高。而且，交易量越大，系统变得越稳定，安全性也会得到相应的提高。

2.缺点

（1）交易时间不确定。由于 IOTA 的交易验证是累积权重，在交易量比较少的时候，容易出现交易长时间得不到确认。

（2）安全性降低。在节点数过少时，去中心化程度远远不如链式结构，会遭受双花攻击，系统安全性变低。IOTA 共识机制与物联网场景的适应度：IOTA 共识机制应用于物联网需要解决一个技术挑战：由于物联网设备具有分布范围广的特征，当在一定范围内物联网设备比较少而且分散时，需要解决 IOTA 共识机制本身存在的交易时间不确认、容易遭受双花攻击的难题。但是相比前面介绍的几种共识算法来说，随着物联网设备呈指数级的增长，其在速度、安全、可扩展性方面显然更好，未来会适用于物联网场景中。

（二）Byteball 共识机制

Byteball 是一个去中心化的系统，它可以对数据进行防篡改存储，包括表示可转移价值的数据，如货币、财产所有权、债务、股份等。单元之间相互链接，每一个新加入的单元，都会直接或间接地被越来越多的包含哈希值的后续单元所确认。单元包括要存储的交易信息，创建单元时，会引用父单元的哈希值。引用父单元有利于获得低延迟和高吞吐量。如图 14 所示，顶点表示单元，一旦一个单元被确认，新的单元随之而来。

Byteball 共识算法的原理：在 Byteball 中，引入 12 个见证人，当用户发起交易，需要把存储单元写入见证人列表。算法根据见证人列表为该单元在它的父单元中选定一个最优父单元。由一个顶端单元开始到达创世单元的最佳路径称为候选主链，通过选择最优父单元来确定最佳路径。不同的候选主链之间会出现交叉（交叉点被称为稳定点），稳定点是主链的汇聚点。对于任何的候选主链，从稳定点到创世单元的路径是一样的（这样的路径被称为稳定主链）。

从候选主链变为稳定主链，是一个逐渐确定的过程。DAG 的每个单元直接或者间接到达主链，一个单元只要进入 DAG 中所在的主链就会被确定，新的单元只能作为子单元，不能修改之前的父单元，给定一条主链，涉及的单元均能够在此基础上进行排序（这个序号被称为主链序号），创世单元的设置为 0，向后逐渐增加 1 直到链尾，不在主链上的单元的是主链上最先包含（直接或者间接）该单元的。在发生双重支付时，小的存储单元被认为是有效的。

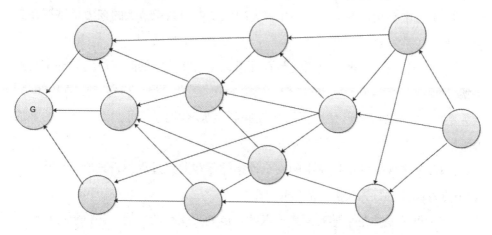

图 3-26　一个 DAG 存储单元

Byteball 共识机制的优缺点如下。

1. 优点

（1）安全性强。Byteball 共识机制提出见证人制度进行主链选择，选择主链时按照选择见证次数多的存储单元。这样能够避免多个见证人联合作恶，提高系统安全性。

（2）可扩展性好。与 IOTA 共识机制类似，交易量越多，系统越稳定。

2. 缺点

（1）当存储单元数量比较少时，可能会发生双花问题，因为攻击者可以制造一条寄生链，并且通过将寄生链跟主链进行连接逃避检测算法，这条寄生链可能成为全网的主链。而且，交易确认的时间也是不确定的。

（2）牺牲了去中心化程度。由于引入了见证人，攻击者可以单独发起对见证人的攻击，已达到阻止特定的交易。

（3）交易时间不确定。见证人发布次数影响主链算法的选择。

Byteball 共识机制与物联网场景的适应度：

Byteball 和 IOTA 共识机制相比较于链式数据结构来说，能够处理大量的交易，解决了高并发问题，提高了扩展能力，更适用于物联网场景中。

研究区块链共识机制，需要对影响区块链共识机制的因素进行分析并做一些相应的比较。其影响因素如下。

（1）去中心化程度。去中心化程度决定了参与共识节点的权力是掌握在少数人手里还是多数人手里。

（2）交易处理速度。也叫交易吞吐量，是指在给定的时间段内处理交易的数量。

（3）交易确认延迟是指交易从发起到生成区块的时间也就是交易的响应时间。

（4）安全性。共识机制中的安全性指的是在共识过程中，其所能够承受恶意节点发起任意行为攻击的能力。

（5）可扩展性是指随着网络节点的扩展处理交易的性能，评价可扩展性好坏的标准是随着交易数量的增加，系统中节点处理交易的性能能否得到相应的提高。交易吞吐量和延迟与区块链扩展性直接相关，吞吐量和延迟是提升区块链性能的瓶颈。

六、共识机制对比分析

PoW 共识机制的优势是去中心化、算法容易实现并且节点与节点之间不需要交换任何的信息就可以达成共识。PoW 共识机制容易产生分叉，导致 51% 攻击，一般情况下攻击者不会发起双花攻击，因为需要消耗大量的算力，所获得的利益远远小于攻击得到的利益。PoW 共识机制也会遭受日蚀攻击、自私挖矿攻击。由于 PoW 共识机制的每个新区块的产生需要消耗大量的时间和计算资源，造成巨大的资源浪费。而且交易的确认时间是 10 分钟，一笔比特币的交易需要经过 6 个区块的确认，会造成高延迟。随着交易数量的增多，节点处理能力有限，可扩展性差，从而降低区块链系统的性能。因此，PoW 共识机制不适用于物联网场景中。

PoS 共识机制的优势相对于 PoW 而言，是在一定程度上减少了达成共识的时间，出块时间为 1 分钟，不需要耗费大量的算力、电力，节省了资源。但由于 PoS 共识机制容易遭受 51% 攻击以及无利害关系问题攻击，使得系统安全性得不到保障。PoS 共识机制虽然提高了交易处理的速度，但是在安全性和可扩展性上没有任何的优势，不能解决物联网面临的现状问题。

DPoS 共识机制交易处理速度比 PoW 和 PoS 更快，不会产生分叉，安全性比 PoW 和 PoS 更好。缺点是减少了验证节点数量，权力过度集中在少数人手里，一定程度上牺牲了去中心化的概念，而且需要大多数节点在线，不适合公有链。因此，通过改进 DPoS 共识机制使其适用于物联网设备。

PoA 共识机制具有交易速度快、共识时间短、扩展性好的特点。但算法实现起来比较困难，而且还存在隐私问题，给物联网与区块链的结合带来困扰。

PoC 共识机制具有低功耗、安全性高的优点，但是由于可扩展性比较差很难适合数量不断增加的物联网设备。

PBFT 共识机制的优点是不会产生分叉，交易速度快。但是这种共识机制容易遭受 DoS 的攻击。而且，PBFT 共识机制只能容忍不超过 1/3 的拜占庭节点，随着节点数量的增加，在安全性上得不到保障，不能解决物联网的安全问题。

Tendermint 共识机制消耗能源少、延迟低、可扩展好，对于物联网区块链结合来说是适合的。但是如果故障节点或恶意节点数超过 1/3 以上时，安全性则得不到保证。而且随着物联网设备的大量增多，在交易处理速度和可扩展性上不如 IOTA 和 Byteball 共识机制。

IOTA 和 Byteball 共识机制是一种新型加密技术，目前利用越来越广泛，IOTA 和 Byteball 在交易吞吐量和可扩展性上比传统的区块链共识机制有了很大的改善。但是在交易数量过少的情况下，IOTA 和 Byteball 共识机制会导致安全性降低、交易验证不及时等问题。

共识机制的选择对物联网和区块链的融合起着重要的作用。在大多数情况下，PoW、PoS 共识机制不适合于物联网场景中。而 DPoS 和 PBFT 在网络规模小，安全性要求低的物联网场景中可以使用。随着物联网设备的增多，PoC、

Ouroboros、Algorand、Tendermint、POA 和 PoC 在吞吐量和可扩展性上不如 IOTA 和 Byteball。IOTA 和 Byteball 可以给物联网提供更有效的解决方案，促进物联网区块链的融合。

第五节　区块链主要特性

区块链是一个共享的、不可更改的账本，可以促进在业务网络中记录交易和跟踪资产的过程。资产可以是有形的（例如房屋、汽车、现金、土地），也可以是无形的（例如知识产权、专利、版权、品牌）。几乎任何有价值的东西都可以在区块链网络上进行跟踪和交易，从而降低各方面的风险和成本。业务运营离不开信息。信息接收速度越快，内容越准确，越有利于业务运营。区块链是交付这类信息的理想平台，因为它能够提供即时、共享且完全透明的信息，这些信息存储在不可更改的账本上，而且只能由许可的网络成员访问。区块链网络可以跟踪订单、付款、账户和生产等。而且由于成员之间共享单一真相视图，因此您可以端到端查看交易的所有细节，从而给予您更大的信心，以及带来新的效率和商机。

一、区块链的关键元素

1. 分布式账本技术

所有网络参与者都有权访问分布式账本及其不可更改的交易记录。使用此共享账本，交易仅记录一次，从而消除了传统业务网络中典型的重复工作。

2. 记录不可更改

在交易被记录到共享账本之后，任何参与者都不可以更改或篡改交易。如果交易记录包含错误，则必须添加新交易以撤销该错误，然后这两个交易都是可见的。

3. 智能合同

为了加快交易速度，一组称为智能合同的规则被存储在区块链上并自动执行。智能合同可以定义公司债券转让的条件，包括要支付的旅行保险条款等。

二、区块链特性优势

需要变革的地方在于运营经常将精力浪费在重复记录保存和第三方验证上。记录保存系统易于受到欺诈和网络攻击。有限的透明度会减慢数据验证速度。随着物联网的到来，交易量激增。所有这些都会减慢业务增长，消耗利润，这意味着我们需要更有效的方式进入区块链。

1. 更高的信任度

借助区块链，作为成员制网络的成员，您大可放心自己将会收到准确且及时的数据，并且您的机密区块链记录将仅与您专门授予访问权限的网络成员共享。

2. 更出色的安全性

所有网络成员需要就数据准确性达成共识，所有经过验证的交易都不可更改：永久记录。没有人可以删除交易，即使是系统管理员也不可以。

3. 更高的效率

通过在网络成员之间共享的分布式账本，消除浪费时间的记录对账工作。为了加快交易速度，一组称为智能合同的规则被存储在区块链上并自动执行。

三、区块链的特性分析

区块链已经独立发展成一个革命性的技术，从技术层面来看，区块链是一个基于共识机制、去中心化的公开数据库。共识机制是指在分布式系统中保证数据一致性的算法；去中心化是指参与区块链的所有参与节点都是权力对等的，没有高低之分，同时也指所有人都可以平等自由地参与区块链网络，唯一的限制就是个人自己的选择；公开数据库则意味着所有人都可以看到过往的交易和区块，这也保证了无法造假和改写。基于以上特征，可以总结得出：区块链由许多对等节点组成，通过共识算法保证区块数据和交易数据的一致性，从而形成一个统一的分布式账本。

从价值层面来看，区块链是一个价值互联网，用于传递价值。目前的互联网仅用来传递消息，但是还不能可靠地传递价值；而比特币区块链却可以在全球范围内自由地传递比特币，并且能够保证不被双花、不被冒用。从这个角度来说，区块链是记录价值、传递消息和价值本身转移的一个可信的账本。

基于区块链的传统和以往的其他系统存在很多不同之处，以区块链技术为核心的系统包括以下主要特点。

1. 去中心化、自治的（透明可信）

区块链系统作为一个典型的去中心化系统，其网络中的所有节点均是对等节点，每个网络中的参与方都有一份相同账本，每个节点可以自由加入和离开，并且这一行为对整个区块链系统的运行没有任何影响。所有节点都是按照相同的规则来达成共识，且无须其他节点的参与。区块链系统本身一旦运行起来，就可自行产生区块并且同步数据，无须人工参与。共识算法可避免中心化机构带来的隐患问题。

2. 隐私安全保障

区块链技术涉及可授权加解密、终端用户授权机制以及零知识证明等技术，可保障各方数据在符合法律法规要求的条件下合理利用。

3. 防篡改

该特性可保证记录在链上的交易难被篡改，为可追溯提供保证。不可篡改是基于"区块 + 链"（block+chain）的独特账本而形成的：存有交易的区块按照时间顺序持续加到链的尾部。要修改一个区块中的数据，就需要重新生成它之后的所有区块。

共识机制的重要作用之一是使得修改大量区块的成本极高，从而几乎是不可能的。以采用工作量证明的区块链网络（比如比特币、以太坊）为例，只有拥有 51% 的算力才可能重新生成所有区块以篡改数据。但是，破坏数据并不符合拥有大算力的玩家的自身利益，这种实用设计增强了区块链上的数据可靠性。

通常，在区块链账本中的交易数据可以视为不能被"修改"，它只能通过被认可的新交易来"修正"。修正的过程会留下痕迹，这也是为什么说区块链是不可篡改的，篡改是指用作伪的手段改动或曲解。

在现在常用的文件和关系型数据中，除非采用特别的设计，否则系统本身是不记录修改痕迹的。区块链账本采用的是与文件、数据库不同的设计，它借鉴的是现实中的账本设计——留存记录痕迹。因此，我们不能不留痕迹地"修改"账本，而只能"修正"账本（见图 3-27）。

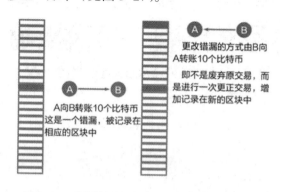

更改错漏的方式由B向
A转账10个比特币

即不是废弃原交易，而
是进行一次更正交易，增
加记录在新的区块中

A向B转账10个比特币
这是一个错漏，被记录在
相应的区块中

图 3-27　区块链账本"不能修改、只能修正"

4. 智能合约

所有参与节点将严格按照链上部署的智能合约执行既定逻辑。区块链是按照合约执行的，第一体现在各个节点的运行规则（是指交易、区块链或协议）上，按照既定的规则执行，一旦出现违背规则的行为，就会被其他节点所抛弃；第二体现在智能合约上，智能合约是一种可程序化的合同条款、规则或规定，包含在每个交易中，交易验证时必须先运行智能合约，只有通过了验证的交易才能被接受。

从比特币到以太坊，区块链最大的变化是"智能合约"（见图 3-28）。比特币系统是专为一种数字货币而设计的，它的 UTXO 和脚本也可以处理一些复杂的交易，但有很大的局限性。而维塔利克创建了以太坊区块链，他的核心目标都是围绕智能合约展开的：一个图灵完备的脚本语言、一个运行智能合约的虚拟机（EVM），以及后续发展出来的一系列标准化的用于不同类型通证的智能合约等。

智能合约的出现使得基于区块链的两个人不只是可以进行简单的价值转移，而可以设定复杂的规则，由智能合约自动、自治地执行，这极大地扩展了区块链的应用可能性。当前把焦点放在通证的创新性应用上的项目，在软件层面都是通过编写智能合约来实现的。利用智能合约，我们可以进行复杂的数字资产交易。

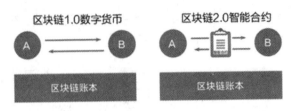

图 3-28　区块链 2.0 的关键改进是"智能合约"

5. 可追溯（数据溯源）

区块链公开透明的运行规则，相互交易之间都有一定的关联性，因而很容易被追溯，使得每笔交易都对所有节点可见，可实现商品全链条追溯，提升购物体验和黏性。比如比特币区块链，每一枚比特币都具有特定的来源，通过输入可以追溯到上一个交易，或者通过输出追溯到下一个交易。此外，区块链代码本身也是可追溯的，区块链系统是开源软件，其对于所有的人都是公开的，因此任何人都可以查看并修改这些代码，不过修改后的代码需要经过开源社区上其他程序员的审核。

第六节　区块链主要技术

一、区块链的基本概念

1. 交易（Transaction）

一次操作，导致账本状态的一次改变，如添加一条记录。

2. 区块（Block）

记录一段时间内发生的交易和状态结果，是对当前账本状态的一次共识。

3. 链（Chain）

由一个个区块按照发生顺序串联而成，是整个状态变化的日志记录。

如果把区块链作为一个状态机，则每次交易就是试图改变一次状态，而每次共识生成的区块，就是参与者对于区块中所有交易内容导致状态改变的结果进行确认。

二、区块链技术框架

区块链技术其实不是什么新技术。就像乐高积木一样，形状不同的积木通过创造性的组合可以产生非常有艺术性的作品。区块链是对现有成熟技术上的巧妙组合，从而构造出适合于分布式对等电子货币系统。如图 3-29 所示是区块链技术的核心技术组成。

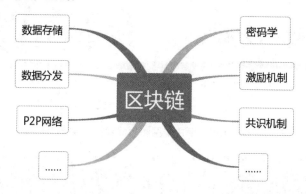

图 3-29　以第三方机构为信任中心的网络交易

区块链参考架构是在中国区块链技术和产业发展论坛发布的《区块链参考架构》标准中提供的一个描述区块链系统的体系框架，目的是统一对区块链的认识，为各行业选择和应用区块链服务、建设区块链系统等提供参考和依据。

该参考架构采用国际标准 ISO/IEC/IEEE 42010：2011 中提供的系统架构描述方法，系统地描述了区块链的生态系统，通过用户视图和功能视图描述了区块链的利益相关者群体、基本特征，规范了区块链活动和功能组件，识别出区块链设计和改进的指导原则，并明确了区块链用户视图和功能视图的关系（如图 3-30 所示）。

首先，对用户视图进行涉众分析，通过细分角色和子角色的方式描述了区块链的利益相关者群体，以及相应的区块链活动和共同关注点。结合区块链服务的特点，从用户视角考察区块链系统的组成，提出了区块链服务客户（BSC）、区块链服务提供方（BSP）和区块链服务关联方（BSR）三种角色，并且描述了这三种角色下的十五个子角色以及它们各自的活动（如图 3-31 所示）。

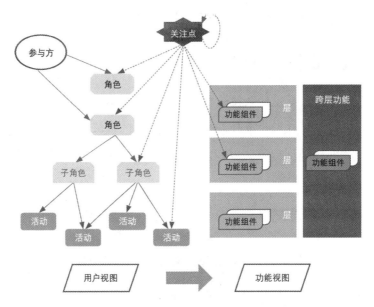

图 3-30　用户视图和功能视图的关系

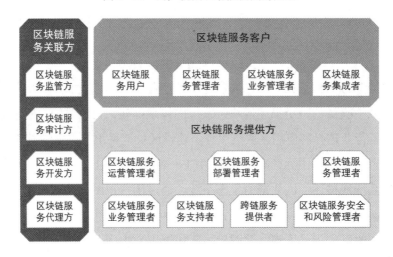

图 3-31　区块链参考架构用户视图

其次，结合区块链服务的特点，从区块链功能角度考察区块链系统的组成，提出了区块链参考架构的功能视图。功能视图通过"四横四纵"的层级结构，描述了区块链系统的典型功能组件以及所实现的功能（如图 3-32 所示），具体包括用户层、服务层、核心层、基础层和跨层功能。用户层是面向用户的入口，通过该入口，执行与客户相关的管理功能，维护和使用区块链服务，用户层也可将区块链服务输出到其他资源层，提供对跨层区块链服务的支持；服务层提供统一接入和节点管理等服务，为用户提供可靠高效的服务能力；核心层是区块链系统的核心功能层，包含了共识机制、时序服务、隐私保护、加密、摘要与数字签名等模块，此外，根据应用场景的不同，可以有选择地添加能自动执行预设逻辑的智能合约模块；基础层提供了区块链系统正常运行所需要的基础运行环境和组件，如数据存储、运行容器、通信网络等。同时，为了应对区块链产研及运营需求，功能视图还包含了开发、运营、安全、监管和审计四个跨层功能体系，四个体系中包含的功能组件与上述三层的组件进行交互为系统提供支撑能力。

区块链参考架构有助于帮助理解区块链的运营复杂性、展示和理解各类区块链以及服务的供应和使用、为社区理解、讨论、分类和比较区块链提供技术参考、为使用通用的参考架构描述、讨论和编制系统特定的架构提供工具、促进进行潜在标准分析，同时支持后续的参考实现分析。

图 3-32　区块链参考架构功能组件

三、数据区块

区块链与书本起始是类似的。区块链的区块对应于书本的一页纸。页眉的标题对应于区块的区块头，描述了区块的整体信息；纸的具体内容对应于区块的区块体，描述了区块的具体交易信息；而页码对应于区块的数字签名，说明了区块在区块链中的相对位置。

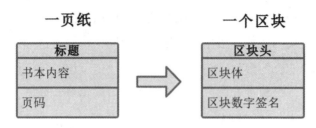

图 3-33　以第三方机构为信任中心的网络交易

图 3-34 是具体的区块的具体数据结构。区块头包含了前区块数字签名，描述区块的相对位置；时间戳描述了本区块的产生时间，保证时序性；其他用于区块体数据的描述。而区块体就是经过 SHA256 加密后的交易信息，其中第一个基础交易对应的资金流是对产生本区块的节点的奖励。对整个区块进行SHA256 加密得到区块的数字签名，用于区块链的链条构造。

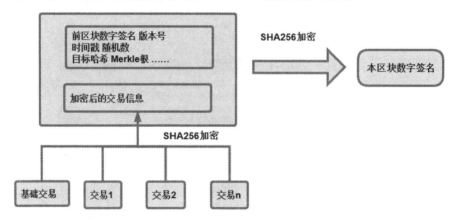

图 3-34　以第三方机构为信任中心的网络交易

四、区块链的形式

书本通过页码将描述具体内容的页面串联起来，达到有意义的描述事物的意图。区块链使用了相同的思想：不同的区块内包含了不同的交易信息，将这些区块通过数字签名连接起来，完整描述了随着时间以来的交易记录。区块链的本质是一串有序的、有具体意义的、可追溯的交易数据的集合。

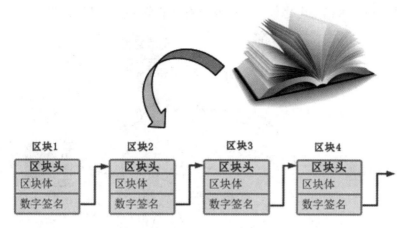

图3-35　以第三方机构为信任中心的网络交易

五、区块链数据交换方式

传统的互联网应用大部分是基于客户端 / 服务器（Client/Server）的模式进行设计的。服务器存储所有必要的数据，客户端通过网络从服务器上存取所需数据。但是区块链技术不采用这样的模式。Utorrent，Bittorrent 等文件共享软件使用对等网络(Peer to Peer)实现各个节点用户之间无中心节点的数据共享功能。区块链也是基于这样的对等网络来时间数据交换的。

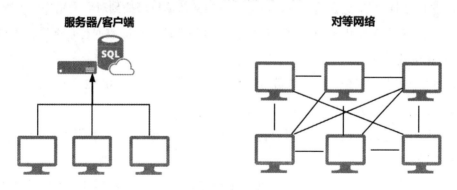

图1-4　以第三方机构为信任中心的网络交易

在对等网络中，没有中心节点，每个节点都可以充当服务器和客户端，区块链中所需要的数据部分或者全部存储到对等网络的各个节点，整个网络包含完整区块链的多个副本，达到了高度的数据冗余性，那么相对于传统的中心化

C/S 模式，就不太需要考虑数据损坏或者丢失带来的潜在风险。

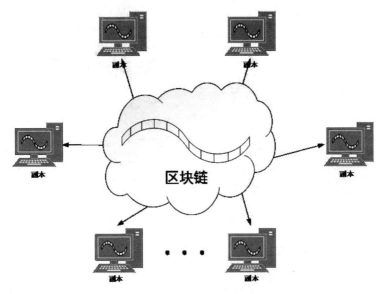

图 3-36　以第三方机构为信任中心的网络交易

六、完整的区块链数据流

如下过程是区块链数据的完整流程。

（1）用户产生交易信息后，将加密后的交易信息广播到对等网络中。

（2）对等网络中的节点将交易信息保存到本地，验证数据有效性后，添加到自己创建的区块。

（3）节点不断地产生随机数解决特定的数学问题（双 SHA256），直到得到满足要求的随机数。

（4）节点将自己计算得到的满足要求的区块数据广播到对等网络中，其他节点进行区块的验证。

（5）在所有产生的区块中，选择工作量最大（Proof of Work）的区块数据链入主区块链中，网络中其他节点同步主链数据。

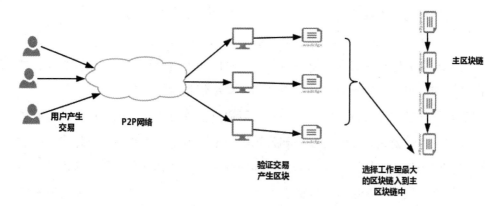

图 3-37　以第三方机构为信任中心的网络交易

七、区块链技术

区块链提供分散的数据存储服务，具有防篡改的账本，账本由分散网络中串联的区块组成。它可以使用加密技术记录和保护交易或交易事件。第一个区块链是由 Satoshi Nakamoto 于 2008 年提出，并在 2009 年作为加密货币——比特币（Bitcoin）激增的支持技术实施的。

区块链以安全和分布式的方式记录数据。区块链中记录的基本单位是交易。每次生成新交易时，都会将其广播到整个区块链网络。接收交易的节点可以通过使附加到交易的签名失效来验证交易，并将已验证的交易挖掘为加密保护的块。这种节点被称为块矿工（或简称矿工）。为了允许矿工创建区块，需要以分布式方式解决一致性问题。设法解决共识问题的矿工们通过网络广播他们的新区块。

在收到新的区块后，尚未能够解决一致性问题的矿商将区块附加到他们自己在矿商本地维护的区块链上，在区块中包含的所有交易都经过验证，并且区块也被证明提供了一致性问题的正确答案。新的区块包含到链中的前一区块的链接，通过使用加密特定术语来定义，以确保在分布式网络中共享的一致分类账，例如，在链之间存在差异的情况下，比特币区块链仅保留最长的链。

以下对区块链的数据结构、共识协议、智能合约、区块链安全分析等关键组成部分进行了较为详细的描述。

1. 通用的数据结构

交易作为区块链的基本单元，是矿工在网络中观察到的事件记录。加密私钥用于对交易进行签名。结果签名作为交易的一个组成部分附加到该交易，提供了该交易来自私钥所有者的数学证明。与私钥相对应的公钥为矿工所知，或用于验证交易的真实性。在交易中它可以通过使用公钥作为源地址，在所有矿工处预先加载公钥，或者将公钥和公钥的数字证书附加到签名以进行传输来实现。在密码学的支持下，交易毫无疑问地绑定事件及其发起方。比特币首次使用交易来捕捉两个金融方之间的金融互动。交易还被用于精心分配所有权和实现可编程事件。

一个有序的、向后链接的块列表作为一个本地交易记录在网络的每一个矿工中维护。作为分类账的一部分，每个块封装了一批经过验证的交易。每个块还具有一个头部，其中包含到父（上一个）块的链接（这是父块的散列值，例如在比特币区块链中），以及针对该问题的答案，如稍后所述。块头可以包含其他字段，例如时间戳，这取决于特定的需求。每个块由一个散列值唯一标识，该散列值使用块头上的加密散列算法生成。

将每个块链接到其父块的散列操作序列创建了一个防篡改链，该链可以一直追溯到创建的第一个块。这样，块被链结在一起，以在每个单独的节点上充当分类账，如图 3-38 所示。请注意，到父块的链接在块头中，因此会影响当前块的散列值。要修改可用链中的一个块，需要重新计算以下块（包括子块和孙块），以满足所有相关的一致性问题。然而，这种重新计算是禁止性的，例如，需要在比特币区块链中进行棘手的计算。此外，长链区块的存在进一步保证了实践中篡改的难易性，构建了防篡改账本。通过网络定期比较和更新本地维护的区块链。只有一个链，例如比特币区块链中最长的链，被公开接受为整个系统的分类账，并且所有本地维护的链都会相应地更新。

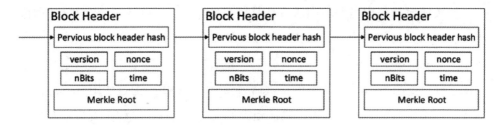

图 3-38　块的数据结构

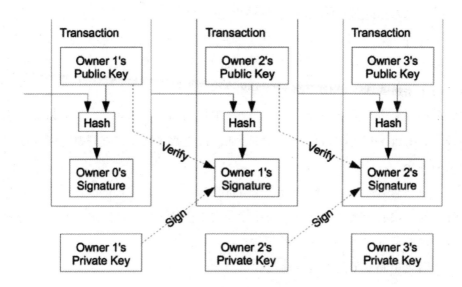

图 3-39　交易的数据结构

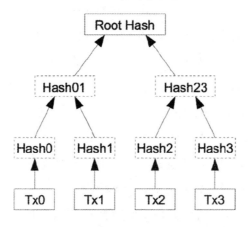

图 3-40　交易在 Merkle 树中散列

块头还包括包含当前块中所有交易信息的字段，例如图 3-14 中比特币区块链中的 Merkle 根。通常，Merkle 根以交易作为叶来构建，以提高块中的存储效率。Merkle 树具有树结构，其中每个叶节点是交易，每个非叶节点是其子节点的散列，如图 3-16 所示。树的根被命名为 "Merkle 根"。通过使用 Merkle 树，区块链网络中的对等方可以通过验证相应分支的散列而不是块中挖掘的交易，或者换句话说，整个 Merkle 树，来确认是否已将交易挖掘到块中。通过这种方法，可以大大降低对存储、内存和网络容量的要求。

交易和块在网络上分布和验证（以点对点的方式），以形成分布式共识。以比特币为例。当一个节点生成一个有效的交易时，该节点向其所有邻居发送一个包含交易散列（TXID）而不是实际交易数据的 inventory（inv）消息。没有此交易的邻居将响应发件人。因此，交易被传输到这些邻居。一旦交易被成功验证，它将进一步传播到它们的后续邻居。此过程将继续，直到整个网络接收到交易为止。

注意只有首先生成交易的节点才负责交易的传播，并且可以在需要时重新广播交易。块的传播类似于交易的传播。矿工们解决了共识问题并产生了新的区块，他们负责在网络上分散区块。

2. 拜占庭将军问题与共识协议

区块链广泛利用的一个基本理论是拜占庭将军的问题。拜占庭将军问题是首次推广的一致性问题。该问题描述了同龄人试图达成共识，而同龄人中的叛徒可能背叛其他人并阻止他们达成共识的情况。背叛者可能的策略包括忽略消息、提供假消息、伪造他人消息和 "两面" 行为，即节点向不同节点发送冲突的意见。这些策略可能会导致拜占庭式的网络故障，这需要共识。

拜占庭失败模式是分布式服务器可能失败的最糟糕的失败模式。故障模式包括可检测到的认证拜占庭故障，拜占庭故障服务器伪造可检测到的认证机制；性能故障是服务器必须提供正确的结果，但可能早或晚；遗漏故障是服务请求受到晚的服务响应；崩溃故障是服务器不响应任何请求；失败停止故障是显示崩溃故障的服务器状态可以由其他正确的服务器检测到。一些拜占庭式的失败，如遗漏失败、两次正面攻击和崩溃失败，对于区块链来说尤为重要，并可能导致区块链中的不一致。例如，比特币网络允许对等方自由加入和离开。离开的对等点可以被视为崩溃故障或故障停止故障。省略失败会导致分叉，因为省略失败会阻止挖掘块广播到网络的其他部分。同样，双重支出攻击，一种"双面"攻击，也属于拜占庭式失败。在拜占庭将军的问题上，双重开支攻击的攻击者是被背叛的指挥官。

有大量关于复制技术的研究，以容忍拜占庭式故障和实现高可用性系统，然而，在那里，大多数复制研究集中在容忍良性故障的技术上。早期的拜占庭协议在解决拜占庭将军的问题之前，使用了昂贵的递归确认信号来获得系统的全貌。协议的通信开销是如此之高，并且通常与对等点的数量成指数关系。在不对错误进程的行为进行假设的情况下，容忍拜占庭错误的技术（如拜占庭错误容忍）可以为区块链提供潜在的解决方案。一种流行的技术是状态机复制，它是通过复制服务器和协调客户端与服务器副本的交互来实现容错服务的一般方法。

共识协议是区块链在没有集中协调的情况下维护分布式一致账本的关键，它为拜占庭将军在区块链中的问题提供了解决方案。一致性协议定义了块生成和块选择的规律。区块链网络中的矿工通过解决一致性问题来挖掘区块，从而防止任何潜在的敌对参与者或受损的矿工劫持区块生成过程。共识问题可以由区块链服务提供商宣布，也可以按照全球商定的标准以分布式方式生成。对于任何挖掘者，可以基于区块链中最后一个公开接受的区块、挖掘者试图挖掘的区块/交易以及在接受区块链的最后一个一致区块中指定的问题的复杂性要求，在本地开发一致性问题。此外，矿工还可以根据他们的区块和预定义的标准来验证彼此的区块。

开放接入网络中的一致性协议允许未经验证和不可信的矿工在不需要验证其身份的情况下开采区块。这种区块链被称为公共区块链。公共区块链的典型共识协议，即开放接入网络中的区块链，包括比特币采用的工作量证明和采用的利害关系证明（ProofofStake，PoS）。然而，独立矿商仍然可以同时生产不同的区块，导致区块链增长中断。这些中断被称为 fork，即在不同节点之间本地维护的块链变得不一致。此外，大量矿工在同一交易中耗费资源进行开采，造成了相当大的能源浪费和延误。

其他类型的区块链是私有区块链或许可区块链，即许可网络中的区块链，其中经过身份验证的参与矿工以对等方式相互通知他们对交易的观察结果。拜占庭容错算法可以在每一个矿工身上开发，以合成他们自己和其他人的观察结果，以分布式方式生成一致的块。

3. 区块链安全性分析

区块链以其在分散网络中的高度抗篡改性而备受关注。具体来说，区块链并不要求对等方相互信任。然而，区块链仍然存在漏洞。区块链的典型安全威胁如下。

双倍消费：对手试图用冲突的交易误导交易接受者，例如用比特币消费同一枚硬币。可能的攻击方法包括发送冲突交易和预挖掘一个或多个块以获得区块链接受的冲突交易。

对一致性协议的攻击：攻击者可以通过拥有相当大的整个网络计算能力的块分区来打破一致性协议的安全假设。这种攻击者可以控制和重建链。一个例子是 PoW 区块链中 51% 的攻击，如比特币。拥有一半以上散列能力的攻击者可以通过比其他同行更快地解决一致性问题（如比特币中的 PoW），使区块链接受非法块。目前，已经证明 33% 的散列能力足以压倒 PoW。

Eclipse 攻击：Eclipse 攻击指的是 P2P 网络中的攻击，在 P2P 网络中，对手垄断了与合法节点的所有连接，阻止合法节点连接到任何诚实的节点。Eclipse 对区块链的攻击首先在 Bitcoin 中兴起，它通过随机协议定义 Bitcoin 中的一个节点连接到一定数量的选定邻居，以维持对等通信和区块链相关功能。最近有报道称，以太坊还通过以太坊采用的 Kademlia 对等协议暴露于 Eclipse 攻击中。

智能合约的脆弱性：由于区块链的开放性和不可逆性，智能合约容易受到影响。漏洞和欺诈对公众包括对手都是透明的。此外，由于区块链的不可逆性，在已部署的智能合约中弥补漏洞也具有挑战性。一个突出的例子是 2016 年对分散式自治组织（Decentralized Autonomous Organisation，DAO）的攻击，称为 DAO 攻击，导致以太坊区块链分叉。

编程欺诈：攻击者可以利用编程代码中的欺诈来提取区块链的属性，如2018年报告的盗版攻击。

分布式拒绝服务攻击（Distributed Denial-of-Serviceattack，DDoS）：对手通过启动协作at-tack耗尽区块链资源（例如耗尽整个网络处理能力）。2016年，对手接受了价格过低的EVM指令，以减慢区块的处理速度。对手产生大量余额较低的账户，导致DdoS攻击。

私钥泄漏：攻击者可以窃取账户的私钥来接管该账户。这可以通过传统的网络攻击或捕获物理节点来实现。

区块链是一种在对等网络（也称分布式网络、点对点网络）环境下，通过透明和可信规则，构建可追溯的块链式数据结构，实现和管理事务处理的模式，具有分布式对等、链式数据块、防伪造和防篡改、透明可信和高可靠性等五个方面的典型特征。区块链可以提供三个方面的应用能力：一是通过对等网络提供计算、存储、网络和平台资源等基础设施，二是管理、查询和分析对等网络中的数据，三是通过对等网络提供数字资产交易、财务、支付结算等应用服务。

区块链具有独特的技术特征，可以有效解决物联网发展中面临的大数据管理、信任、安全和隐私等问题，从而推进物联网发展到分布式、智能化的高级形态。区块链可以为物联网提供信任、所有权记录、透明性和通信支持，实现可扩展的设备协调形式，构建高效、可信、安全的分布式物联网网络，以及部署海量的设备网络中运行的数据密集型应用，同时为用户隐私提供有效的保障。

区块链在物联网中作为一种普适性的底层技术，可以为大规模物联网网络提供高容纳性的、可信任的基础设施。区块链应用于工业生产等领域的物联网，可以降低中心化设备网络的运营和信用成本，提高运营效率和工业资产利用率。同时，通过身份验证、授权机制等技术，区块链还可以从存储、信息传递等方面保证物联网的安全性和隐私性。此外，区块链能带来物联网智能化应用模式的扩展，促进商业模式创新。

第七节　区块链应用

一、比特币

2008 年中本聪《比特币：一种点对点电子现金系统》，在 2008 年全球金融危机的时候中本聪将比特币公之于世，在介绍他的创新时说道："传统货币最根本的问题在于信任。中央银行必须让人信任它不会让货币贬值，但历史上这种可信度从来都不存在。银行必须让人信任它能管理好钱财，并让这些财富以电子货币形式流通，但银行却用货币来制造信贷泡沫，使得私人财富缩水。"在这样的一种历史背景下，比特币应运而生。

（一）比特币的交易机制

比特币的交易机制是十分钟产生一个区块，意思就是每隔十分钟计算机就打包全网交易进入一个区块，而矿工就是在打包游戏中争夺区块链记账权的人，谁能最快、最准确解开 SHA256 这个数学命题的值，谁就赢得了这个十分钟区块的打包记账权。而这十分钟里的每一笔交易，都会被盖上一个时间戳（timestamp）。当然了，矿工的工作不是白辛苦的，一旦谁赢得了打包权，谁就将获得 25 个比特币作为奖励（每四年减半，最早 50 个比特币）。

（二）比特币信用系统建立的过程

（1）每一笔交易为了让全网承认有效，必须广播给每个节点（node：也就是矿工）。

（2）每个矿工节点要正确无误的给这十分钟的每一笔交易盖上时间戳并记入那个区块（block）。

（3）每个矿工节点要通过解 SHA256 难题去竞争这个十分钟区块的合法记账权，并争取得到二十五个比特币的奖励（头四年是每十分钟五十个比特币，每四年递减一半）。

（4）如果一个矿工节点解开了这十分钟的SHA256难题，"他"将向全网公布"他"这十分钟区块记录的所有盖时间戳交易，并由全网其他矿工节点核对。

（5）全网其他矿工节点核对该区块记账的正确性（因为他们同时也在盖时间戳记账，只是没有竞争到合法区块记账权，因此无奖励），没有错误后他们将在该合法区块之后竞争下一个区块，这样就形成了一个合法记账的区块单链，也就是比特币支付系统的总账——区块链。

一般来说，每一笔交易，必须经过六次区块确认，也就是六个十分钟记账，才能最终在区块链上被承认合法交易。

所以所谓"比特币"，就是这样一个账单系统：它包括所有者用私钥进行电子签名并支付给下一个所有者，然后由全网的"矿工"盖时间戳记账，形成区块链。

比特币的特点如图3-41所示：主要是双花问题与拜占庭将军问题。

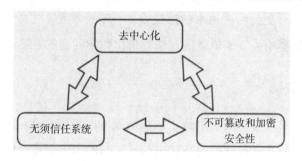

图 3-41　比特币的特点

（三）比特币的负面影响

1. 费用增加

目前最少的交易费用是0.0001BTC（大约0.04美元），其将随比特币价格上涨而增加，高频率的记录会大幅增加成本。

2. 容量限制

比特币区块链设计之初人为将一个区块链的容量设置为1MB，而后期随着比特币发行量的增加和相关应用类型的增多，比特币区块链网络开始逐渐达到 1MB 的上限，交易开始时小时被迫推迟，扩容成为迫切的需求。近期，比特币核心开发者 Gavin Andresen 提出了最新的从 Bitcoin Core 切换至硬分叉链 Bitcoin XT 的区块链扩容方案，将区块从 1MB 扩容至 8MB，之后每两年翻倍，而若要变动生效，需要 1000 个连续区块中的 750 个区块包含矿工的变更批准信息。

3. 确认时间长

目前比特币需要平均十分钟才能确认交易并将交易记录保存到区块链中。比特币每个区块只能容纳 4096 笔交易，无法处理超过每秒 7 次的交易，相比于类似 Visa 这样每秒能够处理 2000 笔交易、最多可以允许 10000 笔每秒峰值交易的支付系统，显得力不从心。

4. 能量消耗高

挖矿所消耗的能源似乎在不断增加。随着挖矿设备在解决区块问题上越来越专业化，每台矿机消耗的电力都在不断增加着。为了领先于竞争对手，矿工们一直在寻找具有更高哈希速率的挖矿设备。哈速率是矿工能够回答数学问题的速度。哈希速率越高，矿机就能越快地猜出数学问题的答案。

二、以太坊

Ethereum（以太坊）是一个基于区块链技术的去中心化应用平台，它允许任何人在平台中建立和使用通过区块链技术运行的去中心化应用。

以太坊普遍被认为是区块链 2.0 时代的代表性产品，创始人 Vitalik Buterin 于 2013 年底发布了以太坊白皮书，标志着该项目正式启动。2015 年 7 月，发布了 Frontier 阶段，以太坊主网正式上线。2016 年以太坊发布了第二个重大版本 Homestead。2017 年 10 月，以太坊发布了第三个版本的 Byzantium 部分。至此，以太坊已经发展成了区块链世界最重要的一个平台，大量的 DApp（分布式应用）基于以太坊来开发。

就像比特币一样，以太坊是去中心化的，由全网共同记账，账本公开透明且不可篡改。没有任何人或者组织能够控制以太坊区块链，任何新添加的数据都需要获得全网的一致认可。

与比特币不同的是，以太坊是可编程的区块链，它提供了一套图灵完备的脚本语言。

以太坊平台对底层区块链技术进行了封装，让区块链应用开发者直接基于以太坊平台进行开发，只须专注于应用本身而无须实现区块链底层代码。以太坊上的程序被称为智能合约，它是代码和数据（状态）的集合。开发人员可以直接用以太坊原生支持的 Solidity 语言编写和区块链交互的智能合约，大大降低了区块链应用的开发难度。

EVM（以太坊虚拟机）：EVM 是以太坊的核心，它能执行遵守协议的任何复杂的代码。EVM 是图灵完备的，开发者可以在虚拟机上使用 Solidity 编程语言来创建应用。智能合约与链上数据的交互，也由 EVM 负责中间的交互过程。EVM 是以太坊智能合约的运行时环境．它不仅仅是个沙盒，而是完全隔离的。这意味着代码在 EVM 中运行时没有办法连接网络，文件系统或者其他进程，甚至一个智能合约没有办法访问另一个智能合约。为了解决支持图灵完备下的可终止性问题以及避免网络滥用，以太坊引入了 Gas 概念。EVM 中的每步操作和每个账本存储都会对应于一定的 Gas 消耗；当 Gas 消耗完后合约即会被终止。Gas 方式相当于即时付费的手续费模式，目前被大多数的公有区块链平台所采用。

账号是以太坊的基本单元，每一个账号都有一个 20 个字节长度的地址。以太坊区块链跟踪每一个账号的状态，区块链上所有状态的转移都是账户之间的以太币和信息的转移。以太坊有 2 种账号类型，外部账号简称 EOA，是由私钥来控制的。合约账户，由合约代码来控制，且只能由一个 EOA 账号来操作。

交易在以太坊中是指签名的数据包，这个数据包中存储了从外部账户发送的消息，交易包含以下内容：

· 消息的接收者；
· 一个可以识别发送者的签名；
· 发送方给接收方的以太币的数量；
· 一个可选的数据字段；
· 一个 Gas Limit 值，表示执行这个交易允许消耗的最大计算步骤；

• 一个 Gas Price 值，表示发送方的每个计算步骤的费用。

目前以太坊采用了 Ethash 共识算法，本质上这是 PoW 共识算法。依靠大量的哈希计算来找出一个符合规定难度的当前区块的哈希值，以此来证明记账节点的工作量。其优点是安全可靠，缺点是耗费了大量的能源。

比特币可以看作是关于交易的列表，而以太坊的基础单元是账户。以太坊跟踪每个账户的状态，以太坊上所有状态转换都是账户之间价值和信息的转换。

账户分为两类：外部账户（EOA）：由私人密钥控制；合约账户：由合约代码控制，只能由外部账户"激活"。智能合约：指合约账户中的编码，即交易被发送给该账户时所运行的程序。用户可以通过在区块链中部署编码来创建新的合约。只有当外部账户发出指令时，合约账户才会执行相应的操作，是为了保证正确执行所有操作。和比特币一样，以太坊用户需要向网络支付少量的交易费用，通过以太币的形式支付。这样避免受到类似 DDos 的攻击。

交易费用由节点收集，节点使网络生效。"矿工"就是以太坊网络中收集、传播、确认和执行交易的节点。矿工将交易打包，打包的数据成为区块，打包的过程就是将以太坊中账户的状态更新的过程。矿工们相互竞争挖矿，成功挖矿的可以得到以太币的奖励。

三、Hyperledger Fabric

Linux 基金会 2015 年成立了超级账本（Hyperledger）项目来推动跨行业区块链技术。该项目并未严格定义区块链标准，它鼓励通过社区来合作推动区块链技术，鼓励开源知识产权，采用随时间不断发展的关键标准。同时，Hyperledger 是一个为了提高跨行业的区块链技术的开源全球合作项目，囊括了金融、银行、物联网、供应链、制造和科技产业的领导者。其下属的主要框架项目除 Fabric 以外还有 Sawtooth、Iroha、Burrow、Indy 等项目。

Hyperledger Fabric 最早是 Digital Asset 和 IBM 组织的编程马拉松的产物，并被贡献给 Linux 基金会。像其他区块链技术一样，它有一个账本，使用智能合约，是一个由参与者共同管理交易的系统。Hyperledger Fabric 和公有区块链系统不同之处在于它是私有的和有准入资格授权的。Hyperledger Fabric 的成员要在会员服务提供商(MSP)注册。Hyperledger Fabric 也提供一些可插拔的选项。账本数据能够以多种格式存储，一致性机制可以引入也可以退出，并且支持不同的多个 MSP。Hyperledger Fabric 还提供创建通道（Channel）的能力，允许一组参与者建立一个单独的交易账本。Hyperledger Fabric 的账本系统包含两个组件：世界状态和交易日志。每个参与者都可以有一份他们参与的 Hyperledger Fabric 区块链网络的账本副本。世界状态组件描述了一个当前时间点的账本状态，它是账本的数据库；交易日志组件记录所有导致世界状态改变的交易，它是世界状态的更新历史记录。这样，账本就是世界状态数据库和交易日志历史的组合体，账本有可修改的世界状态数据库。

Hyperledger Fabric 中的节点具有不同角色，分别是排序节点（Orderer）、背书节点（Endorser Peer）和记账节点（Committer Peer）。Hyperledger Fabric 中的交易信息统一由排序服务节点处理，保证每个节点上的交易顺序一致，天然避免了分叉问题。每个参与区块链网络的组织，可以控制多个节点，以解决组织间权利不对等的问题。

在 Fabric 还引入了通道（Channel）的概念。一般情况下，一个区块链网络的子链是按照"1 个通道 +N 个成员"的基本组成。通道是区块链成员中两个或多个成员之间通信的私有"子网"，用于进行需要对其他成员做数据保密的交易。在 Fabric 中，建立一个通道相当于建立了一个子链。创建通道是为了限制信息传播的范围，是和某一个账本关联的。每个交易都是和唯一的通道关联的，可以明确地限定哪些成员能够知道这个交易。

在 Fabric 中，智能合约程序也叫链码（Chaincode），可以用 Node.js、Java 和 Go 等语言进行开发。Fabric 上的链码分为系统链码和用户链码。系统链码用于实现系统层级的功能，包括系统的配置，用户链码的部署、升级，用户交易的签名和验证策略等。用户链码用于实现用户的应用功能，即具体的业务逻辑。开发者将链码部署到 Fabric 网络上，终端用户通过与网络节点交互的客户端应用程序调用链码。链码被编译成一个独立的应用程序，运行于相互隔离的 Docker 容器中，在链码部署的时候会自动生成合约的 Docker 镜像。

Hyperledger Fabric 是一种模块化的区块链架构，是分布式记账技术（DLT）

的一种独特的实现，它提供了可供企业运用的网络，具备安全、可伸缩、加密和可执行等特性。Hyperledger Fabric 提供了以下区块链网络功能：

1. 身份管理

为了支持被许可的网络，Hyperledger Fabric 提供了一个成员身份服务（membership identity service），它管理用户 id 并对网络上的所有参与者进行身份验证。访问控制列表可以通过特定网络操作的授权来提供额外的权限。例如，一个特定的用户 ID 可以被允许调用一个链代码应用程序，但是阻止了部署新的链代码。关于 Hyperledger Fabric 网络的一个真理是，成员相互了解（身份），但他们不知道彼此在做什么（隐私和机密性）。

2. 隐私和机密性

Hyperledger Fabric 使得竞争的商业利益和任何需要私人的、机密的交易的团体能够在同一个被许可的网络上共存。私有通道（Channel）是受限制的消息传递路径，可用于为网络成员的特定子集提供事务隐私和机密性。所有的数据，包括事务、成员和通道信息，都是不可见的，任何网络成员都不能访问该通道。

3. 高效处理能力

Hyperledger Fabric 通过节点类型分配网络角色。执行事务的操作从事务排序和提交验证中分离出来，以便向网络提供并发性控制和并行性操作。在排序之前执行事务使每个对等节点能够同时处理多个事务。这种并发执行提高了每个对等点的处理效率，并加速了对排序服务的事务的交付。

除了启用并行处理之外，还可以从事务执行和分类维护的需求中提取节点，而对等节点则从排序（一致的）工作负载中解放出来。角色的这种分支也限制了授权和身份验证所需的处理；所有的对等节点不需要信任所有的排序节点，反之亦然，因此，在一个节点上的进程可以独立于另一个节点进行验证。

4. Chaincode 功能

Chaincode 应用程序对通道（Channel）中特定类型的事务调用的逻辑进行编码。例如，为资产所有权变更定义参数的 Chaincode，确保所有转移所有权的交易都服从相同的规则和要求。系统 Chaincode 是一个特殊的 Chaincode，它定义了整个通道（Channel）的操作参数。生命周期和配置系统 Chaincode 定义了通道（Channel）的规则；认可和验证系统 Chaincode 定义了支持和验证事务的需求。

5. 模块化设计

Hyperledger Fabric 实现了一个模块化的架构，为网络设计师提供功能选择。例如，特定的识别、排序（一致）和加密的算法可以被插入到任何一个 Hyperledger Fabric 的网络中。其结果是一个通用的区块链架构，任何行业或公共领域都可以采用，并保证其网络将在市场、监管和地理界线之间进行互操作。

四、区块链应用分析

（一）区块链应用领域分析

1. 汽车领域

先行者如何率先尝试区块链技术。当今汽车业业务网络仍效率低下，而"押宝"区块链有助于提高交易的安全性和可追溯性，还能保证信息访问透明度，增强企业、消费者乃至车辆间的信任与协作。

2. 物流领域

IBM 和物流巨头马士基合作推出了 TradeLens，支持区块链的航运解决方案，旨在促进高效和安全的全球贸易，汇集各方以支持信息共享和透明度。

区块链在物联网和物流领域也可以天然结合。通过区块链可以降低物流成本，追溯物品的生产和运送过程，并且提高供应链管理的效率。该领域被认为是区块链一个很有前景的应用方向。

区块链通过结点连接的散状网络分层结构，能够在整个网络中实现信息的全面传递，并能够检验信息的准确程度。这种特性一定程度上提高了物联网交易的便利性和智能化。区块链＋大数据的解决方案就利用了大数据的自动筛选过滤模式，在区块链中建立信用资源，可双重提高交易的安全性，并提高物联网交易便利程度。为智能物流模式应用节约时间成本。区块链结点具有十分自由的进出能力，可独立的参与或离开区块链体系，不对整个区块链体系有任何干扰。区块链＋大数据解决方案就利用了大数据的整合能力，促使物联网基础用户拓展更具有方向性，便于在智能物流的分散用户之间实现用户拓展。

3. 电子领域

电子行业组织面临的市场环境日益复杂，80% 的开拓型电子组织高管认为区块链技术会在资产和库存管理、组件溯源、边缘计算和数字市场领域带来最大的效益。

4. 食品领域

额外一英里重塑牛肉供应链。牛肉供应链需要透明度，考虑到从生产商到消费者之间食品供应链的复杂性，区块链技术依其透明性和可追踪性从而在食品供应链上寻求了一个可观的平衡点。

5. 金融领域

区块链在国际汇兑、信用证、股权登记和证券交易所等金融领域有着潜在的巨大应用价值。将区块链技术应用在金融行业中，能够省去第三方中介环节，实现点对点的直接对接，从而在大大降低成本的同时，快速完成交易支付。

比如 Visa 推出基于区块链技术的 Visa B2B Connect，它能为机构提供一种费用更低、更快速和安全的跨境支付方式来处理全球范围的企业对企业的交易。要知道传统的跨境支付需要等 3 ~ 5 天，并为此支付 1% ~ 3% 的交易费用。Visa 还联合 Coinbase 推出了首张比特币借记卡，花旗银行则在区块链上测试运行加密货币 "花旗币"。

6. 公共服务领域

区块链在公共管理、能源、交通等领域都与民众的生产生活息息相关，但是这些领域的中心化特质也带来了一些问题，可以用区块链来改造。区块链提供的去中心化的完全分布式 DNS 服务通过网络中各个节点之间的点对点数据传输服务就能实现域名的查询和解析，可用于确保某个重要的基础设施的操作系统和固件没有被篡改，可以监控软件的状态和完整性，发现不良的篡改，并确保使用了物联网技术的系统所传输的数据没用经过篡改。

7. 数字版权领域

通过区块链技术，可以对作品进行鉴权，证明文字、视频、音频等作品的存在，保证权属的真实、唯一性。作品在区块链上被确权后，后续交易都会进行实时记录，实现数字版权全生命周期管理，也可作为司法取证中的技术性保障。例如，美国纽约一家创业公司 Mine Labs 开发了一个基于区块链的元数据协议，这个名为 Mediachain 的系统利用 IPFS 文件系统，实现数字作品版权保护，主要是面向数字图片的版权保护应用。

8. 保险领域

在保险理赔方面，保险机构负责资金归集、投资、理赔，往往管理和运营成本较高。通过智能合约的应用，既无须投保人申请，也无须保险公司批准，只要触发理赔条件，实现保单自动理赔。一个典型的应用案例就是 Lender Bot，是 2016 年由区块链企业 Stratumn、德勤与支付服务商 Lemonway 合作推出，它允许人们通过 Facebook Messenger 的聊天功能，注册定制化的微保险产品，为个人之间交换的高价值物品进行投保，而区块链在贷款合同中代替了第三方角色。

9. 公益领域

区块链上存储的数据，高可靠且不可篡改，天然适合用在社会公益场景。公益流程中的相关信息，如捐赠项目、募集明细、资金流向、受助人反馈等，均可以存放于区块链上，并且有条件地进行透明公开公示，方便社会监督。

（二）区块链进一步应用领域的展望

分类	实例
一般	托管交易、保税合同、第三方仲裁、多方签名交易
金融交易	股票、私募股权、集资、债券、共同基金、衍生工具、年金、养老金
公共交易	土地和产权证、车辆登记、营业执照、结婚证、死亡证
证件	驾驶证、身份证、护照、选民登记
私人记录	借据、贷款合同、投注、签名、遗嘱、信托、中介
证明	保险证明、权属证明、公证文件
实物资产	家宅、酒店客房、汽车租赁、汽车使用
无形资产	专利、商标、版权、保留权益、域名

（三）区块链智能合约的影响领域

领域	描述
电子商务	智能合约的自动性和纪律性可以帮助加快网络上贸易和商务，同时凭借将人力介入程度最小化来减少交易成本
物联网	智能合约在机器间交流互联中可以起到关键作用，使得基于预定义标准上的机器自主互动变成可能。例如：在智能合约式的程序指引下，一辆自动无人驾驶汽车可以在乘客下车后自动支付停车费用
权限控制	利用智能合约技术，在获得了付款后，离出租房屋很远的 Airbnb 房主可以给住户远程提供房屋的数码钥匙。同时房主可以利用智能合约技术设定数码钥匙的执行条件，如果用户滞留时间超过所付期限，数码钥匙会自动失效，同时，房屋内停止供电
博彩业	基于区域区块链技术的赌场可以使用智能合约技术来根据赌局结果自动给赢家提供奖励，减少人工费用和错误概率
遗产计划	生者可以将遗嘱以智能合约的方式进行设计，在生者过世后自动给相关方根据先前设定的遗嘱进行财产分配
数字资产	相关方可以利用智能合约来加速特定内容资产（例如艺术品）的传递和特许

（四）区块链技术在物联网安全中的应用

区块链在物联网感知安全中的应用。物联网感知设备主要是资源严重受限的设备，其处理器能力、通信能力、存储空间有限，无法运行复杂的加密机制。区块链的不可篡改特性旨在保证数据的稳定性和可靠性，可有效避免数据被篡改的风险。

（1）物联网安全性的核心缺陷。物联网安全性的核心缺陷是设备与设备之间缺乏相互信任机制，一旦数据库崩塌将对整个物联网造成严重破坏。而区块链的分布式机制，即使不断增加接入设备，通过设备之间的共识机制，无须与中心进行验证，也能保证数据安全也并及时获知设备数据是否泄露。

（2）鉴权是物联网感知层的认证授权机制。区块链技术利用冗余的计算容量，可实现对敏感数据的存证及鉴权。同时，在应用底层使用区块链技术的容灾备份机制，将有效应对单点故障。通过相应权限还可实现多方实时共享授权记录、业务授权与解耦，有效提高查询效率。针对物联网感知层网络在密钥交换过程中易受攻击，区块链采用链式数据结构可互验各节点信息的有效性。

（3）区块链和物联网在供应链上的融合。区块链和物联网在供应链上的融合将提升设备数据的有效性，解决商品转移过程中的追溯防伪问题。可加强区块链金融平台金融业务，简化企业间信用评估流程，提升企业融资效率，降低违约处理成本。

（五）区块链在物联网网络层安全中的应用

区块链通过登记和验证物联网设备，可以保护系统和设备免受网络攻击，确保所传输数据的完整性、保密性以及数据的来源可信。将区块链技术应用于物联网网络层，可在恶意软件控制网络之前检测并隔离该恶意软件。随着5G的广泛应用，5G连接的物联网设备受DDoS攻击的风险加剧。可采取将企业服务分布在多个服务器节点中，保护网络免受DDoS攻击，即区块链技术可用于部署分布式账本来存储列入黑名单的IP，对攻击流量进行智能清洗，确保服务器的稳定运行。区块链技术能够对CRUD操作进行事务记录，防止未经授权的入侵，并从网络中删除被黑客入侵的设备，以防止恶意软件的传播。

（六）区块链在物联网应用层安全中的应用

区块链技术支持物联网海量设备扩展，可用于构建高效、安全的分布式物联网网络，实现数据密集型应用。区块链的信任机制可确保所有权、交易等记录的可信性和透明性。此外，还可保护用户隐私，从而有效解决物联网发展所面临的大数据管理、信任、安全和隐私等问题。利用区块链技术的共识机制构建去除第三方的信任体系，可应对物联网中影响应用层安全的各种复杂因素。区块链技术中的哈希算法可应用于加密私钥，保证密钥安全，准确识别被篡改交易。在区块链系统中，非对称加密技术可解决身份验证问题。智能合约能够在应用层上进行存储验证和执行，根据编码规则可控制设备使用方。

第八节　区块链发展面临的问题

区块链是一种去中心化、去信任化的分布式账本技术，由分布式数据存储、点对点传输、共识机制、加密算法等多种技术集合而成。区块链是起源于比特币的底层技术，自 2009 年被提出以后，近年来已成为各大金融机构、IT 公司、投资机构、咨询机构关注的热点，产业界纷纷加大研发投入力度，互联网全面发展以后，已经近乎完美地解决了信息传递的问题，但是还不能自由地实现价值点到点的传递，价值的传递仍然需要中心化的可信第三方来完成，在一些应用场景中仍存在一定的局限性。区块链的出现，能够在没有信任基础的双方之间建立信任，完成价值传递，因而被誉为创造信任的机器。由于其具有去中心、去信任及不可篡改的特点，区块链被认为可以运用在多种应用场景中用来建立信任，提升透明性、可靠性与安全性。目前，区块链的应用已经不只是在数字货币和支付结算领域，在供应链、金融、数字资产交易、共享经济、食品安全、慈善等多个领域均有探索，而且将为云计算、移动互联网、物联网等新一代信息技术的发展带来新的机遇。

当前，区块链一方面带有耀眼的光环，另一方面在现实应用中还存在着很多问题亟待解决，比如：大量冗余存储、共享数据带来的数据安全和隐私保护等方面的挑战；在去中心化、匿名的区块链系统中，使用私钥管理用户资产，私钥一旦丢失，对应的资产所有权也将丢失，而如今应用对于私钥保护基本是用软件来实现的，理论上都存在被攻破的可能性；另外，链上敏感数据的保护与验证也存在一定的矛盾，我们希望重要的信息对于无关者不可见，又需要相关者在一些场景下验证消息；除此之外，智能合约也存在着一些问题，如现有司法系统对智能合约的理解和接受程度问题，部分定性合同条款难以用代码来表述的问题，代码缺陷对智能合约执行影响的问题等。璞玉亦需雕琢，对于区块链的这些问题还需要进一步探索，还有大量的艰苦工作要做。

一、监管制度亟待解决

顶层设计是行业发展的稳定剂和推进器，对于政策监管、标准制定等有重要影响，同时也为地方政府制定行业发展规划做出引导，为地方区块链行业发展提供高位指引和理论依据。

目前国家层面已经出台了一些鼓励区块链行业发展和针对"加密货币"及ICO监管的相关政策，例如2018年6月，工信部发布《工业互联网发展行动计划（2018—2020年）》，鼓励推进边缘计算、深度学习、区块链等新兴前沿技术在工业互联网的应用研究；2018年10月，工信部发布《"十三五"国家信息化规划的通知》，表示将积极构建完善区块链标准体系，加快推动重点标准研制和应用推广，逐步构建完善的标准体系。

2017年9月4日，央行等七部委联合发布《关于防范代币发行融资风险的公告》，要求立即停止各类代币发行融资活动，已完成代币发行融资的组织和个人应当做出清退等安排；2018年8月，保监会、公安部等五部委联合发布《关于防范以"加密货币""区块链"名义进行非法集资的风险提示》，针对存在的炒作区块链概念的非法集资、传销、诈骗活动给予风险提示。

但是，到目前为止，针对区块链发展中存在的技术异构、标准和规范不统一、行业资源配置割裂、投融资扶持政策力度弱、监管滞后等问题，产业发展还缺乏统筹规划和顶层设计相关的政策文件。此外，产业发展路线图、时间表、发展方向、产业政策支持有待进一步明晰。

二、行业标准仍需完善

当前，对于区块链发展过程中市场重点关切的热点问题，例如技术标准、性能和效率、可扩展性、安全性等，尚未有通用的评价标准和体系，亟须建立相应的第三方评价机制。

首先，我国区块链标准体系起步较晚，尚处试探建设阶段。我国在区块链行业标准方面，初步形成以工信部为主导，相关附属机构配合的标准制定模式。

2016年10月，工信部发布《中国区块链技术和应用发展白皮书（2016）》

中首次提出中国区块链标准化路线；2018 年 3 月，工信部发布《2018 年信息化和软件服务业标准化工作要点》，提出推动组建全国区块链和分布式记账技术标准化委员会意见；2018 年 9 月，国家互联网应急中心（CNCERT）主导的《基于区块链数字版权管理安全要求》国标标准成功通过立项。

我国区块链标准制定工作目前以团体标准为主，各团体组织正在积极部署区块链标准研究工作，并初具成果，由于区块链技术尚处于高速迭代中，相关标准也需要保持快速更新，因此区块链国家标准的制定要结合现有区块链技术发展形势，不断创新完善。

其次，区块链测评认证指标仍需完善，测评工作亟待全面开展。区块链的去中心化和性能之间平衡仍然是当前区块链技术发展的难点和行业焦点，亟须制定权威的区块链测评指标。全面开展区块链测评工作，探索合适的评估方法有助于行业客观认识区块链产品功能及性能，去伪存真，脱虚向实。

目前我国区块链测评指标制定主要有各团体主导，缺乏权威机构认证，现阶段区块链产品测试工作尽在局部开展，测评工作仍待全面铺开。

最后，评价机构和人才队伍亟待建设。评价机构和相关人才的缺乏使得区块链技术第三方评价工作无法有效开展，不利于提高区块链技术应用服务于实体经济的能力和水平。

因此，亟须独立、客观、专业的评价机构和人才队伍建设，从而保证客观和公正对区块链技术进行评价，促进区块链技术健康发展。综合来看，从行业层面甚至国家层面推动区块链第三方评价机制的建设，有助于推动区块链技术有序、健康和长效发展。

三、性能安全尚存不足

（一）性能安全问题仍是制约区块链产业发展的重要瓶颈

区块链的性能问题源于自身的体系架构，其中联盟链性能要明显优于公链性能，这与联盟链中节点数量和共识机制有关。

为提升区块链性能效率，业界展开了技术攻坚，诸如并行计算、跨链、多链、有向无环图、分片等技术不断涌向，使得区块链性能效率得到长足提高，也为区块链产业应用提供强大的技术支持。

但由于分布式系统的共识机制、区块链底层协议以、网络传输协议以及区块链安全等因素，区块链性能还无法与传统中心化系统相媲美。

此外，区块链技术产生时间尚短，仍面临较多的安全隐患。一是区块链技术本身仍存在安全问题。在算法安全方面，目前区块链的算法只是相对安全，随着数学、密码学和计算技术的发展将变得越来越脆弱。

在智能合约方面，其本质上是一段程序，存在代码漏洞、逻辑漏洞及运行环境漏洞等诸多问题，存在较大的安全隐患。二是区块链技术实现上仍存在大量安全漏洞。即使理论上很完备的算法，也会有各种实现上的错误，区块链大量使用各种密码学技术、P2P网络协议和分布式传输协议，不可避免出现各类漏洞。三是密钥管理存在隐患，私钥是用户生成并保管的，没有第三方参与，一旦丢失便无法对账户的资产做任何操作。

（二）行业应用推广难度较大，应用效果有待进一步验证

区块链行业应用推广总体形势持续向好，尤其在司法和数据存证、金融、供应链等领域，但由于区块链技术涉及多方实体数据互联互通，需协调多方机构进行应用落地及推广，如政务、物流、供应链、溯源等领域，参与主体较多，且各主体之间信息化建设程度参差不齐，区块链平台建设和协调难度较大。

此外，区块链作为降本增效的重要技术手段，目前应用效果还有待验证，各应用场景目前仍处于试点实验阶段，缺乏典型的应用示范场景和案例。

物联网技术实现了物与物之间的互联，改变了人们的生活方式。但是，物联网存在中心机构运行成本高、可扩展性差和安全性低等缺陷，限制了物联网的发展。而区块链具有去中心化、不可篡改、共识机制等特点，使得区块链系统中每个节点拥有整个区块链的全部信息，各个节点可以随时加入或者离开，每个节点都有权对数据进行处理，保证了数据的真实性。因此，区块链的特点刚好弥补物联网的缺陷。在区块链架构中，物联网设备利用区块链的特点，实现数据的安全存储，将区块链应用于物联网场景中，被认为是区块链3.0版本。

物联网能够实现物与物之间相互通信，但是在数据隐私和安全方面存在威胁，利用区块链分布式架构，提供可靠的信息共享方式，实现物联网系统的透明性、安全性和隐私性等。

共识机制作为区块链技术的核心，决定了区块链的去中心化程度、安全性、可扩展性以及交易速度等许多重要方面。物联网面临的数量大、非齐次网络、有限的计算能力、低通信带宽和易出错的无线链式的问题，提出利用区块链的去中心化和共识机制的特点，实现物联网与区块链的有效结合。本文通过对各种共识机制的优缺点进行对比，发现当需要处理大量交易时，IOTA 和 Byteball 比其他共识机制在交易处理速度和可扩展性等方面更有优势，更适用于物联网场景中。虽然 IOTA 和 Byteball 已经取得初步成功，但是将 IOTA 和 Byteball 应用于物联网场景中还没有完全实现，未来需要解决以下几个难点：

（1）编程要求。由于 IOTA 和 Byteball 共识算法的实现过程复杂，对编程要求较高，给编程人员的开发带来一定的困难。

（2）安全问题。当物联网设备较少时，IOTA 和 Byteball 共识机制的安全性得不到保证，而且交易时间不确认，将 IOTA 和 Byteball 共识机制应用于物联网场景中，必须解决这一难题。

（3）数据存储。当数据增加到一定量级时，如何有效解决存储容量的需求问题是一个严峻挑战。

四、认知程度有待深入

社会各界对区块链的看法不一，多数人对区块链的认识不足，有待提高。一是大量民众对区块链的应用价值往往是一知半解，将真正的区块链技术与比特币混淆，认为国家禁止了 ICO、关闭了加密数字货币交易平台就是否定了区块链技术，短时期内难以深刻理解和接受。

一是国内的 IT 巨头企业、金融机构虽然纷纷布局区块链，但投入资源有限且主要应用于非核心业务领域，对区块链技术的应用仍处于初级阶段。三是部分地区政府对区块链的认知仍存在偏见，对区块链技术的安全问题、监管问题、合规问题仍没有清楚的认识，经济较发达地区对区块链发展仍处于观望态度，相关扶持政策和发展力度较为保守。

对区块链技术的正确认识应从以下几方面出发，一是区块链不等于加密数字货币。加密数字货币只是区块链的一类应用场景，通过运用分布式存储、共识机制、点对点通讯、加密算法等底层技术实现。

二是应合理看待区块链的发展进程，2016 年 12 月，国务院发布的《"十三五"国家信息化规划》将区块链与量子通信、基因编辑等并列，属于"强化战略性前沿技术超前布局"；2017 年 7 月，Gartner 发布的新兴技术成熟度曲线显示区块链的成熟时间是未来 5 ～ 10 年。

三是区块链的标准及监管制度正在逐步完善，为加强区块链行业规范管理力度，净化产业生态环境，2018 年 10 月，中国区块链生态联盟发布《区块链行业自律倡议书》，得到了各大企业和高校的一致认可。2018 年 12 月，国家互联网信息办公室下发《区块链信息服务管理规定》，旨在明确区块链信息服务提供者的信息安全管理责任，规范和促进区块链技术及相关服务健康发展，规避区块链信息服务安全风险，为区块链信息服务的提供、使用、管理等提供有效的法律依据。

目前，各地区政府、团体、企业及群众对区块链的认知趋于理性，更加关注技术本身的应用和创新。从技术维度来看，区块链是在互联网技术应用层的创新，区块链是互联网技术的补充，区块链并不是万能的，任何期待区块链立刻颠覆现有信息互联网格局的愿景是不切实际的。

五、教育培训严重短缺

区块链作为新兴领域，初创公司大量涌现，人才需求更加旺盛，而高校课程和社会专业培训课程体系相对落后，人才不足现象明显。

根据智联招聘发布的《2018 年区块链人才供需与发展研究报告》显示，以 2017 年第三季度的人才需求量为基数，2018 年第二季度的区块链人才较 2017 年第三季度暴增 636.83%。在投递简历的求职者中，真正具备区块链相关技能和工作经验的求职者，即存量人才仅占需求量的 7%，这是由于目前我国区块链人才培养机制不健全，且未形成完善的课程体系。

高校层面，我国目前有 15 所高校开设区块链相关课程或成立区块链技术实验室，但总体而言课程设计以本科阶段的通识课为主，课程内容偏向于知识科普与产业应用指导，并未开设具有专业性和延展性的区块链专业课程。社会层面，区块链培训机构数量极少，课程质量良莠不齐，很难系统性、针对性开展区块链技术应用培训。

当前区块链领域的开发人员供不应求，主要原因如下。

（1）整体而言，我国核心区块链技术人才较为稀少，初步估计仅约 200 ～ 500 人。

（2）区块链门槛要求比较高，核心岗位基本上都要求有 2 ～ 5 年区块链开发经验，这对于新兴行业的从业人员而言具有较高难度。

（3）专业从事区块链技术、产品、应用的培训机构较少，培训的人才数量、质量不能满足当前市场需求。因此，我国区块链方面人才短缺的局面还将维持一段时间。

虽然区块链技术在创建新的金融、供应链和数字身份系统等方面具有巨大的潜力，但它常常错误地被视作解决业务问题的百宝箱，因为近年来，以区块链、大数据、人工智能、物联网为代表的新一代信息技术呈现出系统性、整体性、协同性的融合发展态势，共同为未来的智慧社会搭建着高速、智能、泛在、融合、安全的新一代信息基础设施。

其中，区块链具备的高效可信数据共享、按需协同智能计算的特性，将有力促进原子构成的物理世界与比特构成的虚拟世界的深度融合，实现数据流和价值流的深度融合，使得数据及信息进一步成为普遍商品，并在可信互联的基础上进行真正的价值交换。现在区块链还存在着程序和代码上的漏洞。而且基础设施建设及规模化应用尚需时日。

区块链的正常运行要涉及诸多同步优化和实时转化问题，在区块链上记录相关信息也需要多方参与并数据同步。从目前情况来看，相关硬件和软件的建设仍需较长时间，超大容量的区块链存储系统暂时还难以实现。同时，如何将区块链的技术特性与传统产业发展的真实"痛点"密切结合，既需要传统产业的数字化、网络化、智能化程度持续提升，更需要大量的试点项目去持续地积累经验、反馈问题、优化方案，并非一朝一夕可以完成。并且制度依赖性和区块链颠覆性会产生激烈的矛盾与冲突，区块链注定要在旧世界中，东奔西突，区块链需要平衡利益、效率和安全三大制约。

区块链构建的去中心化的世界，要符合大多数人的利益，而且也势必面临既得利益的阻碍；分布式商业的存在，能否达到或超越已有商业的效率至今还是问题，区块链的算力也待大幅提升；效率和安全，往往是矛盾体，如银行转账，如何保证资金安全，又能达到流通的效率，是个中心化社会都没能彻底解决的问题。深入区块链本质，我们会发现区块链确实有着变革互联网乃至人类社会的潜质。再深入分析，我们同样也会发现区块链要想真正发挥其潜能，亦面临着不小的挑战。克服这些挑战，有待区块链技术的进一步完善与创新，也有待于目前监管体系的主动变革与创新。

第四章　区块链物联网融合

物联网解决生产力问题，区块链解决生产关系的问题，2018 年，微软、IBM 等公司在物联网行业会议("物联网+区块链"应用峰会)上正式提出此概念，被称为万物的区块链，英文缩写为：Blockchain of Things，定义为：区块链 = 物联网 × 区块链，物联网中的终端智能设备只进行数据传输和加密，工作量计算由验证节点负责，进行交易结算，用户数据得到有效保障，物联网也逐步向区块链网络转型。区块链技术中的公开透明、共识机制、不可篡改解决物联网中的设备安全和设备激增问题，区块链采用链式结构和智能合约技术，散列树结构可以用来进行数据处理，解决了数据隐私问题，因此，区块链技术的引入解决了物联网中遇到的最大难题，促进了区块链的应用实现。

第一节　区块链物联网融合概述

区块链解决了物联网发展中遇到的痛点，可以看作是物联网的进化形态，区块链技术中的去中心化，可溯源特性解决了传输数据的安全性和可信性。2017 年，遨天摩公司开展的优物链计划是区块链的第一个生态，代表了未来物联网的发展趋势。基于区块链的技术特点，它会首先在以下四大领域应用：物联网、医疗大数据、供应链数据管理、身份数据管理。典型应用如：车联网、智能家居、智慧医疗、工业物联网等。

区块链的共识机制，不可变更的特点保证了它可以在彼此没有信任的人或机构间建立合作关系，随着区块链在物联网中的深入研究，各国政府也开始重视区块链技术，实现政务数字化，图 4-1 是区块链技术和物联网融合进展图。

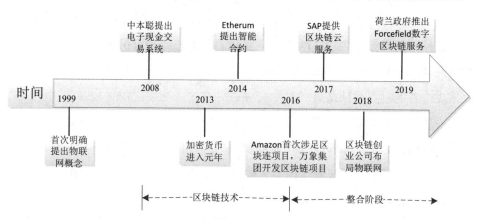

图 4-1　区块链技术和物联网融合进展

区块链物联网的基础架构分为四层：感知层、公链层、合约层、应用层。公链层，合约层统称区块链层，感知层上搜集到的数据和信息在公链层传输，一旦上链，数据不可篡改，通过 P2P 网络的形式实现信息传输，在合约层上，通过智能合约的运行实现系统的运行，融合架构见图 4-2 所示。

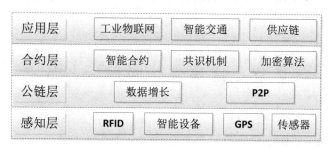

图 4-2　区块链技术物联网融合基础架构

近年来，物联网（Internet of Things，IoT）设备呈指数级增长，物联网以传统互联网、移动网络、传感器网络为基础，扩展了新的互联网概念，实现万物互联互通，使人类社会更加高效、智能化。但是，物联网设备资源有限，且容易受到安全攻击。伴随着区块链在 P2P（Peer to Peer）网络传输、分布式存储、共识机制、加密算法、智能合约等技术方面地不断运用，将区块链三大核心技术（密码学、共识机制、P2P 网络）之一的共识机制应用于物联网场景中，能够解决物联网面临的中心机构运行成本高、可扩展性差、安全性存在隐患等问题，提高物联网的性能和安全。传统的共识机制需要进行大量的计算，会造成时间、电力、物力等资源浪费的现象，不完全适用于资源有限的物联网设备。

此外，面对大量的物联网业务，交易的处理速度和可扩展性也需要得到提高。而且，分叉也是一个需要解决的问题，分叉会导致双花攻击。双花攻击指的是攻击者通过不承认最近的某个交易，并在这个交易之前重构新的区块，从而生成新的分叉，继而实现双重支付。为了解决双花攻击，区块链通常采用的是最长链原则。虽然最长链原则能够解决分叉，但是这样会造成交易高延迟问题。因此研究各种共识机制优缺点，对物联网和区块链的结合具有重要的意义。

目前，出现了很多种共识机制，有的通过算力竞争来实现，如工作量证明（Proof of Work，PoW）共识机制；有的使用投票选举来实现，如授权股权证明（Delegated Proof of Stake，DPoS）共识机制；还有的利用燃烧硬币来实现，如燃烧证明（Proof of Burn，PoB）共识机制以及其他实现形式的共识机制，等等。这些共识机制各有各的优势，并且都在相应的场景中得到了运用。但是物联网具有节点密集、资源受限、容量不足等特征，现有共识机制能否直接在物联网场景中得以实现，仍待研究。

第二节　区块链物联网融合特点

物联网和区块链融合将推动技术跨越融合和实现安全可信，促进行业生态体系建立及商业模式创新。

（1）物联网为区块链提供更多落地的应用场景以及物理世界的支撑，两者融合可创新性回归到解决物理世界的现实问题。物联网连接的是物与物、物与人，这些连接的对象是客观存在的。根据行业和应用场景的不同，物联网采用功能、形态、需求各异的物联网设备终端采集来自医疗健康、家居、交通、物流、工业等行业的数据，从而提供来自这些行业以及细分领域的真实数据，这些数据上链给区块链的应用不断注入新鲜的血液，可不断扩大区块链技术的应用场景，同时融合区块链技术帮助解决物理世界的现实问题，从而服务实体经济。当前,区块链不仅应用在金融系统中,越来越多的应用领域来自非金融领域,特别是物联网应用场景,如车联网、能源、医疗领域等。

（2）区块链解决物联网中的信息安全和隐私问题,创新性建立了物联网去中心化、可信任、隐私保护的机制和能力。物联网的数据来自物理世界,它是物理世界的客观镜像,这些数据的安全性直接关系到物理世界的安全性,一旦出现数据被恶意篡改、数据被违规访问等问题时,其产生的灾难性后果比虚拟世界更严峻,因此,物联网应用安全方面问题亟须解决。区块链本身具有的分布式、去中心化、数据加密、时间序列、共识机制等属性,可保证数据不被篡改,以及利用区块链技术建立的安全访问机制,从技术上解决物联网的数据安全和隐私问题,从而保障客观数据的真实可靠、可用性和隐私保护能力,有利于物联网真正大范围的推广应用。

（3）与行业应用相结合,以区块链的智能合约为技术支撑,创新性建立物联网跨行业应用生态体系。物联网的应用不仅仅是单个行业的数据监测、数据传输和分析控制,更需要建立一个庞大的生态服务体系。物联网本身也是一个跨技术、多个主体共同协作的系统级应用,需要设备入网者、服务提供者、运营管理者、目标客户、目标对象所有人等多个主体之间合作和共享,同时,物联网提供的服务不再是单一的内容服务,而是多元化、种类繁多、不断演进的生态服务体系,利用智能合约机制能建立这些数据之间以及映射出的主体之间的关系,并基于主体之间的合约脚本,给不同主体提供崭新的网络化、具有社会化属性、以及不断演进的服务和体验。如基于区块链的农业物联网服务不再是单一的农作物生长监控、食品溯源,更多的服务是农业信用、农业保险、农产品交易、农资租赁等。在基于区块链的医疗健康物联网服务不仅包括健康监测、药品溯源、医废管理等,还能提供精准的人寿保险、社会保障、居家养老、远程医疗服务、医疗器械租赁等。

（4）结合区块链的共识机制和激励机制,它将给物联网行业应用带来创新性的商业模式。物联网的数据共享和服务之所以还不够普及,一方面受制于技术集成创新成熟度,另一方面也缺乏良好商业模式推动,特别是在一些重要的消费行业,包括供应链金融、农业、食品安全、能源、电动汽车共享租赁等。

物联网作为推动共享经济、实现零边际成本社会的重要动力，还需要借助一定的激励机制和商业模式。由于物联网实现跨领域的生态体系，物联网系统的设备提供商、软件服务商、运营管理方、多种类用户之间的关系错综复杂，需要在他们之间建立良好的数据提供、服务获取、交易确认和付费机制等。区块链为物联网多方主体参与贡献和交易提供了去中心化平台并利用其共识机制和激励制度，提倡做出贡献的主体可获取相应额度报酬，这种机制将鼓励和带动更多的主体参与到物联网的应用中，实现实体流、信息流与资金流的三流合一，高效解决跨行业、深层次的社会问题。

大量的移动设备连接到物联网中共享数据时，在点对点网络下出现网络延迟的情况，很难保证数据的安全。当节点数量过多时节点处理事务的先后顺序不一致，因此需要一种方法对发生事务的先后顺序进行识别。区块链具有识别机制，可以保证物联网之间传递的数据得到安全保证。区块链物联网融合具有以下 5 个特点。

1. 去中心化

去中心化是区块链的典型特点，用来保证网络安全。区块链中数据的传输、存储都由众多节点构成的一种点对点网络，不需要中心化节点的管理，形成去中心化、可信任的结构，如图 4-3 所示。当节点收到另一个节点传输的数据时，该节点需要验证另一个节点的身份信息，身份验证成功后，把接收到的数据共享到整个网络。利用区块链去中心化的特点可以改善目前物联网结构中心化的现状，解决异构网络中对中心结构的依赖现状。

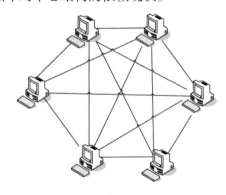

图 4-3　去中心化网络

2. 安全可信

区块链采用非对称密码体制进行数据加密，每个节点通过哈希值处理事务的先后顺序，以及利用分布式系统中共识算法进行抗伪造攻击，提高了区块链数据的安全性。如果非法用户想篡改数据需要修改所有区块中的数据，目前的技术是不可能实现的，因此，区块链中安全可靠的特点用在物联网中使用户的交易更加透明。

3. 可追溯性

区块链中区块包含时间戳，时间戳是标记区块产生的时间和标记每笔交易，为数据增加了时间维度。时间戳不仅能保留原始数据，而且降低了交易追溯的成本。当区块建立后新产生的交易数据记录到当前的数据块中，当前区块数据通过算法生成一个哈希值，记录到当前父区块哈希值属性中，由于类推形成区块链，这个过程是不可逆的。区块链实现了信息的不可篡改和抗伪造攻击，保证了物联网中信息传输的安全。

4. 开放性

区块链提供了脚本代码，支持用户根据自身需求开发去中心化应用。区块链系统中绝大多数数据是开放的，支持通过接口进行访问，只有小部分数据处于保密状态。

5. 智能合约

智能合约的概念由 Szabo 提出，定义为一套数字形式的承诺。设计的目的是无须第三方条件下通过内嵌数字形式的物理实体来创建多种灵活的智能资产，通常被认为一个自动担保程序。受限于当时硬件条件，智能合约被当成一个理论，区块链的出现为智能合约注入了新的活力。区块链技术使智能合约强化了物联网中用户之间的互信机制，实现了物联网的去信任化。

第三节　区块链物联网融合优势

随着 IoT 设备的数量激增，智能设备快速发展，造成隐私保护困难，运维成本高等问题，区块链技术可以解决物联网中遇到的上述挑战，如图4-4所示。

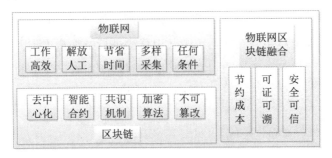

图 4-4 区块链技术和物联网融合技术

一、数据存储

物联网的应用越来越广泛，物联网设备收集的信息也越来越庞大，并且会持续增长。由于物联网是集中式部署，如何存储传感器收集的海量数据成了一个挑战。区块链一个是去中心化、分布式连接的对等网络，节点之间完全平等，利用这个特性可解决物联网中海量数据需要汇聚到单一的控制中心集中存储的问题，从而在一定程度上缓解存储压力。也可消除与第三方通信的成本。

无须集中式数据仓库。到目前为止，显而易见，区块链中的加密标准是无与伦比的。我们甚至可以说记录将以防篡改的形式存储。因此，当以这种方式对所有智能设备的历史进行加密时，不需要集中的权限来存储所有数据。这样，可以在常规物联网网络中建立更高的信任度。

使用区块链的好处是可以完全消除维护集中式仓库所需的财务数量，因此，有关各方都将从中受益。物理位置也可以省去，如果我们看一下更大的方案，这将是一个主要优势。

二、数据传输，跨主体协作

区块链的互信机制可以使物联网收集到的数据和信息跨过第三方中介进行传播，提高了数据和信息在网络中的传输速率，减少传播时延。采用链下存储，只在需要的时候请求传输数据，可以减少网络的使用带宽，提高传输速率，同时公开透明的算法打破了信息孤岛的束缚，使信息充分地横向交流，多主体协作。

提高数据传输安全性。针对传统物联网认证过程中存在的伪造攻击问题，椭圆曲线数字签名采用双向认证方式保证了接入设备与物联网之间信息交互的完整性与不可抵赖性，有效解决抗伪造攻击问题。

三、身份鉴权

区块链中的身份验证技术利用加密数字签名，散列技术来实现，去中心化的身份识别系统不受任何机构控制，这样能保证用户完全掌握自己的身份信息，区块链的验证和共识机制有助于避免非法或者恶意的节点接入物联网，提升系统安全性。

四、隐私保护

物联网数据规模的增大、设备可能存在的漏洞、数据的集中存储和管理都给物联网的隐私保护增加了难度。物联网节点由各种传感器构成，主要负责收集数据，功能比较局限，对系统安全的检测能力较低甚至是没有，区块链采用去中心化的分布式存储方式，使数据分布在各个网络节点，且运用非对称密码学技术对数据进行加密，为物联网的隐私保护提供了解决办法。

区块链技术的应用使得物联网实现了去中心化运行，中心服务器不存储所有交互数据，避免了信息泄露的风险，解决了信息安全与用户隐私保护问题。与此同时，通过 ECDSA 等加密算法进一步保护了用户的隐私，抗伪造、DDOS攻击等。

区块链的关键特征是其高数据加密能力。使用两阶段加密密钥可确保我们有一个可验证的存储数据的地方。数据无法使用公钥或私钥进行访问并且需要两者都拥有的事实是实施区块链的最重要优势之一。

通过将这种技术引入物联网，智能设备将能够以一种无法泄漏或操纵敏感信息的方式记录它们之间的交易。此外，对于任何区块链实施，进入链的数据都无法以任何方式进行修改。这使得任何人都不可能损害所讨论的物联网设备的安全性。

五、降低成本

在物联网中应用区块链技术的去中心化结构，无须设立为全局服务的中心服务器，减去了中心服务器在能耗和企业成本支出方面存在巨大压力，节省了昂贵的运维费用，应用智能合约的互信机制也可消除与第三方通信的成本。

降低数据传输成本。区块链技术采用分布式连接方式形成一个 P2P 传输网络，通过合理利用资源和点对点方式对物联网的组网架构实现优化，节约了传输流量和物联网硬件升级的费用。

降低管理运营成本。利用区块链中智能合约编写代码实现物联网信息传递、加工的智能化自动操作，不仅节约了中心服务器的运行与维护成本，而且实现海量终端的低成本连接，降低了管理运行成本。

六、可证可溯

在区块链中，修改区块计算力太大，因此链上的区块基本不可能被破坏，这意味着一定能达成共识。同样，数据只要经过共识写入区块链，就难以篡改，并且在其链式结构中，除了第一个区块，其余的每一个区块都包含了上一区块的信息。在物联网中，可以依托此技术进行物联网应用的追本溯源。

区块链的信息不可篡改、去中心化特点减少了中心化运维带来的成本，加密技术和共识机制算法使身份认证安全可信，区块链的链式结构特点使数据可溯源，不仅促进了通信安全，解决数据库冗余问题，也使得系统更具灵活性，可自由添加新的设备，鉴于上述优势，IBM、微软已经开始在自己的平台上提供 BaaS（Blockchain as a Service）服务，提前布局。

第四节　区块链物联网平台架构融合

区块链提供一个安全和值得信赖的方式使用一个分布式共享信息模型，实现透明、安全、隐私、可审核性、访问身份验证、数据不变性等，物联网系统大多部署在不可信网络中，因此可以利用区块链技术作为安全、可审计的数据日志。体系结构如图 4-5 所示：

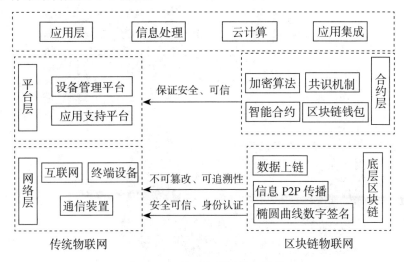

图 4-5 区块链物联网体系结构

感知层采集的信息和底层区块链进行链上存储，其中信息通过椭圆曲线数字签名进行信息认证，以点对点的方式进行信息传递，实现数据的可追溯性和不可抵赖性。

合约层与底层区块链代替了传统的物联网的平台层与网络层。合约层通过各种加密算法、共识机制、智能合约、开发的代码编写满足用户需求的各种交易操作。

区块链和物联网的融合包括架构和相关方的融合。架构融合将物联网六域模型和区块链功能架构充分融合，以将区块链的可信、共识等技术特点融入物联网环境中，解决物联网面临的网络单点故障和技术产业链条冗长等问题。相关方融合将物联网六域模型中的相关要素视为区块链的服务客户，促进物联网各相关方建立协作体系、信任体系和价值体系。

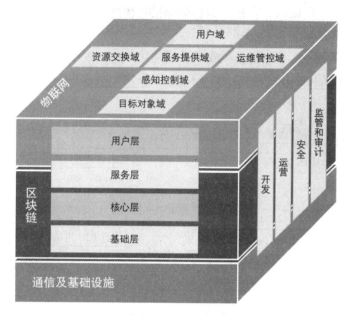

图 4-6 区块链和物联网应用框架

一、应用框架

区块链和物联网融合应用框架分为三层，由下至上分别为：通信及基础设施、区块链、物联网。通信及基础设施为区块链和物联网提供基础硬件环境及通信相关设备设施。区块链作为中间层利用通信及基础设施的硬件资源，为物联网层提供信任、共识等机制或服务的支持。物联网层利用区块链层提供的服务，加强其安全、隐私等能力。如图 4-6 所示，区块链参考架构相关组件可以为物联网六域模型中每个域的相关系统提供服务支持，区块链组件提供的服务支持包括安全、可信、共识、防篡改功能服务保障。同时，区块链参考架构的跨层功能也可以为物联网六域相关系统和通信及基础设施提供综合服务。

从物联网六域模型的视角来看，可以将区块链视为物联网相关底层网络的增强服务组件。用户层提供业务用户界面、事务提交、数据交换、用户管理、监控管理等功能。服务层提供符合区块链机制的接入服务、节点事务处理和基于区块链的账本记录等功能。核心层提供多节点相互之间的共识和确认、分布式存储机制、安全机制、摘要算法、签名算法、时序机制等相关功能。基础层提供分布式网络协议、数据存储服务和计算能力支持。

　　从区块链参考架构的视角来看，可以将物联网六域模型中相关系统视为区块链不同类型的用户端，扩展了区块链的应用生态。用户域中的相关方对于信息消费、数字资产流转、隐私保护以及网络信用体系等具有大量需求。目标对象域中的实体对象通过"物联"的方式映射成在虚拟空间的数字资产，丰富了虚拟网络空间的价值体系。感知控制域中的大量设备在无人值守和管理下，成为区块链体系中的特殊应用端，不断提供对应数字资产的客观信用数据描述。服务提供域中的各类服务平台作为一种新的区块链应用端，可基于区块链提供全新的应用服务，尤其是通过数据挖掘产生高附加值的数据资源服务。运维管控域中各类管理平台基于区块链将更有效地实现对物联网系统的运行维护管理、权限管理、诊断分析、安全隐私管理、法规符合性管理等活动，确保物联网安全、有效、合法地运行。资源交换域重点实现数字资产在不同主体间的交易和流转，依托区块链实现价值的互联网络。

二、用户框架

　　区块链和物联网融合应用的用户框架是结合区块链参考架构中的用户视图和物联网六域模型，为描述区块链和物联网融合应用的相关方而提出的。对于区块链和物联网融合的系统来说，区块链可以作为系统的底层基础设施来支持上层的物联网应用。从区块链系统的角度来说，物联网的相关方承担区块链服务用户的角色，通过调用区块链服务尤其是核心层的区块链功能来实现其相关活动。同时，在面向物联网的应用系统中，区块链服务用户进一步打开为面向不同物联网域的不同用户种类。

　　具体来讲，区块链和物联网融合应用系统的相关方可以分为：

　　（1）面向物联网的区块链服务客户。通过区块链用户功能组件提供的接口使用区块链服务，以实现物联网相关的业务目标。

　　（2）区块链服务提供方。为面向物联网的区块链客户提供区块链服务，其所进行的活动包括提供区块链服务和维护区块链服务，以及确保区块链服务交付等相关活动。

（3）区块链服务关联方。是为以上两种相关方提供支持和辅助功能的相关方。为使用区块链服务，面向物联网的区块链服务客户根据需要与区块链服务提供方或区块链服务关联方建立业务关系。

其中，面向物联网的区块链服务客户又可分为：

（1）区块链服务管理者。负责确保用户使用面向物联网的区块链服务时，系统正常运行。

（2）区块链服务业务管理者。负责确保通过经济有效的方式获取和使用区块链服务。

（3）区块链服务集成者。负责区块链服务与原有业务系统包括物联网系统的集成，分别包括应用功能集成和数据交换。

（4）面向物联网的区块链服务用户。直接使用面向物联网的区块链服务的相关方。

面向物联网的区块链服务用户根据物联网的六域模型又可分为：

（1）设备类用户。指通过系统自动调用区块链服务，实现数据和使用权等自我管理的物联网连接设备。

（2）物联网服务提供用户。通过调用区块链服务，来实现设备的数据的共享、更新和加工处理，为物联网用户提供对物理世界对象的感知和操控服务的接口。

（3）物联网运维服务用户。从系统技术性运维到行业法规两个层面，监管和保障系统的安全、可靠、稳定和精确的运行，在这些活动中通过区块链服务实现与设备类用户、物联网服务提供用户等相关方的交互。

（4）物联网资源服务用户。通过区块链服务实现物联网系统中多方协同、行业生态打通以及资源共享等活动。

（5）物联网用户。通过用户系统调用区块链服务，实现物联网相关的业务活动和目标。

总的来说，面向物联网的五类区块链服务用户分别通过不同的区块链活动实现更好的物联网服务，以及更好地实现物联网各相关方之间的协同和互联。此外，区块链服务管理者、区块链服务业务管理者和区块链服务集成者分别在系统获得、系统维护和系统集成等方面对物联网系统使用区块链服务提供支持。

根据全球移动和流量增长报告来看，2022 年，将会有 180 亿台 IoT 连接设备，这些设备将会产生大量的数据，而区块链物联网的融合可以解决传统架构中无法解决的问题，因此我们需要提出新的解决方案或架构满足要求，研究领域的架构分为：理论研究、原型、产品三个阶段，区块链物联网的应用分两类：一类是基于区块链平台进行开发，另一类是自己开发区块链物联网平台，我们主要考虑前者，本章对平台架构中的融合技术展开讨论，包括：数据管理、网络攻击、提供解决方案、身份验证、隐私、信任机制、访问控制。

三、数据管理

随着时间的推移，智能设备会产生大量有用的数据，但是仍然缺乏可以有效传输和利用物联网数据的平台。

Yu 等引入区块链的分布式网络架构，智能设备节点映射等技术，以及 PBFT–DPOC 一致性算法（委托贡献证明），通过共识算法实现账户的共享，这种算法需要候选人提供硬件设施（包括计算能力，带宽和存储），并参与节点投票，最终实现智能设备的分散自治。Kumar 等提出了基于三种新兴技术：雾计算、SDN（软件定义网络）和区块链的分布式云架构，架构层包括设备层、雾层、云层。云层采用基于区块链的云，这种架构可以实现实时数据交付，安全性，低延迟，满足以较小的成本管理大型生成的数据流。

区块链的共识机制消耗了大量的计算资源，分类账的存储也消耗了大量的存储资源，因此有限的物联网设备不能承受计算资源，缓存资源，文献把边缘计算和区块链结合起来，利用边缘服务器的计算和缓存能力，帮助物联网设备达成共识，存储数据。文献提出了一种基于区块链名为 Sapphire 的存储系统，基于 OSD 的智能合约（OSC）方法，该方法在 Sapphire 中用作交易协议，大规模存储系统的并用性可以减少数据分析的时间，结果表明，Sapphire 大大降低了物联网中数据分析的开销。文献提出管理物联网设备，构建密钥管理系统的方法：通过配置区块链保护传感器中的数据采集配置物联网设备，使用 RSA 公钥密码系统管理密钥，同时选择以太坊作为区块链平台，编写图灵完整代码。

以上文献表明，区块链技术的引入解决了物联网的数据管理问题，传统物联网架构僵化，加上物联网数据的持续增长，导致所有数据流都汇总在中心控制系统内，而区块链技术的存储系统大大降低了开销，最终实现设备的分散自治，在数据管理系统中，共享数据也是要解决的问题，数据共享平台应满足三个条件：平台数据跟平台无关，安全可靠，数据共享内容的控制方法灵活可靠，未来需要进一步的研究来提出解决方案。

四、系统安全

随着区块链技术的迅速发展，许多基于区块链的应用迅速出现，其中区块链、物联网的结合是最有价值的研究方向之一，这种结合带来非常多的好处，但也更容易受到外部攻击，比如一些恶意节点影响时间同步，使物联网系统出现严重攻击事故。

文献基于 SDN 和区块链技术提出了一种新的模型：Dist Block Net，这种架构利用区块链技术更新、下载并验证物联网设备得最新流规则表，使得网络架构主动适应环境，并能以低性能开销检测到网络中的攻击，灵活有效可扩展。文献采用改进的实际拜占庭容错（PBFT）共识机制实现物联网设备的时间同步，从而减少来自外部的攻击，使系统高效安全。文献指出 IoT 设备的部署导致攻击增加，采用区块链技术中的智能合约提高了系统的安全性，区块链机制（BCM）成为物联网防御得一种手段。文献分析了区块链技术中属于新型池挖掘攻击中的硬币跳跃攻击，深入分析了其实施条件，提出防御策略：核查矿工工作检测池管理者的异常行为；改进公示协议，跟踪恶意池管理器。文献提出的 Fastpay 技术可以有效解决该问题，Fastpay 协议原理是建立名为 Broker 的用户充当中间人，实现安全支付。Polkadot，Cosmos 是跨链中项目，实现万链互联，文献设计出一种 Hybrid-IoT（物联网的混合区块链架构），把 IoT 设备转化为 PoW 子链上的对等体，PoW 子块链之间的连接采用 BFT 互连器，此架构通过了性能和安全性评估，文献在系统模型和性能分析的基础上设计了一种算法，在最大化交易吞吐量的标准下，确定区块链系统的最优全功能节点部署。最后分析了三种典型攻击的安全性能，实验结果验证了文中所提的最优节点部署算法的准确性。

物联网设备安全问题包括平台架构安全、通信安全、设备安全，本小节研究了平台架构安全中存在的安全问题，区块链技术可以解决以上安全问题，如区块链的共识机制可用于交易验证并防范恶意攻击，篡改，减少网络攻击，恶意节点的欺骗，如在分布式网络中利用封闭的区块链记录和广播时间，减少了来自外部环境的攻击，通过对存储开销，收敛时间等实验数据显示，基于区块链技术下的 IoT 数据更加可靠。

五、计算、存储和网络资源解决方案

在实现区块链技术落地的过程中，包含了计算、存储、网络的基础设施，因此这三种资源是物联网急速发展时期需解决的问题。

文献为了解决物联网中计算资源，存储资源稀缺的问题，提出了一种基于语义区块链的新型面向服务的体系结构（SOA），该架构通过智能合约用于注册，发现，选择和支评估了该提案的可持续性。文献为物联网中广域网络的解决方案提出新架构，该架构通过在各网络层部署区块链技术，提供了较高的安全性和可信度保证，还在此基础上提出了优化机制，通过监控计算负载来分配工作负载，从而优化计算负荷。文献指出区块链的每个方面都可以根据所需应用的要求进行定制，文中提供了将区块链与物联网耦合的设计，确保传感器中采集的数据安全可靠，为数据存储提供与有效的解决方案。文献从协议出发，针对轻量级物联网客户端设计了一种区块链系统方案，仅在更新时下载有用的数据，该设计降低物联网设备的通信成本。文献指出区块链物联网融合的最大挑战是：区块链技术中的可扩展性和交易速度，提出通过使用本地对等网络弥补差距，实施方法是通过可扩展的分类账限制进入全局区块链的交易数量，从而提高交易处理的速度。

存储资源指物联网数据保存在哪里，IPFS 这个项目的设计初衷是把闲置的存储空间利用起来，Storj 利用文件分片打散存储数据，并通过端到端保护数据隐私，计算能力是数据的理快慢，DxChain 项目参考了 Hadoop 架构，希望同时解决存储和计算问题，而通信能力是数据、价值状态的连接网络。

通过上述文章分析，通过智能合约的运用，基于语义区块链的新型面向服务的体系结构可解决存储和计算资源短缺，在各网络层部署区块链可以解决网络资源问题，提升网络性能，未来的目标是提出新的架构同时解决 IoT 数据的计算、存储、网络资源问题。

六、身份验证

身份验证管理系统大多出自学术研究，只有少数初创公司在做身份验证系统的研发，一般而言，解决方案分为两类：依赖于公共区块链平台的身份解决方案，具有许可身份的块生成器的身份解决方案，前者主要使用以太坊智能合约来设计数字身份模型，并确保通过一组操作（即密钥撤销）确保身份的可靠性和可用性，后者在对等网络中建立了一个公共许可的区块链，其中节点被划分为经过验证的验证器节点和观察者节点，以确保高性能和可扩展性。

Bassam 引入了基于区块链的 PKI，提供了基于以太坊智能合约的解决方案。在他的工作中，定义了几个与身份相关的操作，例如添加属性、签署属性、撤销签名，还计算了以太坊平台不同运营的成本。文献提出了带外双因素认证方案，设备关系存储在区块链上，即使访问令牌被窃取，认证方案也可以组织外部恶意设备的访问，仿真实验表明设备的内存和 CPU 开销在可以接受的前提下，解决了大规模物联网设备的验证难题。文献提出了物联网系统中身份管理系统的要求：可扩展性、互操作性、移动性、安全性、隐私性，并研究了区块链主权身份解决方案，最后阐述了物联网构建完整身份管理系统的挑战。文献通过约束公众，开发了基于以太坊智能合约的身份管理系统密钥，用户的实体信息。除身份管理部分外，他们还重新定义了令牌，以符合他们提出的声誉模型，反映用户的声誉。奥古特等人修改了比特币堆栈以构建身份管理解决方案，并把零知识证明称为品牌选择性披露方案，以确保匿名身份。文献 [38] 设计了 NEXTLEAP，这是一个非中心化的身份框架，具有使用盲签名的隐私保护功能，此外，他们使用身份解决方案提供的身份验证服务构建更安全的消息传递应用程序 Azouvi 等。

物联网具有可扩展性，移动性强，互联网领域中的身份管理系统无法直接应用在物联网环境中，区块链技术的去中心化做到不依赖第三方的情况下，允许用户设备管理自己的身份，通过对学术研究中的身份管理系统充分调研，区块链技术的引入为身份管理提供了可行的解决方案。

七、隐私保护

隐私保护是指用户的敏感信息，包括身份信息，来自服务商提供的敏感数据，我们可以通过更改权限保护自己的隐私数据，然而由于第三方的存在，不可避免的泄露自己的身份信息，Blockchain 是比特币加密货币系统背后的技术，因此被用于确保物联网（IoT）生态系统中增强安全性和隐私性。文献采用 PoW 共识机制，PK（公钥）来记录用户身份，私钥用来加密，提供了一个使用区块链来保护物联网安全的模型。Axon 分析了隐私设计分散式 PKI 系统时提出的要求，提出了一种具有隐私意识的基于区块链的 PKI，除了注册，撤销和恢复等一系列操作外，他们还引入了邻居组的概念，以提高隐私保护的性能。Hardjono 在许可的区块链环境中使用零知识证明引入了一种基于区块链的隐私保护身份解决方案，称为 Chain Anchor。在本方案中，经过验证的节点具有编写或处理交易的权限，且都建立在防篡改硬件上，为用户提供隐私保护服务。文献引入区块链技术中的智能合约，能够将复杂的多步骤流程自动化，实现加密可验证性。文献将其与监管框架规定联系起来，提供了区块链的隐私和数据保护方面的解决方案，随着区块链产品的开发，还需要考虑遵守数据隐私监管框架。

区块链技术使身份控制权从第三方提供商返给用户，零知识证明的加密方案可以在不泄露隐私的情况下确认身份，通过链下存储构建平台可以保护个人数据的隐私，智能合约的执行可实现加密壳验证性，合同违约时，被欺骗的当事人可获得相应的赔偿，需要指出的是，智能合约应用在物联网中仍需学术界的进一步研究和工业界的实践验证。

八、信任机制

信任机制非常重要，与隐私和身份验证紧密相关。区块链是一种新兴的范例，提供以无信任，可审计的方式与其他网络设备交互，解决物联网（IoT）平台的信任问题。

现有的信任机制研究大部分脱离物联网环境，文献提出一种适用于分布式物联网的信任管理方法，借助区块链实现信任数据的共享，该方案经实验表明，能够有效量化信任，保护数据不被篡改。文献在 IETF 草案"（约束节点的区块链交易协议"）中引入了 BIoT 范例，主要思想是在区块链交易中插入传感器数据，由于对象没有逻辑连接到区块链平台，因此控制器实体会转发交易伪造所需的所有信息。为了生成加密签名，对象需要一些可信的计算资源，Liu 等人在文献提出了一种通过量身定制的以太坊令牌建立信任声誉的方法。Zhu 在文献将所有物联网实体之间的区块链和社交网络结合起来，为物联网构建了一个安全架构，也为信任管理奠定了坚实的基础。文献提出了一个信任列表，信任列表的原则是自动化怀疑，验证和信任物联网服务和设备的过程，以有效地防止攻击和滥用，并通过集成区块链和软件定义网络（SDN）在边缘网络上提供物联网交通管理的自动执行。文献提出了一种基于区块链的社会物联网可信服务管理框架。该框架通过区块链的去中心化特性在服务请求者和服务提供者之间直接建立信任关系，利用智能合约产生并管理新的交易，实现交易过程透明化并减少管理维护成本。

对信任机制研究有以下两种：基于策略制定的机制和基于信誉的机制，上述文献在两种机制的研究基础上引入区块链技术，使研究成果应用到分布式物联网中，随着 IoT 设备的智能化程度提高，引入风险概念后的信任机制需要进一步的研究。

九、访问控制

访问控制作为一种安全机制，规定了是否可以访问计算机系统中的哪种资源和服务，传统的访问控制包括访问控制列表、给予角色的访问控制、给予属性的访问控制、给予能力的访问控制，传统的机制很难满足物联网现在的发展，区块链技术的引入使得访问控制策略变得透明。

文献提出了 FOCUS 架构，他们利用三维社交网络构建以用户为中心的访问控制机制，可以管理所有类型的访问控制，整个访问控制机制建立在无信任物联网环境中基于区块链的身份管理系统上，保证了用户的安全性和隐私性。文献提出了 IoT Chain 架构，它是 OSCAR 架构和 ACE 授权框架的组合，为安全授权访问物联网资源提供端到端解决方案，OSCAR 使用公共分类账为授权客户端设置多播组。文献提出了一种动态访问控制方案，以解决现有的设备间直接数据通信访问控制方法的问题，并应对物联网的动态环境。文献提出了 Fair Access 框架，这个框架的优势是使用智能合约创建去中心化的假名和隐私保护授权管理框架，其中智能合约用来表示访问控制策略，既保留了区块链带来的优势，又克服了区块链在访问控制策略上的挑战。文献为 IoT 设备描述了一种新颖的防伪方法，利用存储芯片的独特特性来获取加密，结合区块链进行可靠和可靠的设备身份验证。

上述文献均提出了一种新的体系结构，架构是基于区块链技术的物联网全分布式访问控制系统，包括：①无线传感器网络；②管理节点；③代理节点；④智能合约；⑤区块链网络；⑥管理中心。该体系结构由概念验证实现支持，并在实际的物联网场景中进行评估，结果表明区块链技术可以用作特定可扩展物联网场景中的访问管理技术。

第五节　区块链物联网应用融合

由于区块链和物联网同属于应用范围十分广泛的技术，二者融合应用可以促进多个领域的创新。我们通过研究区块链与物联网融合应用的案例，结合对区块链和物联网特点的分析，总结出区块链和物联网融合应用的全景如图 4-7 所示。

图 4-7　区块链与物联网融合应用全景

物联网与区块链的融合应用包括横向和纵向两种模式。如图 4-8 所示，横向模式通过区块链贯穿物联网的服务提供域、运维管控域以及资源交换域；纵向模式通过区块链贯穿物联网的目标对象域、感知控制域、服务提供域和用户域。

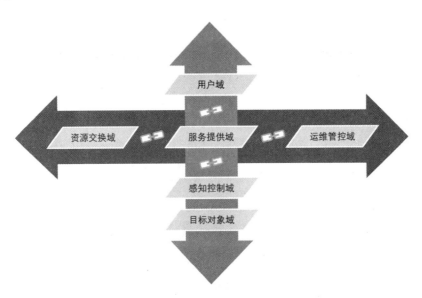

图 4-8　区块链与物联网融合应用逻辑

　　从横向来看，区块链可以打通物联网的整个产业链，解决物联网生态链长、信息不对称的问题。区块链可以将物联网设备采集到的数据视为数字化资产，利用区块链的技术特点，参与方在共识的前提下对数据进行挖掘和利用，保障数据的安全和一致性，打通物联网产业链的信息壁垒，为物联网用户提供多维、高质量的数据，提升数据的利用价值。例如，通过物联网和区块链的融合应用，实现病人、医院、金融保险、医疗机构等多方数据的采集和共享，破解数据孤岛局面，可有效促进各参与方的协作，帮助打通医疗产业生态。

　　从纵向来看，可以利用区块链技术打通 IT 设备和物联网设备的连接，保障数据的安全和不可篡改。物联网采集的数据是物理世界中的目标对象通过感知控制域中设备连接，映射成为虚拟空间中的数字化资产对象。通过区块链实现目标对象、设备、平台等相关方身份以及数据获取的有效性、客观性和合法性，保障物理世界的实体资产与虚拟世界的数字资产的一致性、安全性和可靠性。例如，在智能制造领域，通过区块链可以实现设备的身份和数据等信息的可信、安全和高效的管理，为工业物联网系统打开新的发展通道。

　　通过在横向和纵向的融合，利用区块链技术打通物联网横向产业链和纵向物联网设备的数据通道，加强物联网生态的共识，促进数据在整个物联网生态中的利用。

　　我们选择了应用融合广泛的多个应用领域：其中包括智能制造、农业溯源、供应链管理、能源管理、医疗管理等，并从行业面临的痛点、区块链和物联网融合提供的解决思路、典型应用场景几个方面进行详细分析。

一、智能制造

（一）智能制造领域面临的痛点

　　智能制造中的工业物联网是实现人员、设备、产品等互联互通的多种异构网络的集中组网。一方面，不同异构网络可能使用不同的平台、不同的协议，造成纵向的产业链兼容性与横向的供应链兼容性较差。另一方面，由于淡旺季周期和产能不均衡等原因，制造业还经常存在设备闲置造成的产能浪费问题。

此外，工业物联网还存在生产设备安全性不佳，造成设备稳定性下降和工业设计泄露问题：首先，工业物联网系统受到攻击或者被植入木马程序会造成系统稳定性下降，有非正常停机，甚至引发安全事故的隐患。其次，工业设计企业的设计方案的访问授权机制不健全，因此方案的版权问题难以得到保护。

（二）区块链和物联网融合提供的解决思路

区块链和工业物联网融合可以提升供应链的效率，提高设备使用率，解决工业物联网的安全问题。首先，区块链技术能够将传感器、控制模块和系统、通信网络、ERP 等系统联系起来，并通过统一的分布式账本基础设施持续监督生产制造的各个环节。其次，物联网帮助工业企业进行智能设备的升级改造，加强设备与设备、设备与人之间的相互通信。并可以应用区块链的智能合约，汇集小型企业的订单，实时传输至云平台，通过人工智能分析生产设备及生产过程数据来调整生产计划，从而有效提高设备利用率和生产效率。此外，将区块链应用在物联网中，可以使设备之间相互验证软件系统是否一致，降低系统崩溃风险。区块链还能定义物联网设备间的访问权限，可组建可靠、稳定的智能制造系统，提高生产设备的安全性，以及防止设计侵权行为。

（三）典型应用场景

本书选取供应链多方协作、产能共享和设备安全管理三个典型场景，来讨论区块链和物联网融合在智能制造领域的应用（如图 4-9 所示）。

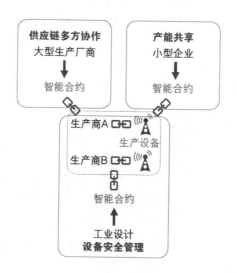

图 4-9　智能制造中区块链和物联网融合应用的典型场景

1. 供应链多方协作

大型生产厂商需要用到很多来自不同厂商的零部件，如何统筹规划每个分包商生产的时间，使得在保障用户尽快拿到产品的同时又不过多备货占用库存空间，这是一个普遍性的难题。企业可以利用智能合约实现动态管理零部件的生产，利用智能合约能够高效实时更新和较少人为干预的特点，实现对供应商队伍的动态管理，以及对供应链效率的提升（如图 4-10 所示）。

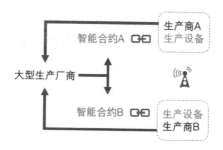

图 4-10　供应链多方协作

2. 产能共享

利用区块链技术对零配件供应商的设备等相关信息登记和共享，可以帮助在生产淡季有加工需求的小型企业直接找到合适的生产厂商，甚至利用智能合约自动下单采购，从而达到准确执行生产计划的目的。一方面，这些小型企业可以跳过中间商环节，从而节省成本；另一方面，也有助于激活生产厂商的空置产能（如图4-11所示）。

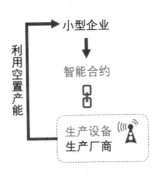

图4-11　产能共享

3. 设备安全管理

使用区块链定义不同设备间的访问权限，可以实现生产制造过程的智能化管理，防止某一设备被入侵或植入木马后整个系统被攻破的风险。另外，对工业设计使用智能合约技术，可实现生产过程中仅给予生产设备访问权限，生产结束后自动停止设备访问权限并删除文件的功能，避免侵权行为的发生（如图4-12所示）。

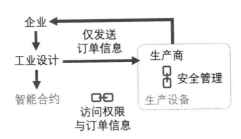

图4-12　设备安全管理

二、车联网

车联网（Internet of Vehicles）是由车辆位置、速度和路线等信息构成的巨大交互网络。通过GPS、RFID、传感器、摄像头图像处理等装置，车辆可以完成自身环境和状态信息的采集；通过互联网技术，所有的车辆可以将自身的各种信息传输汇聚到中央处理器；通过计算机技术，这些大量车辆的信息可以被分析和处理，从而计算出不同车辆的最佳路线、及时汇报路况和安排信号灯周期。而车联网，是由强大的车联网系统支持的。

车联网系统，是指通过在车辆仪表台安装车载终端设备，实现对车辆所有工作情况和静、动态信息的采集、存储并发送。系统分为三大部分：车载终端、云计算处理平台、数据分析平台，根据不同行业对车辆的不同的功能需求实现对车辆有效监控管理。车辆的运行往往涉及多项开关量、传感器模拟量、CAN信号数据等，驾驶员在操作车辆运行过程中，产生的车辆数据不断回发到后台数据库，形成海量数据，由云计算平台实现对海量数据的"过滤清洗"，数据分析平台对数据进行报表式处理，供管理人员查看。在车辆网系统应用技术上用到了很多物联网卡的技术，比如 GPS 定位、RFID,传感器等，物联网技术可以收集所有数据，管理人员通过数据就可以看出具体情况。

智能汽车正在经历工业的革命性增长，但它仍然存在许多安全漏洞，随着汽车工业和物联网（IoT）的快速发展，车载网络的安全性日益受到重视。文献研究了支持 SDN 的 5G–VANET 中的交通系统和车载物联网环境中的安全和隐私问题。文献提出了一种用于分布式 VFS 的区块链辅助轻量级匿名认证（BLA）机制，BLA 通过有效地结合现代密码技术和区块链技术实现了这些优势。文献提出了一种基于区块链技术的车载网络中的分散式信任管理系统。在该系统中，车辆可以使用贝叶斯推理模型验证来自相邻车辆的接收消息。文献首先研究了区块链技术如何扩展到车辆网络的应用，提出了车辆中的数据向外传输的模型，然后给出了详细的理论分析和数值结果，为区块链在车辆网络中的应用提供指导。文献提出使用区块链技术在智能交通之间进行通信的 Trust Bit（TB），在车载云中使用了区块链技术可以存储所有 Trust 位详细信息，并且可以随时随地通过智能交通访问。针对车载网络的数据认证和完整性，文献提出了一种基于区块链技术的数据可信度评估信誉系统。在该系统中，车辆基于对交通环境的观察对接收的消息进行评级，并将这些评级打包成"块"。

上述文献中的仿真结果表明，区块链技术在车载网络中收集，验证和存储车载信息是可靠的，因此，车载网络中存在的安全问题可以使用区块链技术得到解决。

车联网不仅在很大程度上改变了汽车的运营方式，所提供的一系列网上服务，也全方位提升了车辆对驾驶员的服务水平。下面将从五个具体的方面来介绍车联网为我们的生活所带来的实际改变。

1. 生活更智能

例如，车辆搭载娱乐信息显示屏可以实现车主与汽车的互动，屏幕可以显示 GPS 导航路线，进行影音播放，显示车辆安全监测数据，等等。甚至手机与车辆相连，通过 APP 就可以远程控制车锁，调整车内空调，等等。

2. 行车更安全

我们知道，车联网的一个重要应用是碰撞回避，预防技术大致可服务于碰撞警告和驾驶救援。以我们熟悉的智能安全行车服务系统 IDAS 为例，安装后即可享受硬件实时提醒和远程定期数据服务等，为我们的出行提供最佳的安全保障。

3. 防止交通堵塞

我们知道，车辆在交叉路口的通行率较低，车联网可以通过智能调节红绿灯来缓解这一现状，让司机在交叉路口尽可能顺畅行驶。此外，很多导航软件也会推荐避堵线路，避免所有车辆聚集在一处造成拥堵，让出行更高效。

4. 节能减排

通过车联网，利用车辆与路边基础设施之间采集到的信息来建议车主及时响应，同时对驾驶员进行一系列驾驶行为干预，从而减少不必要或者不规范的操作，可以降低油耗，减少尾气排放。

5. 辅助交通管理

辅助交通管理主要是服务于交通部门智能化管理，实现逃逸车辆、超速驾驶、酒后驾驶车辆的试试追踪，远程指挥、调度车辆，路桥电子不停车收费等。

三、智慧城市

智慧城市是把新一代信息技术充分运用在城市中各行各业基于知识社会下一代创新的城市信息化高级形态，实现信息化、工业化与城镇化深度融合，有助于缓解"大城市病"，提高城镇化质量，实现精细化和动态管理，并提升城市管理成效和改善市民生活质量。人口激增，气候变化和资源稀缺给城市带来了危机，基于区块链技术的物联网安全框架应运而生，区块链技术的引入给共享经济带来好处，为市民带来更好的生活，万物互联是智慧城市的重要组成部分。

智慧城市通过物联网基础设施、云计算基础设施、地理空间基础设施等新一代信息技术以及维基、社交网络、Fab Lab、Living Lab、综合集成法、网动全媒体融合通信终端等工具和方法的应用，实现全面透彻的感知、宽带泛在的互联、智能融合的应用以及以用户创新、开放创新、大众创新、协同创新为特征的可持续创新。伴随网络帝国的崛起、移动技术的融合发展以及创新的民主化进程，知识社会环境下的智慧城市是继数字城市之后信息化城市发展的高级形态。

从技术发展的视角，智慧城市建设要求通过以移动技术为代表的物联网、云计算等新一代信息技术应用实现全面感知、泛在互联、普适计算与融合应用。从社会发展的视角，智慧城市还要求通过维基、社交网络、Fab Lab、Living Lab、综合集成法等工具和方法的应用，实现以用户创新、开放创新、大众创新、协同创新为特征的知识社会环境下的可持续创新，强调通过价值创造，以人为本实现经济、社会、环境的全面可持续发展。

智慧城市可以使用一种安全框架，将区块链技术与智能设备集成在一起，为智能城市提供安全的通信平台，并指出未来方向是创建一个通用平台或设计一个系统级别模型，以研究智能城市中使用不同平台的互操作性和可扩展性。拼车使乘客能够共享车辆，以减少行驶时间，车辆碳排放和交通拥堵。文章提出了一种有效且隐私保护的拼车方案，该方案使用区块链辅助车辆雾计算来支持条件隐私，一对多匹配，目的地匹配和数据可审计性，此外，采用私密接近测试来实现一对多的邻近匹配并将其扩展为在乘客和驾驶员之间有效地建立秘密通信密钥。

四、农业溯源

通过物联网电子标签对生猪身份标记，在区块链上将生猪的身份标记和整个保险理赔、检疫处理全流程进行关联。区块链降低了儿方协作的信仕成本，提高了数据流转的效率。有效解决了病死猪流入市场和骗保的问题。

（一）农业面临的痛点

国内农业资源相对分散和孤立，造成了科技、金融等资源难以进入农业领域。化学农业泛滥，产业链信用体系薄弱等问题使消费者难以获得安全和高质量的食品。物联网和传统农业的融合，可以一定程度上解决此类问题，但由于缺乏市场运营主体和闭环的商业模式，实际起到的作用还比较有限。改善这一现状需要厘清物联网与传统农业融合的框架体系，形成一套有效的信用保障机制。

（二）区块链和物联网融合提供的解决思路

区块链和物联网融合应用能够有效解决当前农业和农产品消费的痛点，带来农业生产和食品消费领域升级的革命性变化。一方面，依托物联网提升传统农业效率，连接孤立的产业链环节，创造增量价值；另一方面，依托区块链技术连接各农业数字资源要素，建立全程的信用监管体系。

（三）物联网＋区块链在现代农业领域的典型应用场景

本书选取农产品及相关信息溯源、农业信贷和农业保险三个典型场景来讨论区块链和物联网融合在农业领域的应用（如图4-13所示）。

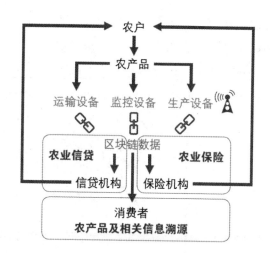

图 4-13　农业中区块链和物联网融合应用的典型场景

1. 农产品及相关信息溯源

农业产品的生产地和消费地距离远，消费者对生产者使用的农药、化肥以及运输、加工过程中使用的添加剂等信息无从了解，造成了消费者对产品的信任度降低。基于区块链技术的农产品追溯系统，可将所有的数据记录到区块链账本上，实现农产品质量和交易主体的全程可追溯，使得信息更加透明，实现针对质量、效用等方面的跟踪服务。一方面确保农产品安全，提升优质农产品的品牌价值，打击假冒伪劣产品。另一方面保障农资的质量、价格公平性及有效性。同时，也可提升农资的创新研发水平以及使用质量和效益（如图4-14所示）。

图 4-14　农产品及相关信息溯源

2. 农业信贷

农业经营主体申请贷款时，需要提供相应的信用信息，其中信息的完整性、数据准确度难以保证，造成了贷款审批困难的问题。通过物联网设备获取数据并将凭证储存在区块链上，依靠智能合约和共识机制自动记录和同步，提高篡改信息的难度，降低获取信息的成本。通过调取区块链的相应数据为贷款机构提供信用证明并申请贷款，可以为农户、供应链、银行、科技服务公司等建立多方互信的科技贷款授信体系，提高贷款对农业的支持力度，简化贷款评估和业务流程，降低农户贷款申请难度（如图 4-15 所示）。

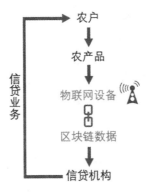

图 4-15　农业信贷

3. 农业保险

物联网数据在支持贷款、理赔评定等场景中具有重要的作用，与区块链结合之后能提升数据的可信度，极大简化农业保险流程。另外将智能合约技术应用到农业保险领域，一旦检测到农业灾害，可自动启动赔付流程，从而提高赔付效率。在此基础上，金融、保险行业可以为第三方科技服务平台、农户、供应链等相关方提供科技信用贷款和科技保险（如图 4-16 所示）。

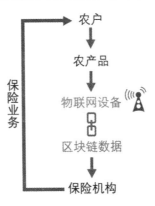

图 4-16　农业保险

五、供应链管理

利用区块链技术和配套的智能硬件完成产品的全流程记录跟踪，增加信用背书，降低供应链成本。用户端对产品源头信息可查、可信，有效提高产品附加值。

（一）供应链管理面临的痛点

供应链由众多参与主体构成，核心企业作为供应链中的主角，实际上对供应链上下游的掌控范围很有限，导致信息的不对称和不透明，存在信息作假的风险，相关企业无法实时掌控必要和真实的信息，影响供应链的效率。供应链管理中的物流环节具有区域多、时间跨度长的特征，因此监管困难，假冒伪劣产品等问题很难彻底消除。目前市场上存在的第三方防伪平台，又由于公信力不足和数据匮乏等原因，无法对产品进行精确认证和管理。

（二）区块链和物联网融合提供的解决思路

物联网可以利用各种信息传感设备将企业内或企业间的活动信息和相关数据有效整合。区块链技术由于其防篡改、分布式、非对称加密的特点，适合多方参与、信息交换的场景，能够有效地将供应链中涉及的多种信息记录在链上，保证数据的透明可信，确保各参与方能及时发现供应链系统运行过程中存在的问题，有针对性地找到解决问题的方法，提升供应链管理的整体效率。

（三）典型应用场景

本书选取港口数字化管理、物流和供应链金融三个典型场景来讨论区块链和物联网融合在供应链管理领域的应用（如图 4-17 所示）。

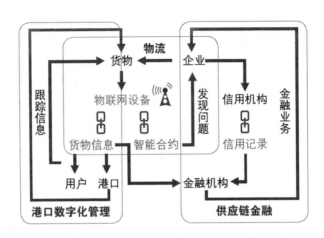

图 4-17　供应链管理中区块链和物联网融合应用的典型场景

1. 港口数字化管理

区块链和物联网融合应用可以实现海运物流过程中各节点的全程监控，如货物来源、关税代码、装箱单信息、海关报送价值、运输状态等货物相关的信息，而且整个信息技术是透明且安全的。同时，区块链和物联网融合应用有可能打破电子信息数据服务商的中心节点地位，结合实时和离线同步等方式，将传感器收集的数据写入区块链，成为防篡改的电子证据，提升各参与主体造假的成本。同时，根据实时搜集的数据，可以及时了解物流的最新进展，以及采取相应的措施，增强了多方协作的可能，并且有助于清楚地界定各方的责任，提高付款、交收、理赔的处理效率（如图 4-18 所示）。

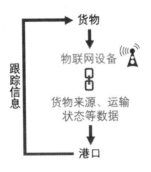

图 4-18　港口数字化管理

2. 物流管理

物联网设备可以记录货物从发出到接收过程中的自动分拣扫描、物流定位和追踪以及投递等所有步骤，将物联网设备采集到的这些数据记录在区块链上，可确保信息的真实性。同时通过共识机制和智能合约技术，可以直接定位运输中间环节的问题，确保信息的可追踪性，避免货物丢失、误领和错领等问题，也可促进物流实名制的落实。企业还可以通过区块链掌握产品的物流方向，保证用户的权益（如图4-19所示）。

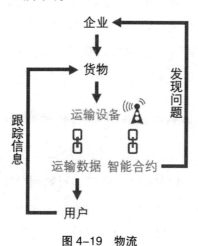

图 4-19　物流

3. 供应链金融

在供应链过程中，货物交付、提单质押、尾款结余、实时仓库、实时物流等信息都可以通过物联网设备记录，降低人工成本，减少人工记录带来的错误，将物联网设备采集到的这些数据记录在区块链上，可确保信息的真实性。同时承运人或某个交易方的信用记录也可以记录在区块链中，与金融机构产生金融业务时，金融机构可以使用区块链中的信用数据和供应链数据进行风险评估，为交易方提供保险或贷款（如图4-20所示）。

图 4-20　供应链金融

六、医疗管理

（一）医疗领域面临的痛点

当前，医疗领域中的各级医疗卫生机构大多是互不连通的，形成了医疗信息孤岛，分级诊疗难以实现。同时，隐私和数据安全是医疗领域无法回避的关键问题，是妨碍移动医疗、智慧医疗、新兴治疗技术发展的原因之一。此外，一些医保药店在利益驱动下违规使用医保，违背了建立医疗保障制度的初衷。

（二）区块链和物联网融合提供的解决思路

区块链应用到医疗数据管理中，可以保证用户的医疗检测结果的真实性和可靠性，使得医院之间可以共享检测结果，有效连接各级医疗卫生机构，降低用户分级诊疗的难度。区块链技术可以提高用户和相关方的医疗信息整合度，实现医疗数据跨平台共享。同时可以在保护病人隐私的前提下，利用个人健康信息创造新的社会和经济价值。此外，物联网与区块链结合还可为药品的溯源和医保控费检查工作提供新的技术手段。

（三）典型应用场景

本书选取健康医疗大数据和医保控费两个典型场景来讨论区块链和物联网融合在医疗领域的应用（如图 4-21 所示）。

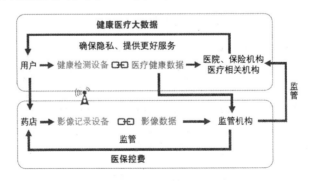

图 4-21　医疗行业中区块链和物联网融合应用的典型场景

1. 医疗健康大数据

利用物联网技术对居民、病人的运动、健康等数据进行监测，获取健身、医疗、体质监测、运动监测等大数据信息，同时应用区块链技术，帮助打通医院、金融保险及其他相关部门之间的信息通道。例如，可将支付、信息交互整合在一个区块链平台内，在注重保障数据隐私的同时，实现数据查询和使用记录的防篡改。此外，利用区块链技术的电子病历，使用户的检测结果更具有可信度，医院之间的数据可以互通，从而更好地实现分级诊疗（如图4-22所示）。

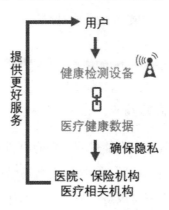

图4-22　健康医疗大数据

2. 医保控费

通过区块链技术可以实现医院、人社、支付系统的生态打通，加强人社、卫计委对医疗数据的共享和监管，以及对数据隐私性和安全性的保障。区块链的加密机制让患者数据隐私性得到保障，相关部门、机构通过合约授予的权限可实现数据共享，同时防止数据篡改，便于实现精准医保控费。同时，针对某些医保定点药店的违规行为，比如使用医保账户支付非医保药品，可以通过安装远程监控一定程度上避免，但也可能出现蓄意破坏视频图像以逃避视频监管的情况。利用区块链的数字指纹技术可以防止视频图像被篡改或破坏，更好地完成监督检查工作（如图4-23所示）。

图 4-23　医保控费

七、能源管理

（一）能源领域面临的痛点

能源行业目前存在常规能源产能过剩、新能源利润率和回报率低以及相关基础设施及硬件配置不完备等问题。能源行业普遍采用传统人工运维方式，效率低、成本高，同时也存在安全风险。另外，监测计量设备落后、采集数据精确度低等问题明显，设备相对独立未形成联网，信息孤岛化问题严重。

（二）区块链和物联网融合提供的解决思路

将区块链与物联网融合应用在能源领域，可提高数据信息管理能力。在数据信息接入方面，利用物联网技术能实现智能设备信息互联互通；在数据信息采集方面，能促进信息系统与物理系统高效集成，实现设备状态、外部环境的实时监测；在数据信息处理与应用方面，区块链技术可实现智能化决策调控与自主交易。另外，区块链技术在智能交互过程中可降低多方主体间的信任成本，使交互过程更加方便和高效。

（三）典型应用场景

本书选取分布式能源管理和新能源汽车管理两个典型场景来讨论区块链和物联网融合在能源领域的应用。

1. 分布式能源管理

区块链的分布式结构与分布式能源管理架构具有高度一致性，区块链技术应用到电网服务的价格与控制系统，可以平衡微电网运行、接入分布式发电系统和运作能源批发市场。区块链与物联网技术融合应用为个人或企业进行可再生能源发电的结算提供可行途径，并且可以有效提升数据可信度。此外，利用区块链技术还可以构建自动化的实时分布式能源交易平台，实现实时能源监测、能耗计量、能源使用情况跟踪等诸多功能（如图 4-24 所示）。

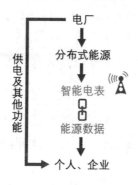

图 4-24　分布式能源管理

2. 新能源汽车管理

通过物联网与区块链技术可以加强新能源汽车管理，如新能源汽车的租赁管理、充电桩智能化运营和充电场站建设等。通过物联网与区块链技术还可以实现电动汽车供应商、充电桩供应商、交通集团、市民卡及各类商户系统间的互联互通和数据共享（如图 4-25 所示）。

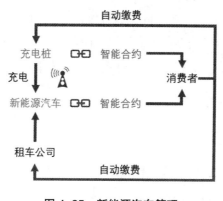

图 4-25　新能源汽车管理

八、环保监管

使用成熟的区块链硬件作为终端采集设备，实时把监管数据上链存证，确保全域相关单位环保信息数据的真实可信。同时配套移动端、管理后台、管理中心展示大屏的相关软件，实现相关部门的多元化监管需求。

（一）环保领域面临的痛点

在环保领域的重点污染源自动监控、环境质量在线监测等系统的建设中，广泛采用传感器、RFID 等相关设备和技术，其设备和数据信用问题严重。企业在缺乏监管的情况下，可能直接改变设备状态和篡改相关数据。此外，环保数据的开放共享也是难题。一方面，为避免暴露污染问题，一些地方和企业不公布或不及时公布污染数据，使监管机构和公众难以监督；另一方面，由于缺乏合理的解决方案，无法实现环保、气象和其他相关部门的数据共享，增加了环保的管理成本。

（二）区块链和物联网融合提供的解决思路

区块链和物联网的融合，可以解决业务监管层存在的末端排口监控、数据有效性低、监控手段单一等问题。首先，应用区块链技术可以确保每个环保物联网设备的身份可信任，数据防篡改。其次，区块链和物联网融合的应用中，存储在区块链上的交易信息是公开的，而账户身份信息是高度加密的，只有在数据拥有者授权的情况下才能访问，这样既能够保护企业和机构的隐私，又能做到必要的环保数据开放共享。第三，基于区块链技术的物联网平台，能够实现不同厂家、协议、型号的设备统一接入，建立可信任的环保数据资源交易环境，助力环保税等政策的落地实施。

（三）典型应用场景

本书选用环保数据管理、一源一档和环保监管三个典型场景来讨论区块链和物联网融合在环保领域的应用。

1. 环保数据管理

污染数据从环保物联网设备传送到网络过程中存在被篡改的可能性，区块链能为每次监测提供永久性记录，应用加密技术防止篡改，可以提升数据的可靠性，加强对排污企业的监管。应用区块链技术还可以实现排污全程的数字化跟踪，避免人为因素对排污数据准确性的影响（如图 4-26 所示）。

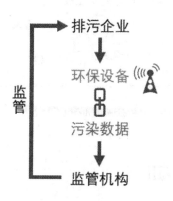

图 4-26　环保数据管理

2. 一源一档

环保部门使用区块链技术搭建排污企业基础信息库，对备案排污企业所有资料和污染设备进行集中管理，为每个污染源建立对应的档案，并将档案放在区块链上，防止伪造和篡改（如图 4-27 所示）。同时，采用区块链公私钥体系建立账户验证机制，防止账户数据被盗窃。

图 4-27　一源一档

3. 环保监管

我国环境保护税法即将于 2018 年 1 月 1 日起生效，区块链和物联网的融合应用能为环保税的实施提供一种可行的技术方案。区块链技术可以实现数据全网共识和共同维护，与物联网结合可以更准确地采集排污企业的排污数据。

同时应用区块链区分授权，使监管机构能够标注免征税的企业，防止企业滥用免征条例。将这些作为环保税收的依据，可有效杜绝企业偷漏税行为（如图4-28所示）。

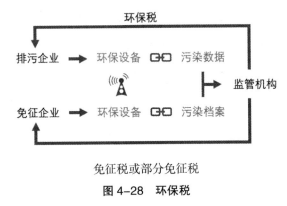

图 4-28　环保税

九、智能合约应用

智能合约是一种以信息化方式传播、验证或执行合同的计算机协议。智能合约允许在没有第三方的情况下进行可信交易，这些交易可追踪且不可逆转。羿贝科技依据自身多年的从业经验和强大的技术能力，为客户提供贴合所需应用场景的智能合约开发服务。

（一）区块链摇号系统

通过区块链技术实现摇号抽奖过程可信、透明，流程可追溯，支持公司、学校、房地产、社会公共资源等多种应用场景。

（二）城管道路贡献值系统

将《杭州市城管道路检测系统》的分析结果通过智能合约上链储存，并实时同步到其他政务节点，达到数据协同共享，辅助市政决策的效果。另外，智能合约将市民贡献的道路信息数据量化，形成贡献值并在链上储存，智能合约公开透明、公平公正的特性使得更多的市民参与到城市道路的信息反馈中，大大缩短了数据收集周期。

（三）智能家居

通过区块链取代传统中央服务器，创建基于权限命令的独特分布式区块链平台，支持整合家庭智能设备，进行身份认证上链且互联互通，让智能家居更高效、安全。

创新地将物联网设备和区块链结合，生产出区块链智能硬件、智能硬件集成 SDK，可加入区块链，数据产生即上链，解决源头造假、数据篡改盗取等问题，保障设备安全性。

（四）智能硬件产品

1.区块链数据通信模块

区块链数据通信模块，可根据不同区块链主链要求，通过高速数据接口连接和不同的智能硬件，帮助其安全可靠地上链，形成符合要求的区块链数据节点。

2.区块链扫码枪

在传统智能扫描枪基础上，区块链扫码枪内置支持不同算法的区块链数据节点安全芯片，可以满足不同的区块链主链需求，实现各种条码数据的安全上链。

3.区块链读卡器

区块链读卡器，符合信息安全领域行业认证与不同的区块链主链要求，实现各种卡式数据的安全上链。

4.区块链 DTU

DTU，专门用于将串口数据转换为 IP 数据，或将 IP 数据转换为串口数据，通过无线通信网络进行传送的无线终端设备。区块链 DTU 则是将区块链技术和传统 DTU 结合，实现数据的实时上链。

十、其他应用

除了上述几种场景应用外，区块链也可以应用到智能家居、供应链、健康医疗等场景中。

文献概述了各种核心组件智能家居层，提出了一个关于其安全性和隐私的全面分析，仿真结果表明，采用的方法开销低，可以管理低资源 IoT 设备。

的区块链架构，架构使用基于对象的证明身份验证协议，RFID 提供产品和传感器数据的独特标识，有助于实时质量监控，通过在物理层集成基于 RFID 的传感器和在网络层集成区块链来实现完整的架构有助于在每个实例中创建用于食品包装的防篡改数据库。

研究表明，提供医疗保健的延迟与患者信心和康复机会直接相关，不可靠的健康记录存储只会加剧这个问题，文献将生物传感器测量并收集关于患者医疗状态的实时数据并存储在区块链中，产生数据的快速报告和防篡改存储。通过部署智能合约，计算最终的医院账单以及保险范围，同时还提出使用 Inter 行星文件系统来存储出院病人的记录，减少实际区块链的负担。总体而言，通过创建安全透明的环境以及快速响应患者的需求，使患者和医生均受益。

通过对区块链物联网的以上应用场景分析，无论是在工业物联网，还是车载网和智慧城市领域，我们看到垂直行业的生态格局已初步具有雏形，行业应用也处于爆发阶段，但大多数应用案例都处于概念验证阶段，区块链技术中的处理能力，扩展性差，能耗高，网络割裂等问题尚需要解决，区块链作为一种新兴技术，无论是初创公司，还是物联网行业巨头公司都需要时间解决上述瓶颈问题。

第六节　区块链物联网融合研究现状

近几年来，国内外政府机构、学术界和产业界在物联网和区块链融合的学术研究、标准和行业应用已逐渐萌芽，并迅猛发展。

一、学术研究

在学术研究方面，2017 年中国电子技术标准化研究院联合无锡市经信委发布了《中国区块链与物联网创新应用蓝皮书》，深度剖析区块链与物联网的融合模式，以及融合在环保、医疗、智能制造、供应链管理、农业等领域的应用场景。众多学者开始探讨两者融合技术和应用。丁庆洋分析了利用物联网和区块链技术解决 B2C 电商平台信息追溯和防伪问题 [8]，并给出了设计模型和应用场景，马昂等分析了物联网和区块链融合的应用场景，张健强等分析了区块链共识机制和账本在两种通信架构物联网中应用架构设想。叶小榕设计出利用物联网、区块链及智能合约的供应链原型系统。罗松介绍区块链给物联网带来的机遇和挑战。赵明慧设计出基于区块链的社会物联网框架，解决社会物联网的安全和交易问题。梅颖等利用区块链技术解决物联网访问控制、隐私保护和应用安全问题。

二、物联网标准

物联网标准化方面，我国发布了《物联网标准化白皮书》(2016 版)，研究国内外物联网标准化进展，包括国际标准组织 IEEE，ISO，ETS，ITU–T，3GPP，3GPP2 等。ISO 主要针对物联网、传感网的体系结构及安全等进行研究；ITU–T 与 ETSI 专注于泛在网总体技术研究，但二者的侧重角度不同，ITU–T 从泛在网的角度出发，而 ETSI 则是以 M2M 的角度对总体架构开展研究；3GPP 和 3GPP2 是针对通信网络技术方面进行研究，IEEE 针对设备底层通信协议开展研究。我国针对物联网标准化组织包括国家物联网基础标准工作组、电子标签标准工作组、传感器网络标准工作、生物特征识别分技术委员会、多媒体语音视频编码以及公安、交通、医疗、农业、林业和环保各行业应用标准工作组，这些工作组它们各自侧重点不同。

三、区块链标准

区块链标准化方面，许多国内外标准组织包括 ISO，ITU-T，IETF，IEEE 等均已开展区块链及其与物联网融合的标准化工作。其中，ITU-T 启动了分布式账本的总体需求、安全以及物联网应用研究。2017 年 3 月，中国联通联合众多公司和研究机构在 ITU-T SG20 成立了全球首个物联网区块链标准项目，定义去中心化的可信物联网服务平台框架。ISO TC 307 区块链和分布式账本技术委员会开展区块链制定，目前已经有 8 项标准项目正在开展。IETF 讨论区块链的互联互通标准，IEEE 建立了区块链应用在物联网下的框架标准。国内 CCSATC10 启动物联网区块链子项目组，负责区块链技术在物联网及其涵盖的智慧城市、车联网等行业应用，在 TC1 下启动区块链行业标准制定。数据中心联盟于 2016 年 12 月 1 日成立可信区块链工作组，包括中国联通、中国电信、腾讯、华为、中兴通讯等 30 多家单位组成。

四、国内外情况

另外，国内外知名的企业和研究机构针对物联网和区块链融合研究逐渐兴起。腾讯、京东和华为针对区块链技术分别发布了《腾讯区块链方案白皮书》《京东区块链技术实践白皮书（2018）》《华为区块链白皮书》，这些白皮书中均将物联网作为区块链的应用场景，根据企业总体优势阐述其在区块链的布局，腾讯的目标是打造企业级区块链基础平台，京东阐述以服务平台为目标，利用区块链实践进行跨主体协作的业务，华为推出云区块链服务 BCS，打造典型的"应用 + 区块链平台 + 硬件"三位一体软硬结合的解决方案。物联网和区块链底层融合技术引起国内外企业的关注。2014 年在德国诞生的数字虚拟货币 IOTA（埃欧塔）是面向物联网应用的区块链技术，通过一种创新的分布式 Tangle 账本、DAG 结构满足物联网之间的互操作性和资源共享需求。国内针对物联网和区块链融合技术也开始蓬勃发展，2017 年提出的"六域链"（Six Domain Chain）针对物联网应用生态的复杂需求等，在 P2P 通信、加密算法、共识算法、市场化共识激励、去中心化 DApp 等底层技术方面进行了充分的优化设计，建立了适用于物联网应用生态的公有链，推进区块链服务实体经济的探索实践。2018 年 5 月，中国、加拿大来自物联网、区块链、金融等不同领域的专家联合发起创立"中加物联网与区块链产业发展研究院"推进相关的研究和应用。

国内外众多企业开展了物联网和区块链融合的行业应用，比如在渔业、食品溯源、金融、能源等领域，表明区块链作为物联网应用的基础技术已经广受认可。如在渔业领域，庆渔堂公司采用物联网和区块链技术帮助农民进行水质监控，降低种养过程中的风险，提高生产效率，实现农业科技授信贷款、农业科技保险、供应链溯源、农产品溯源及品牌营销等。在食品安全溯源领域，食品安全区块链实验室 Akte 致力于打造基于物联网和区块链技术的食品防伪溯源生态，通过打通物联网智能终端的信息采集与区块链的数据链路，保障食品可溯源和信息真实可信。金融方面，感知集团通过物联网与区块链融合技术，致力于实现客观可信的基于企业不动产货品的信用评级、贷款、融资、保险服务等。能源领域，澳大利亚 Origin Energy，英国 BP，日本东京电力公司，荷兰壳牌和德国 Innogy 公司宣布建设能源区块链项目，并提供分布式能源点对点交易、碳证交易、融资服务。

第七节　区块链物联网融合应用发展趋势

研究发现，物联网和区块链各自的优势可实现互补，两者融合具有技术可行性，同时也将催生巨大的应用前景和发展潜力。

物联网连接物理世界，其应用场景丰富，物联网为区块链引入了来自实体世界的真实数据，这些数据上链将扩展海量数据的应用空间并挖掘出数据背后的巨大价值，真正发挥出区块链对实体世界的推动作用。因此，物联网的引入将充分体现区块链服务实体经济的重要价值。

同时，区块链自身具备防篡改的优势，从根本上解决物联网大数据管理、信任、安全和隐私问题，在此基础上，依靠区块链的智能合约、授权机制、激励机制等，大大拓展物联网的多种行业内部和跨行业应用，从而为实现安全可信、多行业融合的物联网应用提供强大的技术支撑。因此，融合物联网和区块链技术，不仅能解决物联网行业应用中面临的数据安全和隐私、跨行业等难点问题，而且未来将对各个行业应用产生根本性变革，具有巨大的市场前景和发展潜力。

一、融合技术

经过近年来国内外在传感技术、信息技术、通信技术等快速发展，物联网已经在体系架构、操作系统、传感器、网络建设、软件平台等技术方面逐渐成熟，国内外基础技术的标准体系已逐步建立，标志着物联网技术发展走向成熟。而区块链出现时间较短，普遍认为是处于区块链 2.0 模式前期，国内外标准化还处于起步阶段，区块链应用行业和技术型企业还相对较少，区块链应用也不时会出现一些安全漏洞。尽管如此，以比特币为代表的区块链掀起了一股热潮，很多企业和专家学者看好物联网和区块链融合技术可行性。在《蓝皮书》中给出了基于物联网和区块链融合的架构，在各自原有技术架构上进行演进，建立了两者融合的参考系统架构。不过，在区块链技术路线中，以往比特币的技术不适合应用于物联网上。

因此，物联网和区块链融合还存在许多技术问题有待研究。如何使区块链通过高效率、低资源占用率、高安全的方式实现物联网中多方交易、海量终端、访问控制、隐私保护的应用需求，以及如何将物联网终端、软件协议、系统平台与区块链的技术融合，如何将共识机制、智能合约等区块链技术与物联网应用融合等问题还需要进一步探索。

二、商业模式

物联网的商业应用已初步萌芽，目前也有大量的国内外知名企业开始布局物联网并进行市场化运行，在物联网的可穿戴设备、智能家居、共享单车、医疗服务、共享电动汽车租赁、停车管理等领域都均有规模化企业应用。由于区块链为数据提供更加安全的交互平台，物联网为区块链提供了来自物理世界的数据和应用空间，他们综合起来将产生以信任为基础的业务模式，实现多种主体之间跨平台交易，而不必担心数据安全问题，从而打通业务之间的壁垒，使得应用场景更加丰富，实现多方共赢。

因此，基于物联网和区块链融合的综合业务和商业模式也被看好，许多科技服务型企业开始试水两者融合的商业运营。但是，基于当前大部分的物联网商业应用还未实现持续稳定盈利，两者融合的商业模式融合也面临挑战。如何将区块链的技术优势充分发挥出来，有效推进区块链技术在物联网的商业价值体现，解决物联网商业运营过程中的问题，如何将物联网应用中多主体、跨行业、网络化服务与区块链的共识机制、激励机制、智能合约等实现落地和推广，如何在跨行业应用中创造出安全、有序、可持续、共赢的商业运行环境等需要产业链上企业、政府和研究机构等多方共同研究和探索。

三、行业应用

物联网设备不断增加，使用物联网技术的企业数量从 2014 年的 13% 增加到 2019 年的约 25%。显然，物联网技术正在成为企业的一个关键工具，然而，为了确保大规模采用物联网设备，还需要克服一些挑战。目前，物联网设备仍然面临诸如易受黑客攻击、可靠性问题、延迟和瓶颈以及确保供应链透明度的能力有限等问题。

幸运的是，新的技术发展意味着该行业最终能够解决这些问题。自 2017 年的"炒作期"以来，区块链技术一直在稳步成熟，现在已经达到了可以与物联网协同工作的地步，创造出难以置信的安全、可扩展和高效的网络来支撑物联网设备，以解决其诸多相关挑战。事实上，当讨论到哪些技术将在未来支撑社会时，物联网和区块链是越来越多的话题。两者都涉及一个连接的网络，因此本质上是互补的，区块链提供的安全性和透明度是物联网目前面临的许多问题的关键。区块链将加速物联网的采用，并为公司和消费者开辟新的机遇。

区块链支持物联网行业未来的发展趋势如下。

1. 确保不出现单点故障，确保智慧城市安全

到 2030 年，将有 1250 亿台联网物联网设备，预计这一发展将对智慧城市

的发展产生重大影响。智慧城市使用物联网设备，如连接的传感器、灯和仪表来收集和分析数据。这些数据使城市能够改善基础设施、公共设施和服务等。然而，由于物联网设备通常依赖蓝牙或 Wi-Fi，黑客可能会利用这一途径恶意访问网络。随着连接设备的数量，这可能对消费者和公司数据以及智慧城市的未来构成重大风险。

这就是物联网中区块链的用武之地。该技术基本上是一个分散的网络，这意味着区块链上的信息被保存在网络中的每个节点上，而不是集中在一个位置。对于物联网，这意味着通过单点故障（如云服务器）泄露数据的风险被消除。恶意攻击需要同时破坏网络中大多数节点保存的加密数据，这几乎是不可能的。这意味着，在智慧城市中，利用安全的区块链基础的物联网网络将明显更安全、更有弹性。

2. 创建更好的随需付费移动系统

在物联网技术的推动下，使用汽车共享服务的人数正在增长，预计到 2025 年将达到 1800 万，但人们仍然担心支持这些服务的系统的安全性及其漏洞。例如，在对 13 个汽车共享应用程序的研究中，发现每一个应用程序都存在安全问题。通过为基于 IoT 的车辆提供更可靠，更安全的网络基础，利用区块链技术来确保为客户提供无缝，安全的按需购买的移动服务。除了增强安全性外，移动行业还转向区块链技术，以实现简单的数据交换以及合同和计费的自动执行和结算，从而为客户带来更多优势和更好的体验。

3. 加强制造维护和安全

物联网近年来已成为制造业的主打产品。许多制造商现在使用物联网传感器实时监测机械和制造过程的状况，以实现预防性维护，因此他们可以在问题发生之前发现并解决问题。

然而，困扰联网机械和物联网设备的安全和可靠性问题正促使制造商在其业务中推广物联网技术时采取更加谨慎和渐进的方法。区块链固有的不变性、分散结构、安全加密功能和基于共识的方法似乎是物联网行业面临挑战的完美解决方案。制造商正转向区块链，通过不可变的数字账本确保诊断数据的可靠性，同时与维护合作伙伴共享防篡改记录，从而消除计划外停机时间和随之而来的成本。

4. 提高供应链透明度

跨行业的公司使用物联网传感器实时"跟踪和追踪"货物,以确保货物符合特定条件(如合适的温度)或在规定时间到达特定地点。随着供应链规模和复杂性的不断增长,企业必须学会使用更多的活动部件,同时保持稳定和可接受的效率水平。然而,物联网传感器与区块链技术的结合,使信息能够在整个生态系统中更安全地共享,通过一个不可变且防黑客的账本向供应链中的所有相关方提供准确的信息。这提高了发现运输过程中的问题或采取预防措施的能力。这将带来更高的效率和更少的延迟,如果供应链涉及医疗设备甚至器官移植之类的事情,那么这一点尤为重要,因为在这些领域,可见性至关重要。

物联网正在迅速成为日常生活中不可或缺的一部分,物联网设备的使用在未来几年只会增加。随着这一增长,我们可以看到物联网与从制造业到汽车共享和购物等各个领域的融合,使每一种体验更加无缝。在这种情况下,重要的是物联网行业要确保消除所有的技术缺陷,无论是慢速网络、延迟、瓶颈、可靠性还是数据泄露。物联网中的区块链是这个难题的缺失部分。技术的分散性使得物联网更加安全,随着智慧城市的发展和技术在我们日常生活中的普及,物联网将变得越来越重要。

区块链的技术优势为物联网生态的建立和完善提供了最佳的选择和重要的支撑。通过在设备身份权限管理、智能合约机制、数据安全与隐私保护、数据资源交易信任机制等诸多方面的突破,并与物联网各主体以及金融、保险等资源互为融合,增加信任,保护隐私,重构线上和线下开放式的价值信用体系,极大地拓展了物联网的增值服务和产业增量空间,将广泛影响工业、农业、医疗、健康、环保、交通、安全、金融、保险、物品溯源、供应链、智慧城市综合管理等诸多领域,实现从信息互联到价值互联的巨大转变。

物联网和区块链融合具有广泛的应用前景,在国内外学术界和产业界掀起一股热潮。它们之间实现技术优势互补,物联网提供了丰富的数据和场景,但存在较大的安全和隐私风险,区块链技术保障安全和隐私,提供多主体之间共享和交易的平台,但是缺乏大量、实时有效的数据支撑,物联网和区块链融合将弥补各自不足，有利推动两者在行业深度发展和高效应用，但同时机会与挑战并存。当前融合技术设计实现和商业模式等还处于探索阶段、尚未完备。如何解决区块链的低效率、资源占用高、安全风险，建立适应物联网行业应用的融合技术还需要进一步研究，另外，物联网行业应用对新兴的区块链技术接受还尚需时日，两者融合发展还处于产业前期。但是，随着物联网、区块链技术的迅速发展，区块链开源社区建立和技术普及，以及国内外企业在商业模式的不断创新探索，相信在不久的未来，物联网和区块链融合必将形成共同促进的态势，对行业进步、社会发展带来巨大的革新。

第八节　区块链物联网融合发展思路建议

物联网产业正处于快速发展阶段，我国各地区依托自身产业优势，规划建设一批重点项目并取得了阶段性成果，同时也需要注意到产业发展面临的问题，诸如数据互联互通、信息安全等。区块链技术为解决物联网产业发展难题、拓展物联网产业发展空间提供了新的思路。为推动我国区块链与物联网融合创新应用发展，推进抢占未来发展先机，本书提出以下发展思路建议，为各级政府主管部门研究制定区块链与物联网融合发展的产业政策，各类企事业单位、高校和研究机构开展技术研发和产业应用提供参考。

一、明确发展方向和发展路径

建议各级政府部门结合物联网发展国家战略方针和区块链相关政策要求，研究不同地区尤其是京津冀地区、珠三角地区、长三角地区等物联网产业聚集区的物联网和区块链产业发展现状，针对区块链和物联网的现有产业发展基础、产业格局和核心优势等，明确区块链与物联网融合的发展战略，研究提出技术和应用发展路线，规划关键技术、重点应用领域和重点发展任务等，明确区块链与物联网融合应用的发展方向和发展路径，加快提升区块链在物联网中的应用规模和应用水平。

二、加速建设区块链与物联网融合应用的技术创新体系

建议国内重点企业、科研、高校和用户单位加强联合，在区块链与物联网融合技术研发和创新方面加强布局，建议相关政府部门通过技术发展专项等方式鼓励企业加大对区块链与物联网融合应用核心技术的研发投入，高校、研究机构提高在区块链与物联网融合领域的研发力度。深度挖掘区块链与物联网应用创新领域，研究区块链和物联网融合应用的技术路线图，着力研究区块链与物联网融合应用的关键技术。针对区块链技术发展处于初期阶段的现状，加强共识机制、数据存储、网络协议、加密算法、隐私保护和智能合约等技术，尤其是明确和研发适用于物联网应用的区块链关键技术的攻关。促进区块链和物联网共性技术成果开发与核心专利、科研成果的转化，建立核心技术研发、推广和应用的一体化生态。

三、加强区块链与物联网融合的应用标准研制

建议相关企业和研究机构加强应用标准研制工作，结合全国的及各区域的农业、智能制造、能源、环保等领域发展特点和发展需求，针对应用成熟度高的应用领域开展区块链与物联网融合的应用标准研究和制定工作，制定符合地区发展的地方和行业标准。以标准为依据，提升区块链与物联网融合应用的规范性、科学性、有效性，促进区块链和物联网的技术和产业融合。

四、加快推进区块链与物联网融合应用发展

建议各级政府推进从业企业、研发机构、投融资机构等多方合作，加强区块链与物联网融合应用推广。一是可通过建立区块链孵化器，加速区块链与物联网融合技术的孵化，营造良好的融合应用发展环境，积极将优秀创意和项目转化为行业应用。通过搭建区块链试验床、测评实验室等方式，针对优质项目进行重点孵化和测评，保障产品质量，加快产业化进程。此外，定期举办区块链和物联网技术开发大赛和黑客松活动，选拔优秀创意和项目，为项目孵化做好前期准备工作。二是可在物联网相关的重点产业领域开展应用示范，加快推

进重点行业和领域的先导应用，逐步推进全社会、全行业的融合规模化应用。定期开展应用示范试点工作，评选区块链应用优质成果，推广优秀案例，扶持优质项目，鼓励成熟项目走向规模化应用。

五、组织开展人才培养体系建设

针对我国区块链行业技术和管理人才稀缺的现状，建议相关政府部门、高校和企业加强联合，以训练营等形式加强区块链和物联网融合的专业人才的培养。围绕区块链和物联网的核心关键技术、融合应用的技术要求和技术创新方向、区块链应用实施方法等主题，开展技能培训，提升现有从业人员的专业技能水平，扩大区块链与物联网融合应用领域的参与群体，为产业发展做好人才保障工作。

第五章　区块链物联网融合技术

在本章中，我们将讨论区块链物联网融合架构，两者融合面临的挑战和可能的技术途径，以及采用 Hyperledger Fabric、以太坊、IOTA 等现有主流区块链技术将现实物理设备接入区块链等问题。区块链具有独特的技术特征，可以有效解决物联网发展中面临的大数据管理、信任、安全和隐私等问题，从而推进物联网发展到分布式、智能化的高级形态。区块链可以为物联网提供信任、所有权记录、透明性和通信支持，实现可扩展的设备协调形式，构建高效、可信、安全的分布式物联网网络，以及部署海量的设备网络中运行的数据密集型应用，同时为用户隐私提供有效的保障。

第一节　概述

安全是物联网的一个主要问题，阻碍了物联网的大规模部署。物联网设备经常遭受安全漏洞的威胁，这使其很容易成为分布式拒绝服务（DDoS）攻击的目标。在 DDoS 攻击中，多个受感染的计算机系统以大量的同时数据请求轰击目标服务器（例如中央服务器），从而导致目标系统用户的服务被拒绝。近年来，许多 DDoS 攻击已对组织和个人造成破坏。不安全的 IoT 设备为网络犯罪分子提供了一个轻松的目标，他们可以利用薄弱的安全保护功能来破解它们以发起 DDoS 攻击。

当前物联网网络的另一个问题是可扩展性。随着通过 IoT 网络连接的设备数量的增加，当前用于认证，授权和连接网络中不同节点的集中式系统将成为瓶颈。这将需要对可处理大量信息交换的服务器进行大量投资，并且如果服务器不可用，整个网络可能会瘫痪。

根据 Gartner 的预测，从 2016 年到 2021 年，物联网终端预计将以 32% 的复合年增长率增长，达到 251 亿个安装基数。物联网设备有望在未来几年中成为我们日常生活中不可或缺的一部分，因此，企业必须投资以应对上述安全性和可扩展性挑战。

区块链或分布式账本技术（DLT）有潜力帮助解决一些物联网安全和可扩展性挑战。区块链由于其独特的功能和优势而成为"信息游戏规则改变者"。区块链系统的核心是位于互联网上的，由系统参与者之间共享的分布式数字分类账，该数字分类账驻留在 Internet 上，交易或事件经过验证并记录在分类账中，以后无法进行修改或删除。它提供了一种由用户社区记录和共享信息的方式。在该社区中，选定的成员保留其分类账的副本，并且必须在接受新分类账之前，通过共识过程共同验证所有新交易。

区块链在物联网中作为一种普适性的底层技术，可以为大规模物联网网络提供高容纳性的、可信任的基础设施。区块链应用于工业生产等领域的物联网，可以降低中心化设备网络的运营和信用成本，提高运营效率和工业资产利用率。同时，通过身份验证、授权机制等技术，区块链还可以从存储、信息传递等方面保证物联网的安全性和隐私性。此外，区块链能带来物联网智能化应用模式的扩展，促进商业模式创新。

区块链的技术优势为物联网生态的建立和完善提供了最佳的选择和重要的支撑。通过在设备身份权限管理、智能合约机制、数据安全与隐私保护、数据资源交易信任机制等诸多方面的突破，并与物联网各主体以及金融、保险等资源互为融合，增加信任，保护隐私，重构线上和线下开放式的价值信用体系，极大地拓展了物联网的增值服务和产业增量空间,将广泛影响工业、农业、医疗、健康、环保、交通、安全、金融、保险、物品溯源、供应链、智慧城市综合管理等诸多领域，实现从信息互联到价值互联的巨大转变。

第二节　区块链物联网融合架构

一、物联网六域模型

面对复杂的生态体系，物联网在市场的自我探索力量有限，需要找到更高效的建设和运营模式，促进生态相关方有序的组织和建立协同运营体系，从而实现物联网与行业的真正融合。传统分层架构在物联网中应用具有局限性，以下简要介绍新的物联网"六域模型"参考架构体系。该体系为如何在特定行业应用中有效解构物联网生态各重要组成部分，如何建立业务关联逻辑，以及如何进行物联网协同生态体系建设和运营提供了顶层架构思路。

物联网"六域模型"参考体系结构将复杂的物联网行业应用关联要素进行了系统化梳理，并从不同角度进行了分析，以系统级业务功能划分为主要原则，设定了物联网用户域（定义用户和需求）、目标对象域（明确"物"及关联属性）、感知控制域（设定所需感知和控制的方案，即"物"的关联方式）、服务提供域（将原始或半成品数据加工成对应的用户服务）、运维管控域（在技术和制度两个层面保障系统的安全、可靠、稳定和精确的运行）、资源交换域（实现单个物联网应用系统与外部系统之间的信息和市场等资源的共享与交换，建立物联网闭环商业模式）等六大域，域和域之间再按照业务逻辑建立网络化连接，从而形成单个物联网行业生态体系。单个物联网行业生态体系再通过各自的资源交换域形成跨行业跨领域的协同体系（如图5-1所示）。

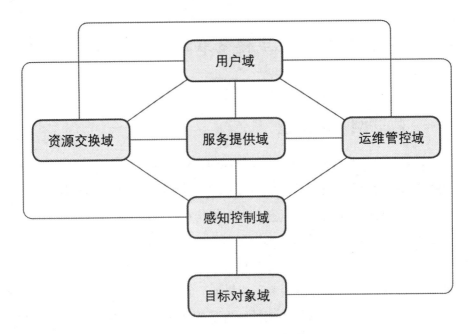

图 5-1　物联网六域模型

物联网行业生态体系建设的第一步在于确定用户主体和用户需求，即在用户域中挖掘用户主体与行业中其他因素之间的问题，并提出改善需求。其中，多个用户主体间的关联性以及需求边界是确定物联网行业生态的入口，对于复杂的体系可以采用需求迭代的模式逐步推进。

第二步，目标对象域根据物联网用户需求所关联的目标对象，来确定所要连接的"物体"。物体本身有其物理属性、行业属性和社会属性，大部分物体本身是传统行业中价值的依附点。物联网通过特定的连接方式，几乎可以把任何"物体"，转化为该物体的"信息源"，从而为创造出区别于传统产品和服务的全新价值奠定基础，是物联网商业价值创新的源头。

第三步，根据目标对象所确定的物体属性和信息源获取要求，在感知控制域确定采用哪一类技术连接手段，实现与目标对象的连接。从目前技术现状而言，主要包括以传感器为代表的客观感应式，以 RFID 和二维码条码为代表的主观标签信息读写，以 M2M 模块为代表的嵌入式网络通信模块数据操作。

第四步，在服务提供域将大量来自于设备端的数据，根据用户需求，结合云计算、大数据、人工智能算法等进行进一步的加工处理，形成提供给用户域中不同用户主体的各类服务和接口，实现对"物"和"信息源"的共享。

第五步，在运维管控域中，从系统技术性运维到行业法律、规则等两个层面去监管和保障系统的安全、可靠、稳定和精确的运行。尤其是对于所连接的"物"触及的行业管理要求，一方面是需要尽量遵循，另一方面是需要制定新的规则来保障业务的开展。

第六步，在资源共享域中，一方面打通垂直行业、外部系统和资源的共享和协同，另一方面辅助其他五个域建立内部的商业闭环，尤其是在物流、支付、征信等方面，从而较好地处理垂直封闭系统和外部系统的协同问题。

上述六个域之间的连接问题，可以根据特定的通信要求，采用不同的网络形式实现信息层面的互联互通。但由于现有的互联网通信体系仍存在诸多漏洞和问题，尤其是安全和隐私层面，需要进一步优化和提升，以适应物联网新的业务需求。

按照上述步骤分析建立的物联网行业生态体系，将可以深度切入产业链和行业各个细分环节，改造传统产业原有流程，去掉不必要的、没有价值的环节，重构关键环节。从而实质性提升"物"的运行效率，创造新的价值，构建更为庞大的价值体系网络，不断为行业赋能，真正形成物联网行业的协同生态体系。

二、区块链参考架构

区块链参考架构是在中国区块链技术和产业发展论坛发布的《区块链参考架构》标准中提供的一个描述区块链系统的体系框架，目的是统一对区块链的认识，为各行业选择和应用区块链服务、建设区块链系统等提供参考和依据。

该参考架构采用国际标准 ISO/IEC/IEEE42010：2011 中提供的系统架构描述方法，系统地描述了区块链的生态系统，通过用户视图和功能视图描述了区块链的利益相关者群体、基本特征，规范了区块链活动和功能组件，识别出区块链设计和改进的指导原则，并明确了区块链用户视图和功能视图的关系（如图 5-2 所示）。

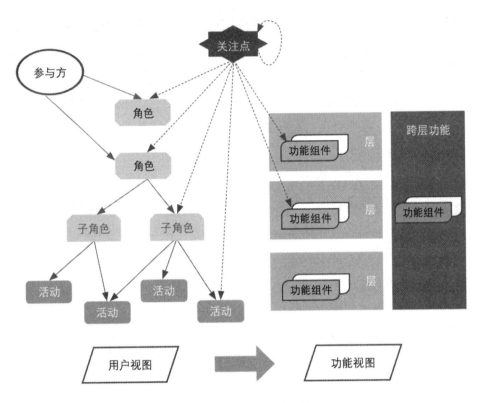

图 5-2　用户视图和功能视图的关系

　　首先，对用户视图进行涉众分析，通过细分角色和子角色的方式描述了区块链的利益相关者群体，以及相应的区块链活动和共同关注点。结合区块链服务的特点，从用户视角考察区块链系统的组成，提出了区块链服务客户（BSC）、区块链服务提供方（BSP）和区块链服务关联方（BSR）三种角色，并且描述了这三种角色下的十五个子角色以及它们各自的活动（如图 5-3 所示）。

　　其次，结合区块链服务的特点，从区块链功能角度考察区块链系统的组成，提出了区块链参考架构的功能视图。功能视图通过"四横四纵"的层级结构，描述了区块链系统的典型功能组件以及所实现的功能（如图 5-4 所示），具体包括用户层、服务层、核心层、基础层和跨层功能。用户层是面向用户的入口，通过该入口，执行与客户相关的管理功能，维护和使用区块链服务，用户层也可将区块链服务输出到其他资源层，提供对跨层区块链服务的支持；服务层提供统一接入和节点管理等服务，为用户提供可靠高效的服务能力；核心层是区块链系统的核心功能层，包含了共识机制、时序服务、隐私保护、加密、摘要与数字签名等模块，此外，根据应用场景的不同，可以有选择地添加能自动执行预设逻辑的智能合约模块；基础层提供了区块链系统正常运行所需要的基础运行环境和组件，如数据存储、运行容器、通信网络等。同时，为了应对区块链产研及运营需求，功能视图还包含了开发、运营、安全、监管和审计四个跨层功能体系，四个体系中包含的功能组件与上述三层的组件进行交互为系统提供支撑能力。

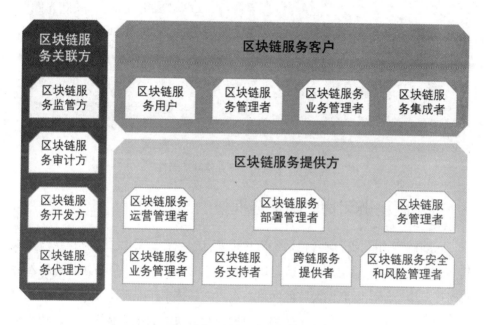

图 5-3　区块链参考架构用户视图

区块链参考架构有助于帮助理解区块链的运营复杂性、展示和理解各类区块链以及服务的供应和使用、为社区理解、讨论、分类和比较区块链提供技术参考、为使用通用的参考架构描述、讨论和编制系统特定的架构提供工具、促进进行潜在标准分析，同时支持后续的参考实现分析。

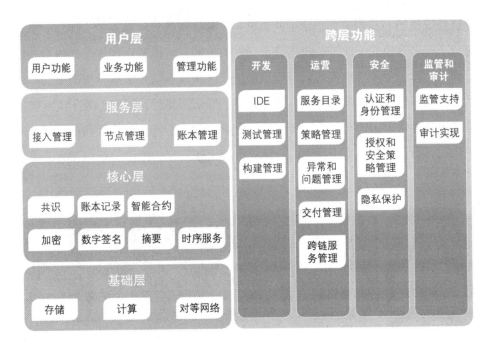

图 5-4　区块链参考架构功能组件

三、区块链和物联网融合框架

区块链和物联网的融合包括架构和相关方的融合。架构融合将物联网六域模型和区块链功能架构充分融合，以将区块链的可信、共识等技术特点融入物联网环境中，解决物联网面临的网络单点故障和技术产业链条冗长等问题。相关方融合将物联网六域模型中的相关要素视为区块链的服务客户，促进物联网各相关方建立协作体系、信任体系和价值体系。

（一）应用框架

区块链和物联网融合应用框架分为三层，由下至上分别为：通信及基础设施、区块链、物联网。通讯及基础设施为区块链和物联网提供基础硬件环境及通讯相关设备设施。区块链作为中间层利用通信及基础设施的硬件资源，为物联网层提供信任、共识等机制或服务的支持。物联网层利用区块链层提供的服务，加强其安全、隐私等能力。如图 5-5 所示，区块链参考架构相关组件可以为物联网六域模型中每个域的相关系统提供服务支持，区块链组件提供的服务支持包括安全、可信、共识、防篡改功能服务保障。同时，区块链参考架构的跨层功能也可以为物联网六域相关系统和通信及基础设施提供综合服务。

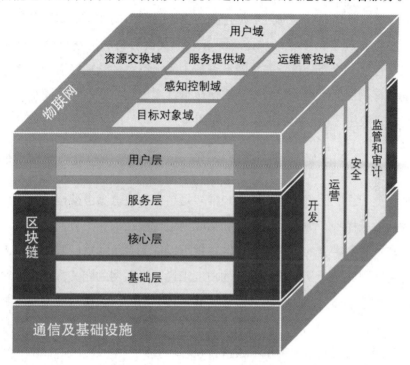

图 5-5 区块链和物联网应用框架

从物联网六域模型的视角来看，可以将区块链视为物联网相关底层网络的增强服务组件。用户层提供业务用户界面、事务提交、数据交换、用户管理、监控管理等功能。服务层提供符合区块链机制的接入服务、节点事务处理和基于区块链的账本记录等功能。核心层提供多节点相互之间的共识和确认、分布式存储机制、安全机制、摘要算法、签名算法、时序机制等相关功能。基础层提供分布式网络协议、数据存储服务和计算能力支持。

从区块链参考架构的视角来看，可以将物联网六域模型中相关系统视为区块链不同类型的用户端，扩展了区块链的应用生态。用户域中的相关方对于信息消费、数字资产流转、隐私保护以及网络信用体系等具有大量需求。目标对象域中的实体对象通过"物联"的方式映射成在虚拟空间的数字资产，丰富了虚拟网络空间的价值体系。感知控制域中的大量设备在无人值守和管理下，成为区块链体系中的特殊应用端，不断提供对应数字资产的客观信用数据描述。服务提供域中的各类服务平台作为一种新的区块链应用端，可基于区块链提供全新的应用服务，尤其是通过数据挖掘产生高附加值的数据资源服务。运维管控域中各类管理平台基于区块链将更有效地实现对物联网系统的运行维护管理、权限管理、诊断分析、安全隐私管理、法规符合性管理等活动，确保物联网安全、有效、合法地运行。资源交换域重点实现数字资产在不同主体间的交易和流转，依托区块链实现价值的互联网络。

（二）用户框架

区块链和物联网融合应用的用户框架是结合区块链参考架构中的用户视图和物联网六域模型，为描述区块链和物联网融合应用的相关方而提出的。对于区块链和物联网融合的系统来说，区块链可以作为系统的底层基础设施来支持上层的物联网应用。从区块链系统的角度来说，物联网的相关方承担区块链服务用户的角色，通过调用区块链服务尤其是核心层的区块链功能来实现其相关活动。同时，在面向物联网的应用系统中，区块链服务用户进一步打开为面向不同物联网域的不同用户种类（如图 5-6 所示）。

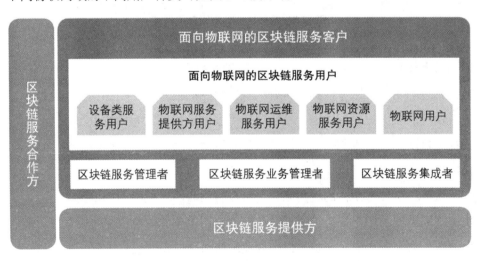

图 5-6　区块链和物联网融合应用的相关方

具体来讲，区块链和物联网融合应用系统的相关方可以分为：

面向物联网的区块链服务客户。通过区块链用户功能组件提供的接口使用区块链服务，以实现物联网相关的业务目标。

区块链服务提供方。为面向物联网的区块链客户提供区块链服务，其所进行的活动包括提供区块链服务和维护区块链服务，以及确保区块链服务交付等相关活动。

区块链服务关联方。是为以上两种相关方提供支持和辅助功能的相关方。

为使用区块链服务，面向物联网的区块链服务客户根据需要与区块链服务提供方或区块链服务关联方建立业务关系。

其中，面向物联网的区块链服务客户又可分为：

区块链服务管理者。负责确保用户使用面向物联网的区块链服务时，系统正常运行。区块链服务业务管理者。负责确保通过经济有效的方式获取和使用区块链服务。

区块链服务集成者。负责区块链服务与原有业务系统包括物联网系统的集成，分别包括应用功能集成和数据交换。

面向物联网的区块链服务用户。直接使用面向物联网的区块链服务的相关方。

面向物联网的区块链服务用户根据物联网的六域模型又可分为：

设备类用户。指通过系统自动调用区块链服务，实现数据和使用权等自我管理的物联网连接设备。

物联网服务提供用户。通过调用区块链服务，来实现设备的数据的共享、更新和加工处理，为物联网用户提供对物理世界对象的感知和操控服务的接口。

物联网运维服务用户。从系统技术性运维到行业法规两个层面，监管和保障系统的安全、可靠、稳定和精确的运行，在这些活动中通过区块链服务实现与设备类用户、物联网服务提供用户等相关方的交互。

物联网资源服务用户。通过区块链服务实现物联网系统中多方协同、行业生态打通以及资源共享等活动。

物联网用户。通过用户系统调用区块链服务，实现物联网相关的业务活动和目标。

总的来说，面向物联网的五类区块链服务用户分别通过不同的区块链活动实现更好的物联网服务，以及更好地实现物联网各相关方之间的协同和互联。此外，区块链服务管理者、区块链服务业务管理者和区块链服务集成者分别在系统获得、系统维护和系统集成等方面对物联网系统使用区块链服务提供支持。

第三节　物联网区块链融合技术及挑战

区块链技术可以为物联网提供不可篡改性、可追溯性、数据一致性等重要特性，其非中心化的计算架构也为物联网中物的管理和数据管理提供了有效手段。然而，区块链最初并非为物联网而设计，因此，区块链应用于物联网必然存在诸多技术问题需要解决，如计算资源重度占用、存储资源有限、安全性、数据隐私性、达成共识的速度、网络延迟和交易吞吐量受限等。本节试论区块链与物联网融合应用所面临的挑战。

一、共识协议

目前的共识协议如 PoW（Nakamoto，2008）、PoS（Szabo，2004）、PoET（Kastelein，2016）和 IOTA（Popov，2016）是为公共区块链设计的，重点是金融价值转移。这些一致性协议有一个共同的问题，即一致性过程不是以一个永久提交的块结束，而是在一段时间内根据接下来的几个块处理该链来最终确定块，然后最长的链被接受为有效链。因此，他们倾向于使用分叉（EconoTimes，2017）。由于缺乏一致性，导致发送确认延迟，这不适用于大多数需要即时发送确认的实时 / 近实时物联网系统。而且，PoET 需要特殊的硬件，分配等待时间的飞地（enclave）必须是信任的实体。此外，由于 IOTA 目前正处于 Beta 测试阶段，因此我们假设一些与其安全性和性能效率相关的问题将在适当的时候得到解答。例如，首先，它是否只是一个高效的物联网小额支付系统？或者它还会像以太坊和 Hyperledger Fabric 一样支持智能合约？其次，它是否提供了数据的机密性？最后，它的错误节点容忍度是多少？

另外，PBFT（Castro 和 Liskov，2002；Decker 和 Wattenhofer，2013）、DBFT（NEO，2017）、Honey Backer BFT（Miller 等人，2016）和 Tendermint（Tendermint，2017）是基于 BFT 的方案。BFT 被认为是需要知道节点 ID 的许可区块链的理想协议（Vukolic，2015），但它也有某些缺点；除了基于 BFT 的协议的 Honey Badger BFT 外，其余的基于 BFT 的协议由于时间假设较弱，容易受到 DoS 攻击（Miller et al.，2016）。然而，基于时间作为假设的协议不适用于不可靠的网络，由于恶意网络对手能够发起 DoS 攻击而违反弱时间假设，弱同步协议的活跃性会失效（Miller et al.，2016）。

弱同步性也对此类系统的吞吐量产生不利影响（Miller et al.，2016）。BFT 协议的另一个主要问题是可伸缩性，因为它们通常未在超过 20 个以上节点进行彻底测试（Vukoli，2015）。其具有密集网络通信的特性，每个块通常需要 O（n2）消息（Castro 和 Liskov，2002）。甚至在诸如 Paxos（Lamport，1998）、Zab（Junqueira 等人，2011）和 Raft（Ongaro 和 Ousterhout，2014）等容错复制协议中也存在可伸缩性问题，这些协议在许多大型系统中使用，但实际上从未跨越过几个复制类。此外，BFT 协议只能掩盖最多 $f-（n-1）/3$ 副本上发生的不确定性故障（Castro 和 Liskov，2002）。其中 f 为故障节点数，n 为总节点数。因此，当副本的失效概率之间存在很强的正相关关系时，使用 BFT 库或任何其他复制技术都有一点好处。

只要确认了 TX 延迟，区块链网络中的所有 full 和 Miner 节点都会验证每一个 TX。块大小和块之间的间隔影响以最小延迟验证所有 TX 所需的计算能力。因此，共识协议应该具有高吞吐量。在这方面，基于 BFT 的协议可以以实际的网络速度支持数以万计的 tx（Bessani 等人，2014）。Nakamoto 一致性，即 PoW 是不受信任的对等网络中的一个较好的解决方案，对于拜占庭式的容错一致性问题可能不可靠。相反，如果所有的节点都是可信的，那么让选定的服务器或节点做出决定就足够了。但这是一个危险的原则依赖，即使是内部的"信任"节点，因为他们可以妥协。基于 PoW 和基于 BFT 的协议之间的一个主要区别是可用性的概念，这是实时物联网系统中的一个关键要求，即 PoW 是基于激励的协议，并不保证即将发送的 TX 将包含在下一个块中，由于这主要是由矿工根据费用自行决定选择 TX。然而，这通常不是基于 BFT 的协议的情况。

考虑到消息复杂性，PBFT 被认为是一个昂贵的协议（Luu et al., 2015）。然而，带宽效率和通信复杂性也是关键要求，因为，物联网系统中的大多数设备都使用无线通信协议，一个典型的智能城市物联网可能包含十万个设备传感器。因此，任何当前或未来基于区块链的解决方案必须能够支撑大量的物联网设备，并符合各自国家法律对无线通信的规定。 例如，在欧洲，对于在 868MHz 频段上运行的 LoRaWAN 协议，任何用户的允许占空比为 1%（Adelantado 等人，2016）。此外，尽管降低了通信复杂度并适合异步网络，但由于其以加密货币为中心的方法和低容错 off=n/4 故障节点，Honey Backer BFT 被认为不适合物联网系统。

综上所述，区块链共识协议在物联网中的应用需要在某些方面进行改进。这些方面包括以物联网为中心的发送 / 块验证规则、抗 DoS 攻击（利用定时假设）、提高容错能力（>1/3 故障节点）和低通信复杂度。

为一个理想的物联网环境开发一致性算法，首先需要将基于区块链的物联网系统（如图 5-7 所示）一致性算法的要求与其他应用程序区分开来，物联网系统的首要要求是以 IOT 为中心的 TX 验证规则。这一点很重要，因为每一个新的 TX 都独立于以前的 TX，并且环境条件的变化会影响传感器读数的变化。因此，物联网传输验证规则需要仔细编写，并且必须结合环境背景，例如，在智能家居中，只有当另一个传感器（例如，运动传感器）也检测到房间里有人时，壁炉才会被点燃。协商一致的协议应该对 Sybil 攻击具有健壮性，并且必须具有协商一致的最终性以避免分叉。这对于尽可能减少发送确认的延迟和最终的高发送吞吐量至关重要。

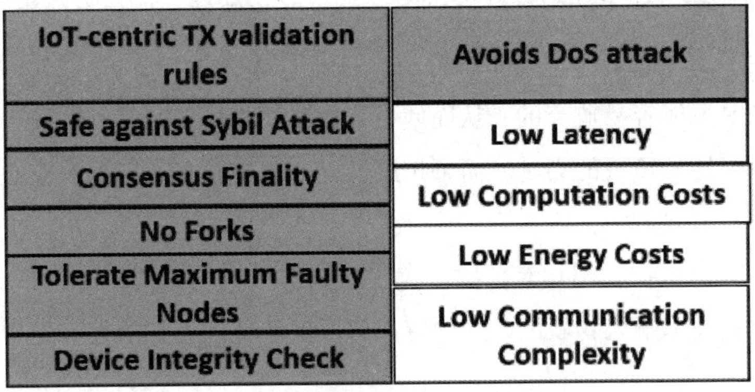

IoT-centric TX validation rules	Avoids DoS attack
Safe against Sybil Attack	Low Latency
Consensus Finality	Low Computation Costs
No Forks	Low Energy Costs
Tolerate Maximum Faulty Nodes	Low Communication Complexity
Device Integrity Check	

图 5-7　IoT 共识协议所需考虑的因素

典型的物联网系统容易受到物理或网络攻击。最近对物联网设备的这种攻击的一个例子是 Mirai 攻击，其中包括 DVR 和 CCTV 摄像机在内的大量物联网设备被破坏并变成机器人。然后，这些机器人程序通过以数百万 DNS 查找请求的形式定向 620 Gbps 数据，被用于对 DNS 服务提供商 DYN 发起 DDoS 攻击（Ducklin，2016）。然而，大多数基于 BFT 的协议只能容忍 $f=(n-1)/3$ 个故障节点。因此，以物联网为中心的共识协议必须能够容忍最大可能的错误/不诚实节点。减少错误节点影响的一个重要考虑是对验证/挖掘节点进行随机完整性检查，使不诚实节点不参与协商过程。除了安全性，还有一些性能要求。它们包括低计算开销、低能耗和较低的通信复杂度。

二、可扩展性

可扩展性，又叫可伸缩性，是一种对软件系统计算处理能力的设计指标。高可伸缩性代表一种弹性，在系统扩展成长过程中，软件能够保证旺盛的生命力，通过很少的改动甚至只是硬件设备的添置，就能实现整个系统处理能力的线性增长，实现高吞吐量和低延迟高性能。在数据存储领域，可伸缩性常常以集中化为代价。事实证明，集中化既是有用的，也是灾难性的。在一个守法合规的公司，一个集中的服务器可能是一个重要的工具。但是有非常多的企业因为过度收集用户数据被曝光，集中化的模式会让人们为安全付出巨大代价。当下的区块链网络，稍一遇到使用高峰期，就会出现拥堵，如果没有必要的可伸缩的基础设施，技术的突破就会受限。由于区块链技术所包含的数字安全性、可伸缩性不像普通 Web 开发那样容易。通过协商一致和权力下放实现的安全等核心原则是不能轻易放弃的，从而使更大的集团规模等"修补"成为解决更大问题的临时性、短视的尝试。而可扩展性是区块链技术真正跨入商业应用所必须翻越的一道坎。

另一方面，物联网具有传感节点多，数据量大、数据生成速率高等特点，要将区块链技术融入物联网，必须有效解决区块链的可扩展性，提升区块链交易吞吐量。

事实证明，可扩展性是当今主流世界采用区块链技术的最大障碍。尽管就安全性和去中心化程度而言，比特币是无可挑剔的，但就可扩展性（以 TPS 或每秒交易量来衡量）而言，却还不尽如人意——与 Visa 的 1700 TPS 相比，比特币仅能达到 4 TPS。以太坊（Ethereum）是支持智能合约和去中心化应用程序（DApps）的市场领导者，其最佳性能也仅在 20TPS 左右。

可扩展性不仅影响区块链的大小，而且间接影响共识过程。例如，用户数量的增加也会增加 TX 的数量。因此，如果一致协议具有较少的吞吐量，那么 TX 确认中的延迟将会增加。针对轻/嵌入式物联网设备上不断增加的区块链规模，为解决可扩展性问题，提出了多种可能的技术措施。

（一）改进共识算法

比特币交易速率低下的主要瓶颈在于其采用的 PoW（工作量证明）共识机制，初期版本的以太坊采用的也是 PoW 共识算法。以太坊第二版本实现了从 PoW 向 PoS（权益证明）共识机制的转变，这次升级保证了更高的交易吞吐量和新的安全模型。PoS 是 PoW 的一种低能耗替代品，通常被认为具有更高的可扩展性，能够支持更高的吞吐量。

IBM（IBM-ADEPT，2015）还通过引入通用和区域区块链的概念来解决区块链规模的问题。它是通过根据处理、存储、联网和电源能力将网络节点分为轻节点、标准节点和节点交换来实现的。轻节点由嵌入式设备组成，比如基于 Arduino 和 Raspberry Pi 的传感器节点，这些节点只存储自己的区块链地址和余额。它们依赖于其他可信任的对等方来获取与其相关的 TX。然而，标准 peer 比轻型 peer 具有更大的处理能力和存储容量。他们可以把自己的和他们附近轻节点的一些最新的 TX 储存起来。最后，节点交换具有较高的存储和计算能力，它们可以复制完整的区块链数据，并具有数据分析服务的附加功能。此外，根据 NIST（Konstantinos et al.，2016），资源受限的设备可能会维护一个仅包含其 TX 的压缩账本。

（二）侧链

为解决扩展性问题，提出了各种区块链架构，如侧链和树链。侧链的一个例子是设计用于多方隐私保护数据存储和处理的去中心化 P2P 网络（Zyskind 等人，2015a；Zyskindet 等人，2015b）。该模型通过将用户数据以 DHT 的形式存储在私有节点的链外网络上，隐式地证明了区块链的可伸缩性问题。区块链只包含指向数据的指针 / 引用，而不是所有节点都存储所有 TX 的副本。

侧链（Side Chains）最早针对比特币扩容而提出的，所以这个概念后期也更多的是在描述比特币相关的扩容，它的定义是：可以让比特币安全地从比特币主链转移到其他区块链，又可以从其他区块链安全地返回比特币主链的一种协议。

以闪电网络（Lighting Network）为例：它指的是 A 和 B 两人可以把比特币放到一个多重签名钱包中锁定（链下），然后进行交易签名更改双方各自能取回的比特币数量。交易参与方可以随时关闭交易通道，最后一笔经过签名且包含最新余额动态的交易最终将会被广播并写入比特币区块链（回归链上）。

另一种情况是涉及更多的第三方，比如已知 C 想和 A 交易，但双方没有建立支付通道，不过 A 和 B、B 和 C 都各自建立了支付通道，这时 C 就可以通过 B 和 A 达成交易，B 其实在整个交易过程中充当着一个网关的角色。整个过程实际上不需要在主链确认，因为都是几方之间倒来倒去的"数字游戏"，因此交易速度会非常迅速。只有当关闭交易通道时，才会最终确定各自的余额并写进主链区块。

RSK 其实也是侧链的框架，可以理解为闪电网络解决的是比特币支付问题，而 RSK 则是通过侧链为比特币创建了一套类似以太坊的图灵完备的智能合约平台。

（三）分片

分片（sharding）是一种传统数据库的技术，它将大型数据库分成更小、更快、更容易管理的部分，这些部分叫做数据碎片。受此启发，以太坊的作者 Vitalik Buterin 提出了分片的扩容方案。

以太坊的分片，简单来说就是将区块链网络划分成若干能够处理交易的较小组件式网络，称之为宇宙，以实现每秒处理数千笔交易的支付系统。

Vitalik Buterin 在 Beyond Block 区块链技术交流大会的演讲提出：“设置一个区块链，在这个区块链系统中有一百个各自不同的宇宙，每一个宇宙都是一个独立的账户空间。使用者可以在某个宇宙中拥有一个账户，该用户发起的交易也只会对交易相关的宇宙产生影响。”

分片的思想与侧链很有一些共通性，如果说侧链是通过“外部嫁接”到主链，那分片就是将主链进行“内部分割”！即使是分片，也会为效率牺牲一定程度的“去中心化”。另外，EOS 也有分片，叫 Region。Hyperledger Fabric 网络每个独立的 Channel 就相当于一个分片。

（四）DAG

DAG 是有向无环图（Directed Acyclic Graph）的缩写，这是一种有顶点和边的图结构。它可以保证从一个顶点沿着若干边前进（有向），但永远不能回到原点（无环）。

IOTA 项目所采用的 Tangle（缠结）就属于 DAG 的一种数据结构，真正意义上讲，IOTA 已不属于“区块链”，你可以理解为如果比特币、以太坊使用的是底层数据结构是 Block Chain，而 IOTA 的底层数据结构则是 DAG，但它依然属于“去中心化”的范畴。

在 IOTA 里发起一笔交易的流程如下：

你需要先找到网络里的两笔交易，验证它们的合法性，然后做微量的 PoW

计算，把自己的交易与它们绑定，再广播到网络。你的交易会被后来的交易以相同的方式验证。

如果验证你交易的其他交易越多，则你的交易的确定性越高。当达到一个临界值时，就认为这个交易被确定了，这和比特币 6 个区块确定交易状态的思想一致。简单来说，IOTA 是把算力作为交易的一部分。只要你想加入这个网络，那必须先成为 Mini 版矿工，做出微量的 PoW 贡献，也因此它是去中心化的。DAG 的优势可以做到高并发，理论上是无限多的并发，意味着它可以大幅提升交易速度。

三、存储能力

存储能力是一直以来都是区块链领域广泛关注的问题，由于区块链本身具有不可篡改性，也就意味着其数据只增不减，其数据量持续增长。比特币每 10 分钟每个区块大约增长 1MB，并且所有区块复制到网络中所有的节点。尽管只有全节点存储完整的链数据，总数据量已然庞大。区块链数据的快速增长，历史数据不断增大，导致节点的存储负担越来越重，如比特币全量数据大小已超过 200GB，并以每月 3GB～4GB 的速度增长。如果你打算加入比特币网络启动一个全量节点，在 10M/s 的下载速度的情况下需要 6 个小时才能完成数据的同步，如果只有 1M/s 的下载速度则需要 60 个小时。随着网络规模的增长，节点需要的存储资源日益增多，当增加到一定程度时，会给整个网络带来显著的性能降低，比如说新增用户同步链上数据的时间显著增加。

在物联网应用场景中，物联网节点设备往往具有有限的计算资源和存储资源，区块链固有的容量和可伸缩性限制使得这些挑战更大。在物联网中，设备可以实时生成千兆字节（GBs）的数据，这一限制是其与区块链集成的一大障碍。从这个意义上说，区块链可能看起来不适合物联网应用，但是有一些方法可以减轻或避免这些限制。例如，可以采用不同的技术来过滤、规范化和压缩物联网数据，从源头是有效减少数据量，减轻传输、处理任务和存储产生的大量物联网数据；适度增大区块容量以容纳更多的数据等。

为解决区块链存储难题，学界和业界开展了大量的研究与实践，提出了多种有前途的解决途径。

迅雷链通过同构多链框架，每个链上的记账节点只需要记录所在链的数据，一定程度缓解了单个记账节点存储的压力。但是为了安全性的考虑，一个链的多个记账节点仍然存有全量数据，对于大块的数据比如合同、存证等可能高达几兆的数据在链上存储依然十分不经济。为了解决这个问题，迅雷链在2018年7月份推出了针对区块链应用存储的迅雷链文件系统TCFS，解决了区块链上存储大块数据的问题，更适用于区块链开发。

迅雷链通过存储引擎可插拔技术和快照压缩技术一定程度解决了区块链存储难题。

（一）存储引擎可插拔

迅雷链将存储层进行了抽象，实现适配多种存储引擎，以适应不同数据量场景的要求：

当数据量较小时可选择轻量级单机数据库，如leveldb，满足性能和易维护的要求；

当数据量较大时可选择主流分布式存储数据库，增强节点的存储能力。目前迅雷链已经实现基于mongoDB存储集群的样例，其他扩展需求只需要实现相应的接口，就可以轻松、无缝切换掉底层存储系统。

（二）快照压缩

迅雷链通过构建区块数据快照，利用百万共享计算节点进行历史数据存储，并提供数据的完整性和存在性证明，使得迅雷链中参加共识的节点无须同步和存储全量的历史数据，只需同步最新的区块快照数据和最新的状态数据即可，实现了真正的轻量记账节点。

1. 数据快照

利用基于百万级的共享计算节点的TCFS（迅雷链文件系统）存储迅雷链的历史数据和每个区块的数据状态快照，确保数据永不丢失，同时提供数据的完整性证明和存在性证明。

每个区块的交易被确认执行之后，迅雷链会记录当前区块高度的全局数据状态，即数据快照。数据快照内容包括区块头部信息、交易数据、所有账户数据以及共识投票信息等。历史数据使用 TCFS 进行归档存储，TCFS 提供数据安全性的保障。

2. 真正的轻节点

加入迅雷链的节点只需要同步最新的状态数据便可加入共识流程。

在之后的运行过程中，只需保留最近的数据，已归档的数据可删除，本地存储数据量不会过快的增长。

这使得一个轻节点也可加入共识流程，扩大了适用范围，使移动设备加入迅雷链网络成为可能。

3. 快速启动

新节点的启动只需要下载极少量的数据，即可快速完成启动并入共识流程，极大降低加入门槛，提高节点加入迅雷链的积极性。

在公网的环境下，节点由于网络抖动或其他原因，掉线一段时间后重连，这时节点不需要同步掉线期间错过的所有数据，只需从最新快照开始同步。这部分的数据量是非常小的，能在短时间内跟进最新状态，重新加入迅雷链网络之中。

此次优化不仅降低整个网络的带宽消耗，同时也提升了迅雷链网络的健壮性。

区块链存储的重要性不言而喻。迅雷链针对区块链存储问题提出新思路，以解决实际的问题为出发点，保证主链性能的基础上，优化存储技术，使得区块链开发变得更加简单、可应用。迅雷链对技术的不断投入，解决了大型企业在区块链上的存储需求。而随着研发的不断深入，这些新技术必然会为区块链技术落地实体经济，带来至关重要的驱动力。

四、交易验证

比特币中的 TX 验证过程（图 3）通过检查 TX 的格式、签名以及 TX 的输入之前未被花费的事实来评估 TX（Buterin et al., 2014；Bitcoin Developer，

2018）。而以太坊区块链检查发送方账户的格式、签名、nonce、gas 和账户余额
（Buterin 等人，2014）。以太坊 TX 验证规则如图 5-8 所示。然而，同样的 TX
验证机制是否适用于通常由异构设备组成的物联网系统，从而以不同的格式和
不同的值发送传感器值或数据，这是一个问题。此外，有针对性的攻击甚至是
通用恶意软件攻击都会危害很多物联网设备。随后，这些设备可能会变成机器
人，用于进一步的攻击。因此，以加密货币为中心的比特币协议和通用以太坊
区块链的 TX 验证规则可能不适合物联网系统。

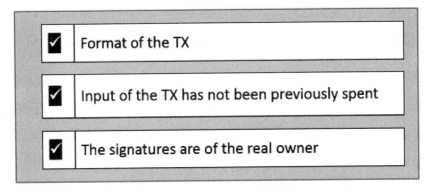

图 5-8　比特币交易验证规则

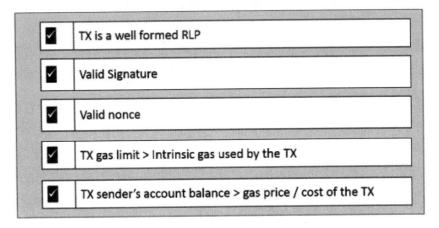

图 5-9　以太坊交易验证规则

　　TX 确认时间也可能与区块链可伸缩性问题有关。在当前的公共区块链中，
如比特币和以太坊，矿工节点存储完整的区块链并按顺序验证每个 TX。它确
实提高了安全性，但在高发送量的情况下也会造成瓶颈。因为区块链不能处

理比单个节点所能处理更多的事务。减少发送确认时间的方法之一是"切分"（James，2018b）。它表示矿工节点的子集处理 TX 的子集（如图 5-9 所示）。矿工节点子集的切分方式应确保系统仍然安全，同时可以同时处理多个 TX（James，2018b；REX Blog，2017）。在其最纯粹的形式中，每个切片都有自己的交易历史，它只受它所包含的 TX 的影响。例如，在多资产链中，有 n 个分片，每个分片与一个特定资产关联。在更高级的分片形式中，一个分片上的 TX 也可以触发其他分片上的事件。这通常被称为分片间通信。然而，目前分片还处于初级阶段，在分片被公开采用之前，有许多挑战需要解决。其中一些挑战包括：跨分片通信、欺诈检测、单分片操作和数据可用性攻击（James，2018b）。

另一种减少交易处理时间的方法是"Raiden"。它建议使用状态通道技术来扩展以太坊网络的链外规模，并促进物联网设备之间的微交易（REX Blog，2017）。链外 TX 将允许一组节点在彼此之间建立支付渠道，而无须直接与以太坊区块链进行交易。因此，链外 TX 比链上 TX 更快更便宜，因为它们可以立即被记录，而且不需要等待区块确认。然而，基于信道的策略只能扩展事务容量，而不能扩展状态存储。此外，它们很容易受到 DoS 攻击（James，2018b）。

五、物联网设备集成

在物联网区块链融合应用场景中，IoT 设备通过在 WebUI 或移动应用程序中调用智能合约，或者通过在 shell 中运行 Javascript，将传感器数据推送到区块链。目前，比特币区块链和 IOTA 都不支持执行智能合约。因此，唯一可靠的选择是以太坊区块链和 Hyperledger Fabric。尽管以太坊区块链是目前测试最多、最可靠的多分布式应用平台，但它有一个主要的局限性，即智能合约只能在 EVM（以太坊虚拟机）中执行，不能与外界直接通信。因此，需要使用 Web3.js 库所提供的接口。

在这种情况下，区块链只有在传感器数据存储在其中之后，才能作为安全的分布式数据库使用。然而，在此之前，数据的完整性取决于设备、WebUI 和移动应用程序本身的安全性。考虑到当前的威胁场景，物联网设备很容易被入侵，恶意代码可以远程执行，除非经常验证，否则物联网设备的完整性总是值得怀疑的。一种可用的解决方案是"Oraclize"（Oraclize，2018）。它从各种来源中提取数据，包括网页、WolframAlpha、IPFS 和运行在 Ledger Nano S 上的任何安全应用程序。为了证明数据的合法性，它提供授权证明以及请求的数据，即证明数据未被更改，并且是从来源获得的原始格式。然而，它并不适合物联网设备。

除了 Web 和移动应用程序安全之外，还可以增强设备安全性，以确保传感器数据的完整性，并将其推送到区块链。首先，设备安全措施中的第一项是设备注册，即只允许已批准的设备与区块链通信并调用智能合约方法。智能合约只能将变量方法的调用限制到特定节点。其次，应该封锁设备上所有不必要的端口，如 JTAG 和 UART。因为任何打开的端口都可能被对手用来访问设备并进行恶意更改。最后，大多数商用物联网设备（如传感设备）没有安全的执行环境来保持低成本。因此，应经常进行设备完整性检查，以确保其合法性。

六、区块链平台与物联网适用性分析

比特币区块链以其显著的加密和安全性彻底改变了分布式账本技术，结果，每隔一天就有一个新的区块链平台被引入，声称比其他平台更好。物联网成为区块链应用案例一点也不令人惊讶。物联网可以利用区块链的关键优势来解决其日益增长的安全和隐私问题。区块链以其分散的体系结构和不可伪造的属性，为大多数时间部署在没有任何物理安全的敌对环境中的物联网系统提供了理想的解决方案。物联网系统可以使用区块链技术作为安全、不可伪造和可审核的数据日志。它还可以用来设置策略，控制和监视用户 / 传感器数据的访问权限，并根据特定的条件使用智能合约执行各种操作。

对于目前大量可用的区块链平台，我们已经对一些最著名的产品进行了比较，包括比特币、以太坊、Hyperledger Fabric 和很多。他们比较了它们在物联网环境下的功能适应性、安全性和性能特点。如表 5-1 所示，确定最适合 iot系统的区块链平台的主要安全和性能考虑如下：区块链平台应提供一个关于验证节点参与的混合网络。由于一些物联网网络（如智能城市）可能有大量的利益相关者愿意为公共区块链网络的安全做出贡献，而另一方面可能有一个私有网络（如智能家居），所有者将通过一组家庭矿工 / 验证器验证交易。目前，以太坊（Buterin et al.，2014）和 Hyperledger（Linux 基金会，2017）提供了这种混合技术。鉴于，比特币（Nakamoto，2008）和 IOTA（Popov，2016）支持公众参与。在这里提到，当你偏离公共区块链时，你就越远离去中心化，这也是不恰当的。因此，区块链网络变得越私有，信任因素将发挥更大作用。物联网系统被部署用于多种应用，从智能手表到 ICS，并获得以太坊和 Hyperledger 的支持，这些应用支持 fintech（金融技术）以外的多种区块链应用。物联网系统的一个重要因素是快速的交易确认，这导致了无须区块链分叉即可即时达成共识的要求。从表 5-1 可以明显看出，基于 BFT 的共识协议以更高的可靠性解决了这个问题。另一个重要的考虑是，物联网系统，尤其是在智能城市环境中运行的传感器，每天将产生数百万笔交易。因此，一个理想的面向物联网的区块链平台应该没有交易费用或以太坊中所需的 Gas 需求。然而，Hyperledger Fabric 在这一方面保留了可选性。

现代物联网系统不仅需要 M2M 支付方式，还需要共享数据、控制访问权限、设置传感器策略等更多。在这方面，IOTA 完全是为了 M2M 微支付甚至纳支付而设计，没有任何交易费用。但是，它不支持智能合约的执行，这有助于用户驱动的策略设置和访问控制权限。以太坊和 Hyperledger Fabric 支持智能合约功能。物联网系统需要交易完整性和认证授权，这是大多数区块链平台所保证的。除此之外，只有 Hyperledger 通过内置加密模块提供数据机密性，并通过允许创建私有通道或者 Collection 私有数据集来确保用户数据的私有性（Hyperledger Fabric，2018）。它还支持 ID（身份）管理、匿名性、审计能力、完整性和通过公钥证书［来自可信 CA（证书颁发机构）］进行授权。保密性和 ID 管理这两个因素都是物联网的重要要求。

表 5-1　常见区块链平台对比

序号	特性	比特币	以太坊	Hyperledger Fabric	IOTA
1	开发完善	√	√	√	过渡期
2	矿工参与	公共	公共、私密、混合	私密	公共
3	免信任操作	√	√	授信验证节点	√

序号	特性	比特币	以太坊	Hyperledger Fabric	IOTA
4	多种应用	仅金融	√	√	目前仅金融
5	共识	PoW	PoW，PoS（Casper）	PBFT	目前以一个协调器通过Tip 选择算法批准交易
6	共识终局性	×	×	√	×
7	分叉	√	√	×	非称为分叉，但某缠结可能消失
8	免费用	×	×	可选	√
9	运行智能合约	×	√	√	×（目前）
10	交易一致性与认证	√	√	√	√
11	数据机密性	×	×	√	×
12	ID 管理	×	×	√	×
13	密钥管理	×	×	√（通过 CA）	×
14	用户认证	数字签名	数字签名	基于 CA 注册登记	数字签名
15	设备认证	×	×	×	×
16	攻击脆弱性	51%，链接攻击	51%	>1/3 时效节点	34% 攻击
17	交易吞吐量	7TPS	8～9TPS	可达数千 TPS（取决于背书、排序、提交节点数量）	目前协调器是瓶颈，7～12TPS
18	一个交易的确认延时	10 分钟（60 分钟交易确认）	15～20 秒	优于比特币和以太坊	过渡期阶段交易确认时间数分钟到数小时不等
19	是否可扩展	×	×	×	是（网络规模越大可扩展性越强）

　　从性能和效率的角度来看，Hyperledger 提供了高的 TX 吞吐量，而不存在任何区块链分叉的风险，从而最大限度地减少了 TX 确认的脆弱性。Hyperledger 使用 PBFT（实用拜占庭容错）验证交易，利用最小的资源，即低能量和计算成本（Hyperledger，2016）。与以太坊不同，它不需要任何 Gas 来处理交易。然而，许可区块链有一些局限性，非完全的去中心化，信任被放置在一些知名矿工 / 验证者节点中。因此，如果 Mirai（Ducklin，2016）等恶意软件攻击成功，出于恶意目的感染和危害大量节点，交易和块验证过程的完整性将受到影响有问题。而且，用户注册，身份验证，而基于公钥证书的授权依赖于可信的 CA，这带来了一定程度的集中性。此外，大多数私有 / 许可区块链都包

含基于 BFT 的共识算法。这样的算法容易被拒绝服务攻击。他们通常只能容忍 $f=(n-1)/3$ 个故障节点。基于 BFT 的算法（如 PBFT）具有很高的通信复杂度，在恶劣的网络环境下性能很差。此外，基于 BFT 的共识协议可扩展性较差，因为随着验证节点数量的增加，TX 吞吐量逐渐降低，例如，如果 Hyperledger 结构中的背书人节点数量从 1 增加到 14，则 TX 吞吐量从 6000 TPS 减少到 1500 TPS 以下（Mattias，2017）。随着区块链技术的进步和一些著名区块链平台的开发（如表 1 所示），一些涉及物联网安全和性能的问题有望得到轻松解决。这些问题包括存储中数据的安全性、记录事件和事务的透明度、在不可信环境中运行的能力、容错性、数据保密性、用户注册、ID 管理、审计能力、密钥管理和访问控制。然而，在公共和许可区块链中仍存在许多性能和安全方面的挑战，这些挑战需要相当大力的研究。

第四节　区块链物联网融合技术实践

一、基于 Hyperledger Fabric+ 树莓派搭建物联网网关

Hyperledger Fabric 是一种性能优良的分布式账本技术，具有较高的交易吞吐量，较低的交易延时，这些特点使得 Hyperledger Fabric 在物联网应用中独具优势。物联网应用中通常具有数量可观的终端节点，这些节点所采集的数据可以采用两种途径上传至区块链，其一是直接在终端节点中安装 Fabric 客户端节点模块，直接连接区块链进行数据上传，其二是通过物联网网关进行数据收集，而网关中安装有 Fabric 客户端节点模块，由网关将收集到的数据通过调用智能合约写入账本。

树莓派具有较为丰富的计算资源和存储资源，体积小、各种通信接口齐全，很适合于作为物联网网关的承载硬件。因此，本节记录了在树莓派上安装 Fabric 客户端节点的详细步骤。

（一）镜像下载

必须要安装 64 位系统，系统下载地址 https://github.com/chainsx/cxcore

初始用户：ubuntu，密码：ubuntu。

登录系统后通过命令 sudo passwd 设置 root 用户密码。

（二）相关工具安装

apt 更新

```
sudo apt-get update && sudo apt-get upgrade -y
```

•安装 vim/gcc/git/curl 工具软件

本系统是已经安装好的，如需安装请执行

```
Apt-get install vim

apt-get install gcc

apt-get install git

apt-get install curl
```

•安装 python

```
apt-get install python-pip
```

•安装 docker

```
apt-get install docker

apt-get install docker-compose
```

添加阿里云 docker hub 镜像，执行

```
sudo vi /etc/docker/daemon.json
```

将以下内容添加到 daemon.json 中：

```
{

  "registry-mirrors": ["https://obou6wyb.mirror.aliyuncs.com"]

}
```

执行以下命令，若不报错则添加成功，并重启 docker

```
systemctl daemon-reload

systemctl restart docker
```

•安装 go

执行以下命令，下载 go 压缩包。

```
curl -o -sSL https://storage.googleapis.com/golang/
go1.12.7.linux-arm64.tar.gz
```

```
mv /root/-sSL go.tar.gz
tar -C /usr/local -xzf go.tar.gz
```

将 go 添加到环境变量中，并设置 GOPATH。

```
sudo vi ~/.profile
```

添加以下内容：

```
export PATH=$PATH:/usr/local/go/bin

export GOROOT=/usr/local/go

export GOPATH=$HOME/go

export PATH=$PATH:$GOPATH/bin
```

使配置文件生效：

```
source ~/.profile
```

建立 go 工作目录，并查看 go 是否安装成功。

•安装 protobuf

安装 protobuf 服务，后面编译镜像的时候没有这个会报错。

```
apt  install protobuf-compiler
```

安装 protoc-gen-go。

```
go get -u github.com/golang/protobuf/protoc-gen-go
```

命令执行后会在 $GOPATH/bin 目录下发现这个工具。

•安装一些依赖库

```
apt-get install libc6-dev libltdl3-dev python-setuptools
```

至此一切准备工作就绪，下面将进行与 fabric 相关的开发工作。

•安装 Node.js

Node.js 为选装内容，为支持 Node.js 的 SDK 做准备。

```
apt-get install nodejs

apt-get install npm
```

（三）Fabric 环境搭建

•编译前准备

增加内存交互空间，树莓派 RAM 只有 1G，编译会报内存不足的错误。

```
apt install build-essential

dd if=/dev/zero of=/swapfile count=2048 bs=1M

chmod 600 /swapfile

mkswap /swapfile

swapon /swapfile
```

设置开机自动启动。

```
vi /etc/fstab
```

在最后添加以下内容。

```
/swapfile   none   swap   sw   0   0
```

•源码下载

新建源码工程目录，执行

```
mkdir -p $GOPATH/src/github.com/hyperledger/
```

进入 hyperledger 目录，通过 git clone fabric 源代码，下载速度较慢，根据
网络情况该部分代码需要下载一个小时左右。

```
cd $GOPATH/src/github.com/hyperledger/

git clone https://github.com/hyperledger/fabric.git
```

下载 fabric 项目源码（fabric-samples）。

```
git clone https://github.com/hyperledger/fabric-samples.git
```

下载 docker base image 镜像源码。

```
git clone https://github.com/hyperledger/fabric-baseimage.git
```

下载 fabric ca 源代码。

```
git clone https://github.com/hyperledger/fabric-ca.git
```

• 源码编译

由于 fabric 官方不支持 ARM 内核的二进制文件以及 docker 镜像（docker pull 镜像失败），因此需要我们自己编译，以下内容为二进制文件和镜像编译过程，其中涉及文件修改的部分，请对照 git diff 截图根据上下文查看具体位置，标准行号可能会有出入。

docker base image 镜像编译。

```
cd fabric-baseimage
```

修改 Makeflie 文件，在 41 行出增加一行。

```
+DOCKER_BASE_arm64=aarch64/ubuntu:xenial
```

```
root@ubuntu:~/go/src/github.com/hyperledger/fabric-baseimage# git diff Makefile
diff --git a/Makefile b/Makefile
index 868b644..a885adb 100644
--- a/Makefile
+++ b/Makefile
@@ -38,6 +38,7 @@ DOCKER_BASE_amd64=ubuntu:xenial
 DOCKER_BASE_s390x=s390x/debian:stretch
 DOCKER_BASE_ppc64le=ppc64le/ubuntu:xenial
 DOCKER_BASE_armv7l=armv7/armhf-ubuntu
+DOCKER_BASE_arm64=aarch64/ubuntu:xenial

 DOCKER_BASE=$(DOCKER_BASE_$(ARCH))

root@ubuntu:~/go/src/github.com/hyperledger/fabric-baseimage#
```

修改 images/couchdb/Dockerfile.in 文件，在 112 行处增加如下内容。

```
+ && chmod +w bin/rebar \

+ && mv bin/rebar bin/rebar-orig \

+ && cd bin \

+ && curl -fSL https://github.com/rebar/rebar/wiki/rebar
--output rebar \

+ && chmod +x rebar \

+ && cd .. \
```

```
root@ubuntu:~/go/src/github.com/hyperledger/fabric-baseimage# git diff images/couchdb/Dockerfile.in
diff --git a/images/couchdb/Dockerfile.in b/images/couchdb/Dockerfile.in
index 48845a5..c7c7d3e 100644
--- a/images/couchdb/Dockerfile.in
+++ b/images/couchdb/Dockerfile.in
@@ -110,6 +110,12 @@ RUN buildDeps=' \
  && cd couchdb \
  # Build.the release and install into /opt
  && ./configure --disable-docs \

  && make release \
  && mv /usr/src/couchdb/rel/couchdb /opt/ \
  # Cleanup build detritus
root@ubuntu:~/go/src/github.com/hyperledger/fabric-baseimage#
```

修改 scripts/common/setup.sh 文件，在 73 行处做如下修改：

注释掉

```
-NODE_PKG=node-v$NODE_VER-linux-$ARCH.tar.gz
```

添加

```
+NODE_PKG=node-v$NODE_VER-linux-arm64.tar.gz
```

```
root@ubuntu:~/go/src/github.com/hyperledger/fabric-baseimage# git diff scripts/common/setup.sh
diff --git a/scripts/common/setup.sh b/scripts/common/setup.sh
index 2b6ee5e..a0043f5 100755
--- a/scripts/common/setup.sh
+++ b/scripts/common/setup.sh
@@ -70,7 +70,8 @@ EOF
 NODE_VER=8.11.3

 ARCH=`uname -m | sed 's|i686|x86|' | sed 's|x86_64|x64|'`

 SRC_PATH=/tmp/$NODE_PKG

 # First remove any prior packages downloaded in case of failure
root@ubuntu:~/go/src/github.com/hyperledger/fabric-baseimage#
```

执行 make 编译 docker 镜像，时间较长，大约 6～8 个小时，中间可能会因为网络原因中断，再次执行 make 即可。编译成功执行 docker images 查看是否编译成功。

```
root@ubuntu:~/go/src/github.com/hyperledger/fabric-baseimage# docker images
REPOSITORY                    TAG            IMAGE ID        CREATED         SIZE
hyperledger/fabric-zookeeper  arm64-0.4.15   b7db26a65e79    7 hours ago     1.55GB
hyperledger/fabric-zookeeper  latest         b7db26a65e79    7 hours ago     1.55GB
hyperledger/fabric-kafka      arm64-0.4.15   21f432362c20    7 hours ago     1.56GB
hyperledger/fabric-kafka      latest         21f432362c20    7 hours ago     1.56GB
hyperledger/fabric-couchdb    arm64-0.4.15   38344ac182fd    7 hours ago     1.61GB
hyperledger/fabric-couchdb    latest         38344ac182fd    7 hours ago     1.61GB
hyperledger/fabric-baseimage  arm64-0.4.15   90deddaeef1f    10 hours ago    1.51GB
hyperledger/fabric-baseimage  latest         90deddaeef1f    10 hours ago    1.51GB
hyperledger/fabric-basejvm    arm64-0.4.15   dc3354b60068    15 hours ago    494MB
hyperledger/fabric-basejvm    latest         dc3354b60068    15 hours ago    494MB
hyperledger/fabric-baseos     arm64-0.4.15   6a3da746b162    16 hours ago    186MB
hyperledger/fabric-baseos     latest         6a3da746b162    16 hours ago    186MB
aarch64/ubuntu                xenial         a7d1ddc47ced    2 years ago     110MB
root@ubuntu:~/go/src/github.com/hyperledger/fabric-baseimage#
```

fabric 源码编译。

```
cd fabric
```

修改 Makefile 文件，在 114 行处做如下修改。

```
-all: native docker checks

+all: native docker #checks
```

```
root@ubuntu:~/go/src/github.com/hyperledger/fabric# vi Makefile
root@ubuntu:~/go/src/github.com/hyperledger/fabric# git diff Makefile
diff --git a/Makefile b/Makefile
index b8372c212..c7632a82d 100755
--- a/Makefile
+++ b/Makefile
@@ -111,7 +111,7 @@ pkgmap.discover            := $(PKGNAME)/cmd/discover

 include docker-env.mk

-all: native docker checks
+all: native docker #checks

checks: basic-checks unit-test integration-test
```

执行 make，需要 1 ～ 2 个小时，编译成功执行 docker images 查看是否编译成功。

```
root@ubuntu:~/go/src/github.com/hyperledger/fabric# docker images
REPOSITORY                      TAG                              IMAGE ID        CREATED           SIZE
hyperledger/fabric-tools        arm64-1.4.1-snapshot-87074a73f   84bf5e6f90d6    9 seconds ago     1.68GB
hyperledger/fabric-tools        arm64-latest                     84bf5e6f90d6    9 seconds ago     1.68GB
hyperledger/fabric-tools        latest                           84bf5e6f90d6    9 seconds ago     1.68GB
<none>                          <none>                           69b97bbb8b19    9 minutes ago     1.8GB
hyperledger/fabric-buildenv     arm64-1.4.1-snapshot-87074a73f   1462eede18d2    17 minutes ago    1.52GB
hyperledger/fabric-buildenv     arm64-latest                     1462eede18d2    17 minutes ago    1.52GB
hyperledger/fabric-buildenv     latest                           1462eede18d2    17 minutes ago    1.52GB
hyperledger/fabric-ccenv        arm64-1.4.1-snapshot-87074a73f   7d68b729a6ea    18 minutes ago    1.55GB
hyperledger/fabric-ccenv        arm64-latest                     7d68b729a6ea    18 minutes ago    1.55GB
hyperledger/fabric-ccenv        latest                           7d68b729a6ea    18 minutes ago    1.55GB
hyperledger/fabric-orderer      arm64-1.4.1-snapshot-87074a73f   257fe2acacb9    About an hour ago 214MB
hyperledger/fabric-orderer      arm64-latest                     257fe2acacb9    About an hour ago 214MB
hyperledger/fabric-orderer      latest                           257fe2acacb9    About an hour ago 214MB
hyperledger/fabric-peer         arm64-1.4.1-snapshot-87074a73f   0f6b489511a5    About an hour ago 219MB
hyperledger/fabric-peer         arm64-latest                     0f6b489511a5    About an hour ago 219MB
hyperledger/fabric-peer         latest                           0f6b489511a5    About an hour ago 219MB
hyperledger/fabric-zookeeper    arm64-0.4.15                     b7db26a65e79    8 hours ago       1.55GB
hyperledger/fabric-zookeeper    latest                           b7db26a65e79    8 hours ago       1.55GB
hyperledger/fabric-kafka        arm64-0.4.15                     21f432362c20    8 hours ago       1.56GB
hyperledger/fabric-kafka        latest                           21f432362c20    8 hours ago       1.56GB
hyperledger/fabric-couchdb      arm64-0.4.15                     38344ac182fd    8 hours ago       1.61GB
hyperledger/fabric-couchdb      latest                           38344ac182fd    8 hours ago       1.61GB
hyperledger/fabric-baseimage    arm64-0.4.15                     90deddaeef1f    11 hours ago      1.51GB
hyperledger/fabric-baseimage    latest                           90deddaeef1f    11 hours ago      1.51GB
hyperledger/fabric-basejvm      arm64-0.4.15                     dc3354b60068    16 hours ago      494MB
hyperledger/fabric-basejvm      latest                           dc3354b60068    16 hours ago      494MB
hyperledger/fabric-baseos       arm64-0.4.15                     6a3da746b162    17 hours ago      186MB
hyperledger/fabric-baseos       latest                           6a3da746b162    17 hours ago      186MB
aarch64/ubuntu                  xenial                           a7d1ddc47ced    2 years ago       110MB
root@ubuntu:~/go/src/github.com/hyperledger/fabric#
```

二进制文件编译:

修改 Makefile 文件。

在 100 行最右添加:

```
linux-arm64
```

在 350 行后添加如下内容。

```
release/linux-arm64: GOARCH=arm64
```

```
release/linux-arm64: $ (patsubst %,release/linux-arm64/bin/%,
$ (RELEASE_PKGS))
```

```
root@ubuntu:~/go/src/github.com/hyperledger/fabric# git diff Makefile
diff --git a/Makefile b/Makefile
index b8372c212..fdb9197b6 100755
--- a/Makefile
+++ b/Makefile
@@ -97,7 +97,7 @@ PROJECT_FILES = $(shell git ls-files | grep -v ^test | grep -v ^unit-test | \
         grep -v ^LICENSE | grep -v ^vendor )
 RELEASE_TEMPLATES = $(shell git ls-files | grep "release/templates")
 IMAGES = peer orderer ccenv buildenv tools


 RELEASE_PKGS = configtxgen cryptogen idemixgen discover configtxlator peer orderer

 pkgmap.cryptogen         := $(PKGNAME)/common/tools/cryptogen
@@ -111,7 +111,7 @@ pkgmap.discover          := $(PKGNAME)/cmd/discover

 include docker-env.mk




 checks: basic-checks unit-test integration-test


@@ -349,6 +349,9 @@ release/linux-s390x: $(patsubst %,release/linux-s390x/bin/%, $(RELEASE_PKGS))
 release/linux-ppc64le: GOARCH=ppc64le
 release/linux-ppc64le: $(patsubst %,release/linux-ppc64le/bin/%, $(RELEASE_PKGS))




 release/%/bin/configtxlator: $(PROJECT_FILES)
         @echo "Building $@ for $(GOOS)-$(GOARCH)"
         mkdir -p $(@D)
```

执行 `make release`

　　成功之后会在 release/linux−arm64/bin 目录下生成二进制文件，然后把这些二进制文件拷贝到 gopath/bin 目录下。

编译 fabric−ca

修改 Makefile 文件，在 75 行处做如下修改。

```
-all: rename docker unit-tests

+all: rename docker #unit-tests
```

```
root@ubuntu:~/go/src/github.com/hyperledger/fabric-ca# vi Makefile
root@ubuntu:~/go/src/github.com/hyperledger/fabric-ca# git diff Makefile
diff --git a/Makefile b/Makefile
index b71d818..78c1a75 100644
--- a/Makefile
+++ b/Makefile
@@ -72,7 +72,7 @@ path-map.fabric-ca-server := cmd/fabric-ca-server

 include docker-env.mk




 rename: .FORCE
        @scripts/rename-repo
root@ubuntu:~/go/src/github.com/hyperledger/fabric-ca#
```

执行 make，编译成功后执行 docker images 命令查看编译是否成功。

```
Successfully built 8d53eda37406
Successfully tagged hyperledger/fabric-ca:latest
docker tag hyperledger/fabric-ca hyperledger/fabric-ca:arm64-1.4.2
root@ubuntu:~/go/src/github.com/hyperledger/fabric-ca# docker images
REPOSITORY                    TAG                              IMAGE ID        CREATED            SIZE
hyperledger/fabric-ca         arm64-1.4.2                      8d53eda37406    9 seconds ago      306MB
hyperledger/fabric-ca         latest                           8d53eda37406    9 seconds ago      306MB
hyperledger/fabric-tools      arm64-1.4.1-snapshot-8/0/4a/3f   84bf5e6f90d6    About an hour ago  1.68GB
hyperledger/fabric-tools      arm64-latest                     84bf5e6f90d6    About an hour ago  1.68GB
hyperledger/fabric-tools      latest                           84bf5e6f90d6    About an hour ago  1.68GB
<none>                        <none>                           69b97bbb8b19    About an hour ago  1.8GB
hyperledger/fabric-buildenv   arm64-1.4.1-snapshot-87074a73f   1462eede18d2    About an hour ago  1.52GB
hyperledger/fabric-buildenv   arm64-latest                     1462eede18d2    About an hour ago  1.52GB
hyperledger/fabric-buildenv   latest                           1462eede18d2    About an hour ago  1.52GB
hyperledger/fabric-ccenv      arm64-1.4.1-snapshot-87074a73f   7d68b729a6ea    About an hour ago  1.55GB
hyperledger/fabric-ccenv      arm64-latest                     7d68b729a6ea    About an hour ago  1.55GB
hyperledger/fabric-ccenv      latest                           7d68b729a6ea    About an hour ago  1.55GB
hyperledger/fabric-orderer    arm64-1.4.1-snapshot-87074a73f   257fe2acacb9    2 hours ago        214MB
hyperledger/fabric-orderer    arm64-latest                     257fe2acacb9    2 hours ago        214MB
hyperledger/fabric-orderer    latest                           257fe2acacb9    2 hours ago        214MB
hyperledger/fabric-peer       arm64-1.4.1-snapshot-87074a73f   0f6b489511a5    2 hours ago        219MB
hyperledger/fabric-peer       arm64-latest                     0f6b489511a5    2 hours ago        219MB
hyperledger/fabric-peer       latest                           0f6b489511a5    2 hours ago        219MB
hyperledger/fabric-zookeeper  arm64-0.4.15                     b7db26a65e79    9 hours ago        1.55GB
hyperledger/fabric-zookeeper  latest                           b7db26a65e79    9 hours ago        1.55GB
hyperledger/fabric-kafka      arm64-0.4.15                     21f432362c20    9 hours ago        1.56GB
hyperledger/fabric-kafka      latest                           21f432362c20    9 hours ago        1.56GB
hyperledger/fabric-couchdb    arm64-0.4.15                     38344ac182fd    9 hours ago        1.61GB
hyperledger/fabric-couchdb    latest                           38344ac182fd    9 hours ago        1.61GB
hyperledger/fabric-baseimage  arm64-0.4.15                     90deddaeef1f    12 hours ago       1.51GB
hyperledger/fabric-baseimage  latest                           90deddaeef1f    12 hours ago       1.51GB
hyperledger/fabric-basejvm    arm64-0.4.15                     dc3354b60068    17 hours ago       494MB
hyperledger/fabric-basejvm    latest                           dc3354b60068    17 hours ago       494MB
hyperledger/fabric-baseos     arm64-0.4.15                     6a3da746b162    18 hours ago       186MB
hyperledger/fabric-baseos     latest                           6a3da746b162    18 hours ago       186MB
aarch64/ubuntu                xenial                           a7d1ddc47ced    2 years ago        110MB
root@ubuntu:~/go/src/github.com/hyperledger/fabric-ca#
```

编译 fabric-ca 的二进制文件。

修改 makefile 文件。

在 64 行最后添加 linux-arm64。

```
-RELEASE_PLATFORMS = linux-amd64 darwin-amd64 linux-ppc64le
linux-s390x windows-amd64
```

```
+RELEASE_PLATFORMS = linux-amd64 darwin-amd64 linux-ppc64le
linux-s390x windows-amd64 linux-arm64
```

在 72 行左右做如下修改。

```
-all: rename docker unit-tests

+all: rename docker #unit-tests
```

在 262 行左右添加如下内容。

```
+release/linux-arm64: GOARCH=arm64

+release/linux-arm64: GO_TAGS+= caclient

+release/linux-arm64: $（patsubst %,release/linux-arm64/bin/%,
$（RELEASE_PKGS））

+release/%/bin/fabric-ca-client: $（GO_SOURCE）@echo "Building $@
for $（GOOS）-$（GOARCH）" mkdir -p $（@D）
```

在 281 行左右添加如下内容。

```
@@ -281,6 +285,8 @@ dist/linux-ppc64le:

        cd release/linux-ppc64le && tar -czvf hyperledger-
fabric-ca-linux-ppc64le.$（PROJECT_VERSION）.tar.gz *
dist/linux-s390x:

        cd release/linux-s390x && tar -czvf hyperledger-fabric-
ca-linux-s390x.$（PROJECT_VERSION）.tar.gz *

+dist/linux-arm64:

+        cd release/linux-arm64 && tar -czvf hyperledger-fabric-
ca-linux-arm64.$（PROJECT_VERSION）.tar.gz *
```

在 301 行左右处添加如下内容。

```
+ -@rm -rf release/linux-arm64/hyperledger-fabric-ca-linux-
arm64.$（PROJECT_VERSION）.tar.gz ||:
```

221

```
IMAGES = $(PROJECT_NAME)
FVTIMAGE = $(PROJECT_NAME)-fvt


RELEASE_PKGS = fabric-ca-client

path-map.fabric-ca-client := cmd/fabric-ca-client
@@ -72,7 +72,7 @@ path-map.fabric-ca-server := cmd/fabric-ca-server

include docker-env.mk



rename: .FORCE
        @scripts/rename-repo
@@ -262,6 +262,10 @@ release/linux-s390x: GOARCH=s390x
release/linux-s390x: GO_TAGS+= caclient
release/linux-s390x: $(patsubst %,release/linux-s390x/bin/%, $(RELEASE_PKGS))



release/%/bin/fabric-ca-client: $(GO_SOURCE)
        @echo "Building $@ for $(GOOS)-$(GOARCH)"
        mkdir -p $(@D)
@@ -281,6 +285,8 @@ dist/linux-ppc64le:
        cd release/linux-ppc64le && tar -czvf hyperledger-fabric-ca-linux-ppc64le.$(PROJECT_VERSION).tar.gz *
dist/linux-s390x:
        cd release/linux-s390x && tar -czvf hyperledger-fabric-ca-linux-s390x.$(PROJECT_VERSION).tar.gz *


.PHONY: clean
clean: docker-clean release-clean
@@ -301,6 +307,7 @@ dist-clean:
        -@rm -rf release/linux-amd64/hyperledger-fabric-ca-linux-amd64.$(PROJECT_VERSION).tar.gz ||:
        -@rm -rf release/linux-ppc64le/hyperledger-fabric-ca-linux-ppc64le.$(PROJECT_VERSION).tar.gz ||:
        -@rm -rf release/linux-s390x/hyperledger-fabric-ca-linux-s390x.$(PROJECT_VERSION).tar.gz ||:

.FORCE:
```

执行。

```
make fabric-ca-server

make fabric-ca-client
```

（四）结果测试

进入项目代码目录 /fabric-samples/first-network，执行。

```
./byfn.sh up
```

出现以下结果，证明安装成功。

```
Querying chaincode on peer1.org2...
========================= Querying on peer1.org2 on channel 'mychannel'... =====================
Attempting to Query peer1.org2 ...3 secs
+ peer chaincode query -C mychannel -n mycc -c '{"Args":["query","a"]}'
+ res=0
+ set +x

90
========================= Query successful on peer1.org2 on channel 'mychannel' ===============

========= All GOOD, BYFN execution completed ===========
```

root@ubuntu:~/go/src/github.com/hyperledger/fabric-samples/first-network#

二、基于树莓派+以太坊实现设备控制

以太坊是最具影响力的公链之一，任何人都可以注册账户接入以太坊公链，以太坊还具有多个版本测试链，可供开发与研究使用。因使用便利性和图灵完备性，很多研究都是基于以太坊展开的。本节采用树莓派作为以太坊接入节点，用户可以通过以太坊区块链向树莓派发送设备控制指令，进而控制 LED 灯的亮灭。

1. 在树莓派中安装 geth

（1）下载文件：https://build.ethdev.com/builds/ARM%20Go%20master%20branch/geth-ARM-latest.tar.bz2。

将文件传输到树莓派中。

（2）解压缩并运行 geth。

通过 ssh 链接到 pi：ssh pi@192.168.1.15 → 这里是你 pi 的 ip 地址。

然后解压缩文件：

```
'cd ~'
'tar -vxjf geth-ARM-latest.tar.bz2'
```

然后从那里运行：

```
'./geth --fast console'
```

其中，--fast 选项表示快速同步，如若不加此选项，下载完毕平均需要 10 天，而加此选项，大概需要 1 天。

2. 安装 NodeJS

打开第二个终端窗口，使用 nodejs 测试控制 led，无须连接以太坊。

（1）更新安装库：

```
'sudo apt-get update -y && sudo apt-get upgrade -y'
```

（2）检查 node 是否已安装：

```
运行 node -v
```

如果未按照 node，下载最新 arm 版的 node：

```
'wget http://node-arm.herokuapp.com/node_latest_armhf.deb'
```

安装：

```
'sudo dpkg -i node_latest_armhf.deb'
```

再次运行 node - v，检查 node 是否装好。

3. 安装 npm

```
'sudo apt-get install npm -y'
```

4. 创建 node 项目目录

```
'mkdir blink'
'cd blink'
'npm init'
```

5. 在该项目目录下，安装 onoff 和 web3 模块

（1）安装 onoff。

```
'npm install onoff --save'
```

注意：某些版本的 Jessie Raspbian 运行本命令时会出现错误，需要如下应用修复进行解决。

编辑文件：

```
'sudo nano /usr/include/nodejs/deps/v8/include/v8.h'
```

在该文件中，将下面文本：

```
enum WriteOptions {
    NO_OPTIONS = 0,
    HINT_MANY_WRITES_EXPECTED = 1,
```

```
    NO_NULL_TERMINATION = 2,
    PRESERVE_ASCII_NULL = 4,
```

```
    };
```

替换为：

```
enum WriteOptions {
    NO_OPTIONS = 0,
    HINT_MANY_WRITES_EXPECTED = 1,
    NO_NULL_TERMINATION = 2,
    PRESERVE_ASCII_NULL = 4,
    REPLACE_INVALID_UTF8 = 0
};
```

（2）安装 web3。

```
'npm install web3 --save'
```

6. 将树莓派连接 LED，使用 nodejs 程序来测试控制 LED 亮灭

index.js 代码如下：

```
var Gpio = require ('onoff') .Gpio,
led = new Gpio (17, 'out');
var iv = setInterval (function () {
led.writeSync (led.readSync () === 0 ? 1 : 0)
}, 500);
// Stop blinking the LED and turn it off after 5 seconds.
setTimeout (function () {
clearInterval (iv); // Stop blinking
led.writeSync (0); // Turn LED off.
led.unexport (); // Unexport GPIO and free resources
}, 5000);
```

Package.json 如下：

```
{
"name": "blink",
"version": "0.1.0",
"description": "Blink LED with GPIO",
"main": "index.js",
"scripts": {
"test": "echo \"Error: no test specified\" && exit 1"
},
"author": "",
"license": "MIT",
"dependencies": {
"onoff": "^0.3.2",
"sleep": "^1.1.8"
```

```
}
}
```

在上述代码文件所在目录运行：

```
npm install
```

运行程序测试 led。

```
node index.js
```

7. 使用区块链测试 led

（1）假设 geth 已完成同步，让我们停止进程并用 rpc 重新启动。

```
'./geth --rpc console'
```

（2）安装智能合约；blink.sol 代码如下：

```
contract Blink {
    uint storedData;

event ItBlinks (uint data);

function set (uint x){
        storedData = x;
    ItBlinks (storedData);
}

function get () constant returns (uint retVal){
        return storedData;
}
}
```

智能合约安装成功后，会返回该合约的地址，该地址将被用于调用合约，所以请妥善记录。

（3）在另一个单独的终端界面运行 ethtest.js（置于 blink 目录下）。

```
'sudo node ethtest.js'
控制 GPIO 需要 sudo 权限
```

Ethtest.js 代码如下：

```
// import ethereum web3 nodejs library
var Web3 = require ('web3');

// set your web3 object
var web3 = new Web3 ();

// import GPIO nodejs library for hardware interaction through
GPIO pins on raspberry pi
var Gpio = require ('onoff') .Gpio;
```

```
// set the pin for the LED light
var led = new Gpio(17,'out');

//our interval object for some blinking later...
var iv;


// set the web3 object local blockchain node
web3.setProvider(new web3.providers.HttpProvider('http://
localhost:8545'));


// log some web3 object values to make sure we're all connected
console.log(web3.version.api);
console.log(web3.isConnected());
console.log(web3.version.node);


// test to see if a local coinbase is running ... we'll need
this account to interact with a contract.
var coinbase = web3.eth.coinbase;

// if default wallet/account isn't set - this won't have a
value.  needed to interact with a contract.
console.log(coinbase);

// let's print the balance of the wallet/account to test
coinbase settings
// no worries if this is 0... don't need money to read events!
var balance = web3.eth.getBalance(coinbase);
console.log(balance.toString(10));

//  ABI - Application Binary Interface Definition for the
contract that we want to interact with.
//  First set the ABI string ...
var ABIString = '[{ "constant": false, "inputs": [{ "name":
"x", "type": "uint256"}], "name": "set", "outputs": [], "type":
"function"}, { "constant": true, "inputs": [], "name": "get",
"outputs": [{ "name": "retVal", "type": "uint256"}], "type":
"function"}, { "anonymous": false, "inputs": [{ "indexed":
 false, "name": "data", "type": "uint256" }], "name": "ItBlinks",
"type": "event"}]';
//  Use the string and convert to a JSON object - ABI
```

```
var ABI = JSON.parse(ABIString);

// Above was for clarity but this could have been written
simply:
// var ABI = JSON.parse('[{ "constant": false, "inputs": [{
"na...');




// what contract are we going to interact with?
var ContractAddress = '0x9535eb707582edb3317dfdcdb751ce41865005
fc';

// Set the local node default account in order to interact with
the contract
// (can't interact with a contract if it doesn't know 'who' it
is interacting with)
web3.eth.defaultAccount = web3.eth.accounts[0];

// now retrieve your contract object with the ABI and contract
address values
var blinker = web3.eth.contract(ABI).at(ContractAddress);

console.log(blinker);

// indefinite recursive loop to read the 'ItBlinks' event in the
blink contract.
var event = blinker.ItBlinks( {}, function(error, result){
  if(!error){
  // when ItBlinks event is fired, output the value 'data' from
the result object and the block number
    var msg = "\n\n*********";
    msg += "Blink!: " + result.args.data + " (block:" + result.
blockNumber + ")";
    msg += "*********";

    console.log(msg);

    //now loop the light blink on for a half second, then off
for half second
iv = setInterval(function(){
    led.writeSync(led.readSync() === 0 ? 1 : 0)
}, 500);
```

```
    // Stop blinking the light after 10 seconds.
setTimeout(function(){
    clearInterval(iv); // Stop blinking
    led.writeSync(0); //Turn LED off
}, 10000);
  }
});
```

8. 在本地计算机你的以太坊钱包加载智能合约

（1）下载本地以太坊钱包。

https://github.com/ethereum/mist/releases

（2）在 contract 标签页，加载合约 ethtest.js.

如使用已有的合约，地址为：0x9535eb707582edb3317dfdcdb751ce41865005fc

如果你部署自己的合约，则使用你自己的地址。

（3）在窗口右下部使用 set 功能，通过钱包与智能合约交互。

（4）签名该交易，并发送出去。

（5）如果第 6 步工作正常，两个区块过后，你将看到 led 闪烁。Ethtest.js 同时会向控制台窗口输出一条闪烁消息。

三、使用 Python 整合物理设备与 IOTA 缠结

（一）项目介绍

本节演示了如何使用 IOTA 协议接受来自物理设备（机器）提供的服务并为此支付费用。目标是演示如何基于给定的 IOTA 地址的当前余额来构建可以 ON/OFF 切换的简单的电源电路。本节实现的功能相对较简单，但却可以扩展到我们现实生活中很多重要的用例中。

我们将使用有网络连接的树莓派和 Python 编程语言来检查 IOTA 缠结上的余额，并使用树莓派的内部 GIO pin 执行所连接的继电器的切换。继电器将再次连接到一个简单的电池供电电路，它能够 ON/OFF 发光二极管（LED），这里的 LED 可以代表任何物理设备。

注意！这个项目的一个简单版本是不使用继电器，直接将 LED 连接到树莓派的 GIO pin。但是，由于树莓派的 GIO pin 最多只能提供 5V 电压，因此我们将使用继电器来证明可以使用相同的基本设置来管理高压设备。然而，选择低功率电路的主要原因是——除非了解自己在做什么，否则任何人都不应该在高压下玩耍。

（二）现实应用

在深入讨论构建这个项目的细节之前，我们应该回过头来展望一下更大的蓝图：像这样一个简单的演示项目如何应用到现实世界的用例中来解决实际问题。

想象一下，你住在一家酒店，每个房间都配有一台冰箱。在大多数情况下，这些冰箱只是放在那里，消耗能源，不被使用，但你最终支付的房费里面还是会包含冰箱的使用费。如果有一种机制可以让你在使用时直接支付冰箱的使用时间，同时在没有使用时自动关闭冰箱而不计费用？这基本上是本教程中要创建的用例，唯一不同的为了方便和安全，我们将用 LED 来代替冰箱。

现在，让我们尝试描述一系列事件，以演示系统如何实现和使用。

首先，假设酒店老板已经在房间里安装了一台冰箱，在冰箱电源电路中放置了一个继电器。继电器连接到树莓派的内部 GIO pin，作为冰箱支付系统的控制单元。接下来，他为冰箱创建了一个 IOTA 地址，这个地址用于冰箱有新的资金变化时进行监控。最后，他打印了 IOTA 地址的二维码，并将二维码贴到冰箱上。

现在系统的物理部分已经完成，然后创建一个简单的运行在树莓派上的 Python 程序来不断检查冰箱 IOTA 地址是否有新资金变动，并相应地开启 / 关闭冰箱（继电器）。

现在顾客晚上买了一瓶超棒的白葡萄酒，为了确保它保持凉爽，顾客可以拿起手机，打开他的 IOTA 钱包，扫描连接到冰箱的二维码，并根据事先计划好的冰箱使用时间将一定数量的 IOTA 传输到冰箱。

只要交易在缠结上得到确认，冰箱的余额就会增加，余额的变化将由树莓派上运行的 Python 程序获取。然后树莓派将使用其 GIO pin 来开启继电器，冰箱就启动运行了。

Python 程序将记录顾客使用冰箱的时间和 IOTA 的数量，不断从活动余额中扣除时间，最后在余额为空时就会关闭冰箱。

注意！在你想要使用相同设置控制多个设备的情况下，将中央树莓派作为所有设备的公共控制单元来运行可能会更好，其中每个设备都分配有其自己的唯一的 IOTA 地址。这可能很容易通过对 Python 代码稍作修改而使用多通道中继来实现。为了简化布线和编码，在本教程中仅管理一个设备，但随后可以随时扩展该项目以管理多个设备。

（三）所需组件

在本节中，我们来看看构建项目所需的不同组件。你应该可以在大多数电子商店买到他们。

1. 树莓派

该项目的"大脑"是树莓派。树莓派用来运行 Python 代码，监控我们的 IOTA 缠结地址以获得地址上的资金状态，并处理树莓派的 GIO pin。

2. 继电器

继电器是用于开关电源电路的，从而控制设备的开启和关闭（在本文情况下为 LED）。为了简化电路，我们将使用一个继电器模块（屏蔽），它包含内置在模块中的所有必需的组件、插脚和连接器。请注意，你可以购买带有多个可以单独开关的继电器(通道)的模块。如前所述,在需要管理多个设备的情况下,这可能很有用。

3. 面包板

电路试验板用于连接电路，无须进行任何焊接，便于组装和拆卸。

4. 发光二极管（LED）

当通电时 LED 将亮起并代表项目中我们的物理设备（冰箱）。

5. 电阻（330 ohm）

电阻用于限制发送到 LED 的电流。如果没有电阻，可能会损坏 LED 和 / 或树莓派。应该使用的电阻类型取决于 LED 的类型和提供给电路的电压。在本文的情况下使用的是 9V 电池，因此 330 欧姆的电阻应该没问题。建议事先研究一下你应该使用什么类型的电阻，这取决于在你的项目版本中所使用的组件。

6. 电池

电池用于为我们的电源电路供电。在本文情况下使用 9V 电池。

7. 电线

我们还需要一些电线来将它们连接起来。

8. 二维码

如果需要使用移动版 IOTA 钱包支付冰箱（LED）使用费，那么将 IOTA 付款地址打印出一个二维码是比较方便的。在使用 IOTA 钱包生成新地址时或在 https://thetangle.org 上搜索现有地址时，你会发现地址的二维码图片。

（四）电路连接

现在，让我们看看如何连接这个项目中使用的电路。

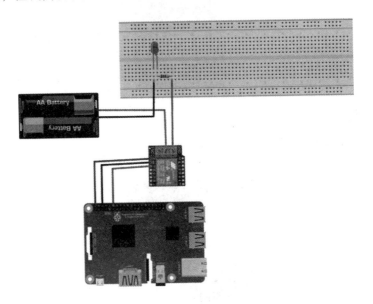

电路连接规则如下：

（1）将树莓派上的 pin 2（5V）连接到继电器模块上的 VCC pin。

（2）将树莓派上的 pin 6（GROUND）连接到继电器模块的 GND pin。

（3）将树莓派上的 pin 12（GPIO18）连接到继电器模块的 IN（Signal）pin。

（4）将继电器模块上的 COM 端子连接到电池的正极（＋）。

（5）将继电器模块上的 NO 端子连接到具有电阻器的 LED 的阳极（＋）侧。

（6）将电池负极（－）连接到 LED 的阴极（－）侧。

注意！ LED 上的两个 pin 具有不同的长度。短 pin 代表阴极（－）侧，长 pin 代表 LED 的阳极（＋）。

（五）所需的软件和库

在我们开始为这个项目编写 Python 代码之前，我们需要确保树莓派上安装了所有必需的软件和库。

·首先，我们需要在树莓派上安装操作系统。任何支持树莓派的 Linux 发行版应该都可以。在本文的例子中，使用了 Raspbian 发行版，因为它已经包含 Python 和几个 Python 编辑器（IDE）。Raspbian 发行版安装说明可以在这里找到：https://www.raspberrypi.org/downloads/raspbian/

·如果你需要单独安装 Python，可以在这里找到它：https://www.python.org/downloads/

·最后需要安装 PyOTA API 库，使我们能够使用 Python 编程语言访问 IOTA 缠结。带安装说明的 PyIOTA API 库可以在这里找到：https://github.com/iotaledger/iota.lib.py

（六）Python 代码

既然我们已经连接好了电路，并在树莓派上安装了必要的软件和库，下面开始编写运行项目的实际 Python 代码。

```
# Imports some Python Date/Time functions
import time
import datetime


# Imports GPIO library
```

```
import RPi.GPIO as GPIO

# Imports the PyOTA library
from iota import Iota
from iota import Address

# Setup O/I PIN's
LEDPIN=18
GPIO.setmode(GPIO.BCM)
GPIO.setwarnings(False)
GPIO.setup(LEDPIN,GPIO.OUT)
GPIO.output(LEDPIN,GPIO.LOW)


# Function for checking address balance on the IOTA tangle.
def checkbalance():
    print("Checking balance")
    gb_result = api.get_balances(address)
    balance = gb_result['balances']
    return(balance[0])

# URL to IOTA fullnode used when checking balance
iotaNode = "https://nodes.thetangle.org:443"

# Create an IOTA object
api = Iota(iotaNode, "")

# IOTA address to be checked for new light funds
# IOTA addresses can be created using the IOTA Wallet
address = [Address(b'NYZBHOVSMDWWABXSACAJTTWJOQRPVVAWLBSFQVSJSWW
BJJLLSQKNZFC9XCRPQSVFQZPBJCJRANNPVMMEZQJRQSVVGZ')]

# Get current address balance at startup and use as baseline for
measuring new funds being added.
currentbalance = checkbalance()
lastbalance = currentbalance

# Define some variables
lightbalance = 0
balcheckcount = 0
lightstatus = False

# Main loop that executes every 1 second
while True:
```

```
# Check for new funds and add to lightbalance when found.
if balcheckcount == 10:
    currentbalance = checkbalance ( )
    if currentbalance > lastbalance:
            lightbalance = lightbalance + ( currentbalance -
lastbalance )
        lastbalance = currentbalance
    balcheckcount = 0

# Manage light balance and light ON/OFF
if lightbalance > 0:
    if lightstatus == False:
        print ( "light ON" )
        GPIO.output ( LEDPIN,GPIO.HIGH )
        lightstatus=True
    lightbalance = lightbalance -1
else:
    if lightstatus == True:
        print ( "light OFF" )
        GPIO.output ( LEDPIN,GPIO.LOW )
        lightstatus=False

# Print remaining light balance
print ( datetime.timedelta ( seconds=lightbalance ))

# Increase balance check counter
balcheckcount = balcheckcount +1

# Pause for 1 sec.
time.sleep ( 1 )
```

这个项目的源代码可以在这里找到：https://gist.github.com/huggre/a3044e609 4867fe04096e0c64dc60f3b

（七）运行项目

要运行该项目，首先需要将上述代码保存为树莓派上的文本文件。

请注意，Python 程序文件使用 .py 扩展名，因此我们将该文件保存为树莓派上的 let_there_be_light.py。

要执行该程序，只需启动一个新的终端窗口，进入 let_there_be_light.py 所保存在的文件夹并输入：

```
python  let_there_be_light.py
```

现在应该可以在终端窗口中看到正在执行的代码，显示当前的用于点亮 LED 的余额并每 10 秒钟检查 LED 的 IOTA 地址余额以获取新的资金状态。

（八）支付 LED 点亮费

要打开 LED，只需使用 IOTA 钱包并将一些 IOTA 传输到 LED 的 IOTA 地址。只要交易被 IOTA 缠结确认，LED 就会亮起来并保持常亮，直到 LED 点亮费的余额为空，具体取决于转移的 IOTA 数量。在本文例子中，将 IOTA 与 LED 点亮时间的兑换比率设置为 1IOTA 可以点亮 LED1 秒。

注意！如果使用手机钱包支付 LED 点亮费用，可以考虑打印一个二维码，以便在任何想点亮 LED 的时候可以方便的进行支付。

第六章　区块链物联网融合应用场景

互联网改变了人与人的关系，使信息交流更为通畅，物联网改变了物与物的交互，新兴的区块链技术给物联网带来革命性的影响，两者融合后，社会加速迈进智能化的步伐，智能化赋予每个物体一个 IP，每个设备像有了新的生命，能够实现自我管理和自我修复的功能。

全球区块链创业公司，物联网巨头公司纷纷在"区块链 + 物联网"领域布局，截至 2020 年年初，全球有 200 多个公链项目，而亚马逊、Microsoft、PREDIX、SAP、阿里巴巴等巨头公司也已经进入该领域，为未来物联网设备的大量接入提供资源池做超前布局。区块链分为三类：公链、私链、联盟链，公共区块链是指全世界任何人都可以随时进入到系统中读取数据、发送可确认交易、竞争记账的区块链。私链非公开，需要授权才能加入节点，联盟链是由若干机构或组织共同发起并参与维护的链，应用代表：超级账本（Hyperledger Fabric）。

公链项目正在得到净化，区块链技术向行业下沉。国外网站 Dead Coins.com 数据显示，2019 年有 518 个数字货币项目宣告死亡。究其原因，将项目分为四类，分别是 Deceased（终止）、Hack（黑客）、Scam（诈骗）、Parody（抄袭）。其中，2019 年，有 58% 的项目属于 Scam，以崩盘、跑路或被警方抓获收场。在 2017 和 2018 年间，全球共涌现出了 2 万多条公链。但在 2019 年，公链纷纷收缩、停摆。业界认为公链最大的问题就是找不到合适的场景。在此背景下，很多区块链技术由公链转向产业区块链和政府区块链。

区块链底层技术受到了全社会的关注，区块链与产业的结合即将迎来春天。更多的区块链应用，正在各行各业落地。本节我们重点介绍区块链技术与物联网行业的应用场景和案例。

第一节 典型公链

一、艾欧塔（IOTA）

本项目在 2014 年发起，为物联网应用场景打造分布式账本，专注于物联网的支付和通信，设计目标是轻量化，解决了物联网的扩展性问题，提出了DAG（有向无环图）即 Tangle 方案的数据结构，使机器能够安全地交换数据和通证，解决了小额，高频次，低延时的交易，为物联设备赋予价值，开创了全新的价值网络，推进物了联网生态系统共享数据经济，为移动、能源、工业4.0 等新应用和商业模式开创了新的道路，IOTA 有几个优点：一是零交易费用，二是确认速度快，三是网络越大越安全，因此网络越大，确认速度越快，网络越安全。因此，IOTA 项目切中了现在的两大热门技术（物联网技术与区块链技术），合理的利用去中心化的方式解决物联网实际需求。

Tangle 技术是指验证新的交易时，只需验证此前的两个交易即可，在这两个交易前被验证过的交易也得到间接验证。并在 2018 年 6 月上线 Qubic，Qubic 引入了预言机（Oracles）、智能合约（Smart Contracts）和外包计算（outsourced computations）三大功能，预言机将链外数据引入到链内，打通区块链世界与物联网世界的桥梁，智能合约实现设备之间的自动化和智能化，带来更多的应用场景，外包计算将密集计算外包给算力强大的第三方，使一般设备也能通过IOTA 与其他设备交互，IOTA 致力于成为物联网领域的基础设施，Qubic 将成为 IOTA 物联网基石。

但是 DAG 也存在一些问题：WOT 的签名方案会暴露用户的私钥，降低安全性；IOTA 协调员（Coordinator）是中心化的，团队并未给出今后的发展路线；无交易费用会带来拒绝服务攻击，网络多次受到攻击导致无法使用；IOTA 技术中的散列算法存在漏洞，开发团队违背加密技术法则，自己构建算法；允许开源软件存在漏洞违背了开源软件精神，IOTA 仍处在初级阶段，离一个成熟的生态系统还有一定的距离，我们期待这一领域的进一步研究。

二、沃尔顿链（WTC）

项目起始于 2017 年，沃尔顿链将区块链技术引入物联网，利用区块链去中心化、不可篡改等特点，结合 RFID 系统，采用双链架构设计，提出了最新的跨链连接和确认机制，有效解决子链与母链之间的数据交换和价值交换的问题，共识机制主要由 PoW、PoS 及 PoL（Proof of Labor）三个部分组成。其中前两者主要针对母链，解决数据验证、数据存储等问题，PoL 主要用于母链与子链以及各子链之间的数据传输等证明，从而实现物联网数据和服务的共识、共享、共治、共联。

面向物联网或生态网络，面向所有的可获取、感知和处理的数据，沃尔顿链主要做好两件事：第一件就是要确保数据可信；第二件就是要保证数据价值流通。其架构分为六层：设备层、基础层、核心层、扩展层、服务层和应用层（如图 6-1 所示），设备层通过研发基于散列签名的数据自验证 RFID 芯片设计方法，实现了区块链硬件系统，保证源头可靠；核心层和扩展层被称为沃尔顿母链，采用软硬融合，数据定制合约模式和跨链技术实现数据的融合流通，验证和存储，应用广泛，其生态系统框架已经使用于多个商业场景中，如食品溯源、服装溯源、物流追踪和食品药品溯源。

（一）硬件设计——设备层

沃尔顿链开发者认为，纯软件的 IoT 方案不能保证数据的真实性和不可篡改性，因此实现了一种区块链硬件系统，确保数据从源头开始就是真实可靠的。

（二）双向验证 RFID 芯片

沃尔顿链开发者研发了一种基于哈希签名的数据自验证 RFID 芯片设计方法。目的在于提供一种基于哈希签名的数据自验证方法，能够在具备正确访问密码（Access-Pass）的情况下，确保读写器可以对 RFID 芯片进行读写，提供一定的控制功能，且同时通过哈希及签名算法实现 RFID 读写器及 RFID 芯片间的双向操作认证，进而确保所进行的读写操作具备不可否认、不可篡改的安全特性，适用于各应用 RFID 技术且具备安全性需求的行业。

针对区块链应用，双向验证 RFID 芯片工作过程如图 6-2 所示。

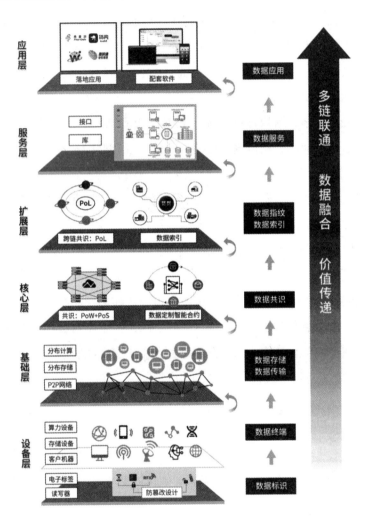

图 6-1　沃尔顿链生态体系架构

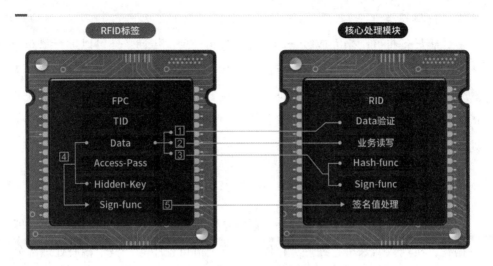

图 6-2　RFID 数据自验证

双向验证 RFID 芯片优点包括：

在读写器端，借助于哈希计算，确保数据不可篡改、确保数据的完整性及准确性。

基于签名算法，实现了 RFID 读写器与芯片间的双向验证，确保读写器对芯片的操作不可否认，也可以确保是某一读写器对此芯片进行了操作，从而避免冒充、篡改和否认读写情况的发生。

签名时，所签名数据包含时间戳以及当次读写的读写器 ID（RID），因而可以保证对于每一 RFID 芯片的每一次独立操作，都具备唯一性，防止了重放等攻击。

基于哈希签名的数据自验证方法处于 RFID 系统的读写端，使业务端可以更加注重业务的实现，降低了耦合度，同时兼具了安全和一定的控制功能。

（三）传感设备

传感设备的工作原理是，数据由传感设备获取，通过接口传输到核心控制模块对数据进行处理，组织成标准的数据包，对数据进行 Hash 运算抽取数据指纹，对指纹进行签名。完成上述处理后，主控模块通过通信模块，将签名后的数据指纹或数据索引自动上传到区块链网络，同时把组装好的原始数据上传到中心化服务器。

传感设备将可用来完成数据的监测、分析处理、传递，还可以进行基本的人工智能操作，以学习和识别特定的源头数据，用作区块链应用的数据源。实现传感器数据自动抽取指纹，自动上传区块链，减少人为操作，减少软件处理的工作量，帮助验证产品在整个漫长旅程中的正确处理，追踪商品的发货，预防偷窃和欺骗。

（四）移动全节点设备

全节点设备的核心处理芯片是一颗功能强大 SOC 芯片，也可以用分离元器件搭建，实现数据采集、处理、存储，运行全节点程序等。整个核心处理部分工作原理是：主处理器运行的程序控制感知层各个接口，获取感知层数据，数据缓存在 SRAM & DDR 存储器模块中，应用程序对数据进行组装，形成标准的数据包，然后调用区块链 hash 和数据签名模块的驱动，对原始数据进行 Hash 运算和签名处理，运算出来的数据指纹，由节点程序，通过通信模块上传到区块链上，同时把原始数据通过通信模块上传到中心化服务器。

图 6-3　移动全节点设备核心处理模块结构框图

（五）网络通信设备

针对现有的物联网各类协议标准和接口的多样性，硬件上集成了多种接口，兼容目前物理的各种接口。其他如传感器接口，NPU 处理器，视频处理，通用接口等，也可以根据用户需求实现即插即用。

现有的物联网的协议标准和接口各种各样，大量传感设备部署于各应用场地，由于商业、技术成熟度或者历史原因导致物联网领域的各类标准不一致：硬件协议、数据模型标准、网络协议、传感器标准、设备连接标准、平台兼容性、第三方应用接口、服务接口等。各类标准不一致很有可能会导致资源浪费、设备互通调用上存在各类问题。这就使得用户必须针对各种感知网络进行单独开发，加大了上层应用程序开发的难度和复杂度。

鉴于现有的网络层，接口协议不统一的问题，沃尔顿链硬件系统，提出了具有自主知识产权的区块链硬件系统，可以兼容目前主流的物联网通信接口，并且采用硬件非对称加密技术，保证数据安全，防止非法攻击。可兼容的物联网传输标准包括：5G、NB-IoT、LoRa、ZigBee、PLC 物联网等常用数据传输接口。

这是实现面对数据的价值区块链生态体系的第一步：通过获取终端数据，逐步搭建并完善数据网络。

（六）沃尔顿（母）链——核心层和扩展层

通常区块链—物联网生态的数据都是单一生态，彼此生态区域是割裂的，不同的领域围绕自己的数据构建自己的数据生态，或者构建自己的区块链架构，甚至链也是采用不同结构不同技术体系。沃尔顿链首要任务就是要把数据联通起来。

做法就是采用软硬融合、数据定制合约模式、跨链技术以及沃尔顿 WPoC 共识机制实现针对不同区块链（子链）间数据的融合流通、验证和存储。这样的话，既可以实现不同数据源的连通，又可以实现数据广泛的流动。

沃尔顿链（核心层）是基于以太坊（Go Ethereum）演变过来的，所以兼容并扩展了其共识机制和智能合约，不过为了实现数据流通和价值传递，沃尔顿链在基因特征上需要做出对应的转变：

沃尔顿链共识机制（Waltonchain Proof of Contribution，WPoC），是一种维系沃尔顿链生态体系良性发展的重要机制之一，主要有三个重要组成部分：PoW（Proof of Work）+PoS（Proof of Stake）+PoL（Proof of Labor）。

PoW 和 PoS 是针对沃尔顿主（母）链而言的，两种方式都是确保主链区块是唯一且安全，因为 PoW 通过算力提供数据可靠保障，然而存在 51% 潜在攻击隐患，而且还欠缺环保节能的能力，因此利用 PoS 作为均衡的共识，减少算力的浪费，也可以减少 51% 的攻击，使得我们主链在通过这两种相互作用的共识机制 PoW 和 PoS 算法去解决生态圈内的经济活动中数据验证、存储和流通等信任问题。

PoL 是一种全新的，针对沃尔顿链网中各个子母链、不同子链间的跨链节点 SMN（Super Master Node）、GMN（Guardian Master Node）或 MN（Master Node）进行数据传输或通证交换等行为的工作证明。

由于整个沃尔顿链生态体系通过合理的燃料（GAS）机制计算以及通证化来保障区块链实现自我保护，因此需要这种既不影响数据流通，实现跨链传输，同时又不能降低沃尔顿链图灵完备的生态机制，其具体表现如下。

（1）跨链传输数据：利用数据特征来提取哈希指纹或索引存放沃尔顿主链，方便日后在搜索沃尔顿链网的数据时，通过我们跨链索引的机制可以快速地找到所需要的数据，并且通过跨链的数据可以快速地验证其真实性。

（2）跨链通证交换：它是一个基于通证原子交换的账本，用来记录沃尔顿链通证与子链通证或通证代称之间的每一笔交易。

（七）支持数据定制的智能合约

沃尔顿链网所支持的智能合约语言也是图灵完备的。正是由于强大的智能合约语言，原本在真实世界中的复杂商业逻辑和应用都能在区块链上轻松实现。但由于区块链运行机制的原因，智能合约的运行即使是异常运行都会在所有区块链节点上独立重复运行。因此，无论是在沃尔顿主链还是子链（联盟链）运行智能合约都是非常昂贵（运算资源、存储资源）的操作。

对于应用用户或企业而言，他们更加关心的是，拿来使用的数据格式是怎样的？存放在哪里的？如何才能获得这些数据？消不消耗燃料（gas）？

对此，我们建立了一套独有的数据智能合约模式（Data Pattern for Smart Contract），围绕业务事件驱动为原点，我们尽可能让数据特征的智能合约语言保持逻辑简单、减少计算量燃料消耗的特点，进行很多操作（如数据读取、事件触发等）标准化，以数据标准格式（如 JSON 格式）进行输出，并可重复利用和继承这些智能合约。

其实很多操作（如数据写入沃尔顿主链块）并不适合在主链上直接执行，所以合约就在语言层面支持了事件，能够在期望的事件发生时直接通知相关方进行处理，不需要合约的开发者重复实现相同的逻辑，从而实现生态体系中标准化跨链数据的传输。其原理如图 6-4 显示：

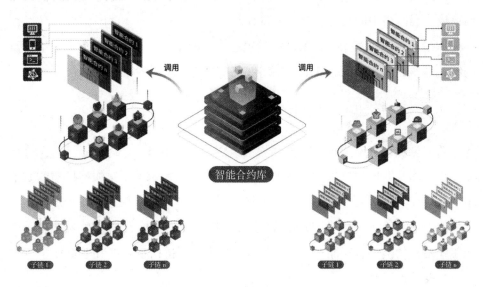

图 6-4 智能合约库视图

设计并构建起许多智能合约库，通过事件功能索引可迅速查询、调用或继承重用这些合约，自助生成相关数据，开发人员或用户或企业拿到了相关标准数据文件后，就可以实现应用程序与其他子链体系的数据之间的交互。

逐步实现沃尔顿价值区块链生态圈内数据一致性、规范性、访问性和流通性。

（1）一致性：一致性的核心在于共识，由于物联网生态领域的海量数据，不同的行业、设备、属性的数据之间存在着认知不同的问题。因此，区块链特有的机制设定解决数据的一致性问题。

（2）规范性：数据的多元化导致了数据缺乏标准或统一性，但统一性建立起来的基础条件，实际在于数据的流通性。只有数据能够更多层面地得以流通，数据在社会网络中才能建立起它的规范性。

（3）访问性：数据的流通亦有其价值性，其价值便在于其可使用性。只有让更多人能够在不同的环境、设备条件下得以访问数据，数据才能实现真正价值。

（4）流通性：数据就像散落的珠子，存在的空间是割裂的，我们只有将这些散落四处的数据，整理、组合、才能够真正实现甚至开发出它们的价值，从而完成社会网络中的交易、交换的过程。

这是实现面对数据的价值区块链生态体系的第三步，数据服务。这里涉及的问题是，数据要用来做什么？如何展现？如何让别人找得到？

（八）子链数据应用模板

沃尔顿网链针对目前流行的区块链类型，如 Fabric、Ethereum 等均支持智能合约，因此我们提供不同架构的、面向不同场景需求的子链快速搭建的原型子链分别作数据应用模板，其目的就是为了帮用户或企业快速搭建子链，不管用户或企业是否具备区块链开发等经验，同时在搭建的子链能够快速实现链接沃尔顿主链的接口和功能，实现沃尔顿链的生态子链衍生和扩展等能力。

1.Fabric 类型

Fabric 智能合约称为链码（chaincode），分为系统链码和用户链码。系统链码用来实现系统层面的功能，用户链码实现用户的应用功能。链码被编译成一个独立的应用程序，运行于隔离的 Docker 容器中。

和以太坊相比，Fabric 链码和底层账本是分开的，升级链码时并不需要迁移账本数据到新链码当中，真正实现了逻辑与数据的分离，同时，链码支持 Go、Java、Node.js 等语言编写，Fabric 链码通过 gRPC 与 peer 节点交互实现联盟链（Fabric 子链类型）数据应用。

2.Ethereum 类型

在 Ethereum 上提到编写智能合约时，很难离开 Solidity 这门编程语言。这门编程语言总共包含四种不同的重要元素，Contract、Variable、Function 和 Event。

其中合约（Contract）是 Solidity 中的核心概念，因此围绕智能合约我们采用 Web3 实现 Ethereum 类型的区块联盟链（子链）的数据传输和提供 API 应用。

利用 ERC20 标准定义了一个 Token，沃尔顿链开发者定义一个新的事件，当 Token 交易发生时，这些事件就可以被 JavaScript 的 API 检测到并开始调用其 Web3 服务。

目前很多的基础链都使用 Solidity 作为智能合约的编程语言，也有一些基础链，如 EOS 提供了 C++ 语言的 API 用于编写智能合约，这只是不同的平台基于不同目的之后做出的选择和权衡，这就意味着沃尔顿链智能合约库将不断更新，提供更多的数据应用服务以满足更多不同类型的区块链的需要。

（九）链群

多个链要实现有效的联通才会逐渐形成群态形式。"链群"是公链庞大生态下的自然衍生品。公链通过层级结构可以搭载无数条子链，在此理论下设想，当这个犹如航母般的"数据价值机器"越来越巨大，数据在流通上必然需要寻求其规范性。在此规范基础下，"链群"必然产生。不同的"链群"之间，能够实现数据价值的二次传播与整合，跨链之间将更高效率地实现交换与查询。

沃尔顿链就是业内第一条倡导并推荐这样数据价值规范的公链。在此公链上，还将搭载多个行业的子链，以此形成一个庞大的、良性发展的商业生态。在此商业生态环境中，不同的子链之间所产生的数据能够进行交换、交易、查询等。对于不同的子链生态而言，数据之间必然存在着一定的重合之处。基于此，生态环境中，随着数据的流通、交换与整合，生态中也必然出现"链群"之分。这些"链群"在沃尔顿链的大生态下实现价值的二次重组，从而更加充实整个沃尔顿链的生态秩序。

三、MOAC 链

Mother of All Chain（MOAC）Blockchain（以下简称 Moacblock Chain，中文音译为"墨客区块链"）是一个开源的区块链平台，通过分层配置结构实现在 P2P 网络上支持多种子区块链，由硅谷顶级区块链专家团队研发，突破了异步合约调用、合约分片处理和跨链操作等当前业界难题，平台的扩展能力和对合约的处理速度远远优于当前如以太坊智能合约平台，是一款真正可以部署商业应用的区块链底层平台。

MOAC 旨在提供一种可扩展且有弹性的区块链，支持基于分层结构的状态交易，数据访问，和控制流程。它创建了一个框架以允许用户用高效的方式执行智能合约。它还提供了开发的体系结构，采用底层基础设施来快速简便地产生子区块链。它是一个区块链平台，可以为子区块链的架设提供必要的部件，为想法测试，私链部署，复杂任务处理和智能合同应用等提供解决方案。

（一）高性能分层架构

MOAC 公链采取的分层架构，也叫母子链架构，其中包含底层的系统链和上层的应用链，如图 6-5 所示。分层架构还有两种扩展，水平扩展和垂直扩展。垂直扩展可以最多有 4 层，水平扩展是无限的，可以支持上万条应用链，每一条应用链都可以支持多合约部署。

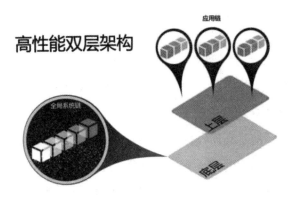

图 6-5　MOAC 链双层架构

分层架构的特殊性：

（1）应用链的生命周期是由系统链的智能合约来控制的。这个相当于是给应用链提供了一个去中心化的"上帝"的角色。因为对于一个区块链来讲，区块链的初始化，可信的随机数，还有可信私钥交换，等等，都需要这么一个角色。如果没有一个去中心化的底层，很多系统只能将就用中心化的，在这里，MOAC 的系统链能够提供一个可编程的去中心化的"上帝"。

（2）双层架构定义了一个应用链和系统链，以及应用链和应用链之间通信的通用框架，使得应用链有强大的功能，同时又可以以"一键发链"的方式快速部署。如图 6-6 所示。应用链可以周期性地将自己的区块哈希刷新记录到系统链当中，相当于用系统链锚定了应用链的最终性。这样应用链即使是没有最终性的，比如 POW、POR 也就有了最终性。另外，由于系统链通常比应用链安全许多，这样的锚定，可以大大提高应用链的安全性，并且由此可以衍生一些附加的功能，比如区块链扁平化等。

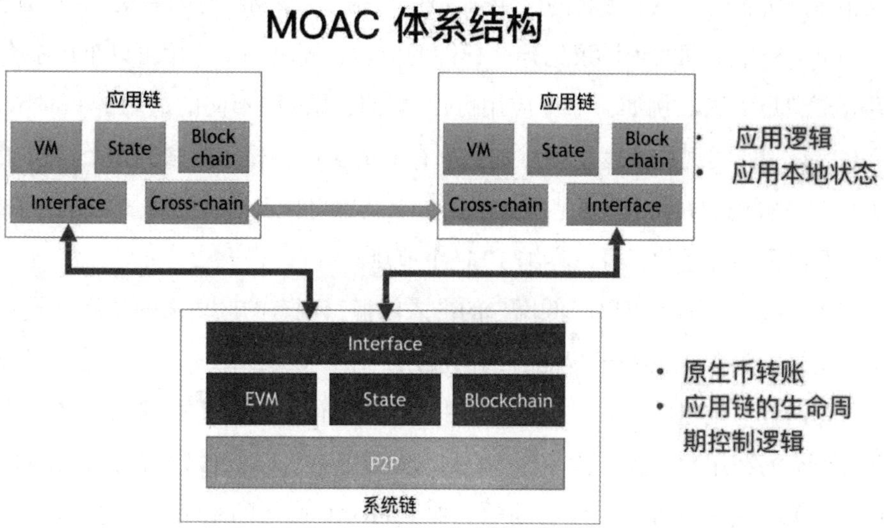

图 6-6　MOAC 链体系结构

例如，对于存储容量比较小的应用链节点，可以在刷新之后，把不需要的历史记录删除，只要少量的节点记录全部历史即可。这样的做法，对于 IOT 节点是非常有用的。

应用链还有一个特性，应用链的代码是和底层系统链的代码是分开的。底层的更新不影响上层的应用。甚至，应用链可以脱离底层单独运行，但是就少了很多跨链和刷新的功能，但是神奇的是，根据需要应用链还可以再接回底层。MOAC 公链双层结构，就像 DC/EP，既可以改革，还不颠覆现有格局。

（3）MOAC 应用链的多种共识方式。商业应用是多种多样的，不能靠一个共识方式支撑所有应用。因此，MOAC 提供了几种不同的共识模式，每个都有独立的代码，可以让用户自己定义新的共识方式，供应用方选择：

第一个是快速合约应用链 Proc Wind，可以认为是一个通用处理器。

第二个是去中心化存储应用链 File Storm，可以看成是一个去中心化的文件存储系统。

第三个是强随机数应用链 Rand Drop，可以看成是一个专用处理器。

第四个是物联网应用方案 IOTMist。特别针对物联网节点容量小（包括存储，cpu，内存）的特点，采用多层（>2）的结构，应用链可以作为上层应用链的系统链，从而构建一个树状的区块链系统，满足物联网特殊的需求。

（4）根据不同共识协议构建多样性的应用，同时一个应用可以采用多个应用链来满足需求。例如：一个应用可以同时使用两种不同的应用链 Proc Wind 和 Filestorm，实现应用逻辑和相关数据存储的去中心化。物联网这个可以做垂直 4 层。这样的应用，对未来基于海量用户以及用户自己控制的海量数据的场景，这个框架是很合适的，可以容纳 10 亿个节点。

（5）应用方面，可以降低用户的准入门槛。现有的区块链的访问方式其实并不友好。最常见的基于智能合约的应用，用户在调用任何一个功能的时候，都需要消耗一定量的 gas，这样要么用户事先就有了一定量的 token，或者应用方自动给潜在用户事先充值。但 MOAC 的应用链的实现可以不需要采用 token，所以避免了用户的准入门槛的问题。加上 MOAC 底层的系统链通过资源控制，可以避免应用链上的恶意用户的 sybil 攻击，从而提升 MOAC 应用链的安全性。

（二）底层强大的系统链

MOAC 底层系统链采用 POW 的方式，其开发者认为目前只有 POW 共识机制，才能保证系统链具有足够安全性和去中心化的特点，才能支撑得起系统链上的大量的应用，MOAC 的 POW 采用类似于以太坊的 GPU 挖矿。

但是所有的 POW 公链有个问题，就是如果你不是所有同质 POW 的"老大"，你很容易受到 51% 攻击。因为短时间内，从其他同质 POW 网络中租用大量算力，对目标 POW 公链进行攻击，这种短时间的租用其实成本非常低，得手后再退出。为规避这一风险，MOAC 团队独创了 51% 攻击的解决方案，该方案已经发表在 2019 年 7 月的 IEEE blockchain conference 上面。

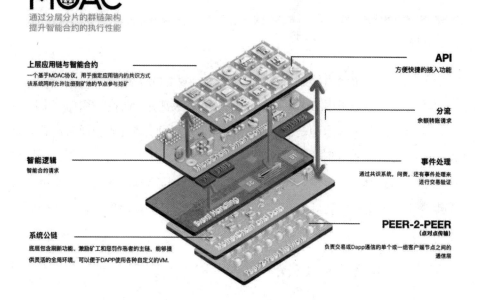

图 6-7　MOAC 分层分片群链架构

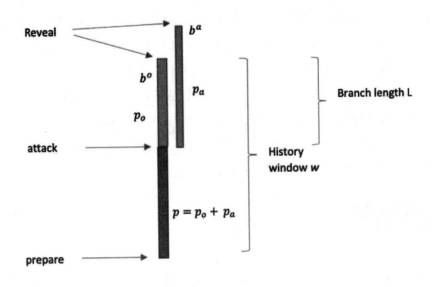

图 6-8　攻击者试图使用 Pa 算力攻击 Po 分支

具体的方法，是采用考虑历史权重的 POW，英文是 POW-HWD，如图 6-8 所示。这个方案的工作原理是：诚实的挖矿节点会持续地挖矿，而攻击者只是愿意短时间内消耗一定资源来攻击。因此，在考虑历史贡献的情况下，可以降低突然涌入的大算力的影响。在配置合适的历史窗口参数下，可以把攻击者的成本提高 100 ~ 1000 倍。这样，小算力的 POW 的公链也能极大程度地提高了抗攻击能力。

（三）区块链的共识方案

当前，基本上所有的区块链的共识协议，需要解决一个根本问题，就是用什么方式决定谁可以产生下一个区块。可以是"上帝"选择，或者轮流出块，或者投票选取，或者是随机选取。选用不同的方式，就对应着不同的特性，也对应着不同的功能，成为不同的链。

MOAC 的解决方案中，研究的一个重点是不同的协议能够适用的节点数量，如图 6-9 所示。目前，支撑节点数量最多，也就是最去中心化的是 POW，另外一个是 RBFT。PBFT 的问题就是消息量太大，准入许可要求，在线率问题；POW 的问题就是消耗能源，没有最终性，但是 POW 有个很好的特点是抗拷贝。

因为 POW 的算力是物理要求，不能同时复制多份，对于 POS 来讲，就很容易复制另外一份。

在 MOAC 的系统链这层，是把 POW+POS 同时结合起来，另外一个是 SAV Protocol，是未来 MOAC 发展的方向，届时，MOAC 平台能够支持百万以上的节点，并且不需要消耗太多的燃料。

第二节　商业项目

物联网已经融入并正在改善我们的生活，区块链技术也在各行业发挥日益重要的作用，将两种技术融合，发挥各自优势，弥补各自缺点，科学界和工业领域都投入了研究，2016 年 5 月全球首个区块链能源实验室在北京成立，同时阿里巴巴与普华永道开展战略合作，共同打造透明可追溯的跨境食品供应链，IBM、华为、亚马逊和 SAP 都在各自的物联网云平台上提供区块链技术的相关服务。例如，IBM 正在推进近 500 个区块链商业化项目，其中 30 多个商用区块链已经运行。

尽管 IBM 在该领域投入了大量资金，但要广泛使用区块链还需要一段时间。另一方面，物联网已经为我们的家庭和企业铺平了道路。智能手表会计算我们的卡路里，智能家居为我们的生活增添额外的舒适感。由于人们对这两种开发技术的兴趣日益浓厚，与它们合作的初创公司似乎每天都在涌现。尽管这些技术仍有许多障碍需要克服，但它们每天都在逐步被全面采用。最终，与物联网结合的区块链可以彻底改变全世界的家庭，机构，医院和企业。以下是将两种技术推向大规模采用边缘的顶级区块链 IoT 项目列表。

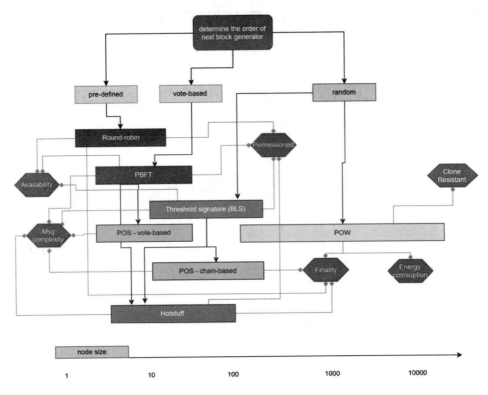

图 6-9　主流共识方案分析

一、ADEPT

IBM 最早宣布对区块链的开发计划公司之一，已在多个不同层面与很多公司建立了合作关系，计划组建区块链与物联网研究团队，2016 年 10 月推出 Bluemix 云平台上的区块链服务（BaaS）。IBM 曾在一篇研究报告中指出，在物联网中，最大的挑战不是去中心化，而是建立一个能保证隐私安全和无信任的、可以不断扩展的通用物联网，而区块链技术可以提供优秀的解决方案。IBM 还与三星专为下一代的物联网系统建立了一个概念证明型系统，该系统基于 IBM 的 ADEPT（自治分散对等网络遥测）。

IBM 采用三星多功能产品基于 ADEPT 实现了四个应用案例：

（1）自主重新订购清洁剂的 W9000 Samsung 洗碗机（B2C）。

（2）自主重新订购维护配件的 W9000 Samsung 洗碗机（B2C）。

（3）自主商谈用电量的 W9000 Samsung 洗碗机（B2C）。

（4）自主显示广告内容的三星大格式显示屏（LFD）（B2B）。

通过允许设备在市场（金融和非金融市场）上自主交互并且应对市场的变化，物联网将创建一种"物联经济"。几乎每个设备和系统都有可能成为拥有者和用户之间的交互点和经济价值创造者。这些能力对于实现共享经济、能源效率和分布式存储等方方面面都至关重要。

要在没有集中代理的情况下执行传统物联网解决方案的功能，任何非集中化方法都必须支持三项基础功能（见图 6-10）。

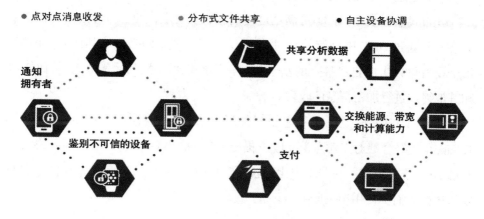

图 6-10 ADEPT 概念验证实现的三种功能

（1）点对点消息收发。

（2）分布式文件共享。

（3）自主设备协调。

ADEPT 概念验证采用三种开源协议实施了这些功能：用于消息收发的 Telehash、用于文件共享的 BitTorrent，以及用于实现自主设备协调功能的区块链协议 Ethereum，这些功能包括设备注册、认证、基于接近度和基于一致意见的交互规则、合约与检查表。

1. 点对点消息收发

业界对点对点网络产生了巨大的兴趣，因为这些网络为分布式计算提供管理良好的平台。如今，这种网络支持大量的特性，包括附近对等网络的选择、冗余存储、高效数据搜索/定位、数据永久保留或保障、分层命名、信任和认证，以及匿名访问。对等网络可共享计算资源，而不依赖中心云或服务器，从而优化资源利用率，降低与中心服务订阅相关的成本。具有不同能力和资源的对等网络可进一步增强系统的整体稳定性和性能，而不依赖第三方。

非集中化物联网中的点对点消息收发必须支持：

（1）不可信、加密消息收发与传输。

（2）保障交付的低延时。

（3）通过"连跳"将消息转发给其他互联设备。

分布式散列表（DHT）可满足这些消息收发要求，使各对等网络能够使用散列表并通过 DHT 中存储的成对（密钥、值）搜索网络中的其他对等网络。每个设备可以生成自己唯一的基于公共密钥的地址（散列元素值），从而能够和其他终端进行加密消息的收发。

对于 ADEPT 来说，在考虑的多种消息协议中，新出现的开源消息协议 Telehash 最符合其对点对点消息收发提出的目标。Telehash 是 Kademlia 协议的开源 DHT 实施方式。在非集中化物联网演示中，Telehash 主要用于在设备之间发送通知，而不使用中央服务器。

2. 分布式文件共享

在非集中化物联网中，分布式文件共享提供了文件分发，例如传播软件/固件更新，传输设备分析报告和大量文件的媒体内容。这种分布式文件共享也可采用 DHT 通过分布式点对点网络而安全地实现。Bit Torrent 是为 ADEPT 文件共享而选择的著名 DHT 文件共享协议。在非集中化 IoT 演示中，Bit Torrent 主要用于内容分发，而不使用中央服务器。

3. 自主设备协调

由于不需要第三方角色和权限裁决人，自主设备协调方法使设备拥有者能够定义并管理自己的交互活动。简单的设备协调功能包括注册和认证。更复杂的交互要求拥有者或用户定义交流规则。这些规则可能基于接近性（物理、社交或时间）、基于一致意见（选择、验证或黑名单），或者由其他设备的刺激而触发。

另一种设备协调形式是合同——关于行动或控制的简单协议，即更复杂的金融合同，涉及付款或易货合同，允许设备通过交换资源获得服务。数字检查表允许设备进行自身维护，目的是预防故障。为了在概念验证中的设备网络间实施这种自主设备协调，选择了区块链技术平台。

基于区块链的非集中化物联网可成为设备间交易处理的真正革命性的方法（如图 6-11）。需要注意的是，旨在限制货币流通的比特币在区块链挖掘过程中的难度越来越大，然而，在物联网区块链愿景中，这种限制并不是必要的。对于基于区块链的物联网的 ADEPT 实施，选择了 Ethereum 协议的初始版本。Ethereum 改进了比特币的传统区块链方法、其引入的图灵完备脚本语言和约束性智能合约的创建能力，这些对概念验证极具吸引力。

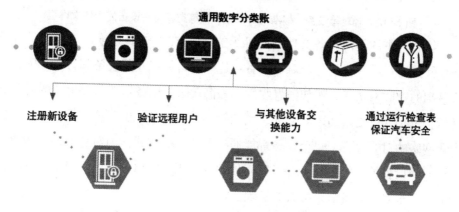

图 6-11　区块链作为多项物联网交易的分布式交易分类账

4.三种设备类型

物联网中，设备的计算能力、网络能力、存储空间千差万别，无论是交流电还是电池驱动，也无论是固定还是移动形式。设备是整个生态系统的一部分，需要不同级别的信任度。由于同等设备间发生的交易日益增多，设备间的信任度也不断演变。不信任的对等设备间的交互可能逐渐变成半信任或者完全信任的关系。

因此，设备间需要的交易验证范围取决于多种因素：设备类型、交互性质、设备间关系的类型，以及设备拥有者对设备在具体情况下能做什么和不能做什么的限制。根据这些考虑。确定了设备的三个总体分类，并且定义了每类设备的非集中化物联网能力（见图 6-12）。

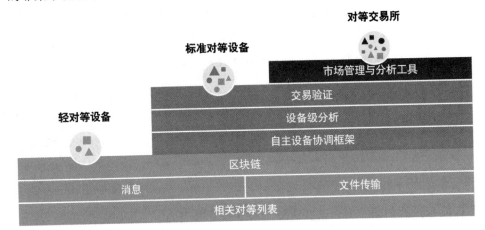

图 6-12　轻对等设备、标准对等设备、对等交易所，设备能力依次增强

物联网中的不同设备支持不同等级的 ADEPT 功能，这取决于设备的性能和存储能力。最低级的是轻对等设备：这些设备如可穿戴设备和灯具开关，执行基础的物联网功能，例如消息收发。最高等级是服务器或云环境中的对等交易所，可实现更复杂的市场交易，例如对等设备服务。由于这些设备成为非集中化网络的对等设备，每个设备都能通过可认可的方式作为对等设备，保留与不同对等设备关系的信息，并且明确地识别采用不同协议的对等设备。这些行为通过安全对等设备清单的方式实现。

为了展示非集中化物联网的可行性及其在创造新的数字经济中扮演的角色，ADEPT 概念验证应用案例场景涉及大量设备和市场交易。B2C 应用案例展示了洗衣机如何成为自主设备——能够管理自身耗材供应，执行自助服务和维护，甚至与其他设备谈判（无论在家中还是在外边），进而优化能源消耗。这些应用案例扩展到其他场景中，例如微商解决方案可采用一组普通的家用电器而构建。所有这些功能的实现都不需要集中的控制器在设备之间进行编排或调停。

B2B 应用案例展示了采用 LFD 的非集中化广告市场，用于分享和发布内容，而不需要集中控制器。通过允许设备在市场上自主交流，并且支持复杂的市场交易，物联网预计能够提高物理资产和设备的利用率和利润率。通过将每部设备转变为拥有者和用户之间的交易点和经济价值创造者，物联网将创造新的实时数字经济和新的价值来源。

二、IoT Chain

IoT Chain（万物链，ITC）是由区块链技术驱动的安全物联网轻操作系统。旨在构建去中心化的泛生态公有链基础网络，支持挖矿模式，首创 DPOA 币龄挖矿算法，持有即挖矿；支持游戏生态，搭建链游底层基础设施，促进分布式游戏新生态；支持 DeFi 生态，支持去中心化支付，提供高效低成本的金融服务；支持开发者生态，开源开放，向全球开发者提供专业技术支持。

ITC 致力于为物联网世界提供安全可扩展公链，在物联网网络中实现安全性，为数据传输提供稳定性和速度，将数据主权交还给其合法所有者，通过生态系统数据促进人工智能的发展。

ITC 支持轻量级物联网设备，万物链能够运行在树莓派级别低性能物联网设备，为物联网提供区块链安全级别的底层环境；采用分布式区块链技术架构，万物链拥有完整的分布式账本、完善的模块化框架、图灵完备的智能合约体系，为开发者提供基于分布式网络的各类通用模块。

ITC 主链采用 PBFT 共识机制，采用 DAG 作为主链结构，采用侧链与多层架构，构建一个安全、去中心化的操作系统，支持较高的并发量。

三、IoTeX

IoTeX 是以隐私为中心的区块链驱动的去中心化物联网网络，它的提出是为了解决物联网大规模发展和普及所面临的三大问题。

1. 可扩展性受限

物联网设备以中心化的方式与后端公共云服务或本地服务器群相连，以传输数据、接收控制命令。现阶段，物联网的规模受到现存后端服务器、数据中心等在扩展性和可用性上的限制，发展遇阻。运行大体量物联网所产生的高昂运营成本也不可能通过贩售设备来弥补。因此，物联网销售商通常无法提供足以应对现实需求的具有高性价比、可扩展性且安全可靠的设备和服务。

2. 隐私保护不足

由于物联网自动与现实世界直接相连，并且在物联网扩展过程中，数据体量会呈数量级增长，隐私问题日益突显。常见的隐私风险如下：

（1）身份识别：将（永久）标识符，如名称、地址、任何形式的假名等，与个人绑定。

（2）定位与追踪：通过不同方式获取个人定位。

（3）用户剖析：通过与其他档案和数据源的关联对比来收集用户个人的信息进行利益推导。

（4）侵犯隐私的信息交互：通过公共平台传递隐私信息，在此过程中将隐私泄露给不恰当的受众。

（5）使用周期内的信息交接：设备在它的使用周期内存储大量的历史信息，在此周期内控制权的交替可能导致信息泄露。

（6）财产目录攻击：对私有物品的存有和特征信息进行未经授权的采集，例如：窃贼可通过调取财产目录数据判断何时行窃。

（7）关联：将原本各自独立的系统相连可导致数据源泄露关联主体在关联前未曾揭露也不愿揭露的信息。

以上这些潜在的隐私风险皆能归因于设备层面、通信层面、和更常见的中心化主体层面的数据泄露。

3. 功能价值缺失

现存的物联网体系大多无法创造有意义的使用价值。"彼此互联"是提及最多的价值主张。而事实上，仅靠连接设备无法使设备智能化，也无法使之变得有用。就像个体细胞相互合作产生多细胞有机体，蜜蜂归属于蜂群，人类个体建立城市和国家那样，物联网更大的价值在于交互、合作，并最终实现异构实体间的匿名合作。通过合作，个体单位产生成倍于自身的价值。然而，根据所示85%的传统设备由于兼容性的问题缺乏交互和合作的能力。在商业和操作领域实现数据共享变得几乎不可能。

通过将区块链技术引入物联网，受益于区块链特有的属性：去中心化、拜占庭容错算法、透明度与不可篡改性，区块链有望成为物联网的脊椎和神经系统，有效地应对上述三个问题。

（1）去中心化的属性将用户与设备从中心控制与实时监控中解脱出来，因而在一定程度上解决了垄断市场的中心化主体加之于个体的隐私风险。区块链与加密经济可以被设计成兼具灵活性和高性价比的组合以充分支持物联网的各种场景与应用。举例来说：在计算任务和激励机制同时充分时，可激活网络中更多的节点进行合作。

（2）拜占庭容错算法的目标是应对系统成员随机产生的失败，这样失败的例子不仅包括中断或脱机，也包括错误处理请求、破坏本地状态、和／或产生错误或不一致的结果。拜占庭协议模拟现实场景中电脑和网络因硬件问题、网络拥塞、网络中断及遭受恶意攻击等意外发生时电脑和网络会产生的错误。BFT 可在这些时刻作用于物联网，以达成最优安全属性。比如，中间人攻击（MITM）再也不会发生，因为不存在可被截获并篡改的单线通讯，几乎根除拒绝服务攻击（DoS）发生的可能性。

（3）区块链提供加密保证，使锚定于链上的数据永久处于透明且不可篡改的状态，这种保证可运用于多种场景，比如物联网世界区块链上的锚固状态可运用于审计、公证、司法分析、身份管理、鉴定、授权等各种领域。

（4）可编程的智能合约延伸到物联网设备上，为物联网设备的控制带来无限可能。

区块链带来的机遇并不意味着任何区块链都适合投入物联网使用。实际上，由于不少挑战的存在，现存的公共区块链无一能应用于物联网。

IoTeX 的目标是成为物联网内注重隐私保护和可扩展性的中枢和神经系统。为了实现这一点，并应对上述提到的一系列挑战，IoTeX 采用链中链架构、使用环形签名和佩德森承诺协议来保护隐私、采用随机授权股权证明机制获得快速高效的共识，并发行了 IOTX 通证，使得 IoTeX 支持多样的物联网生态系统，包括共享经济、智能家居、自动驾驶汽车与供应链等。

1. 链中链架构

IoTeX 是由许多分层排列的区块链组成的网络，这些区块链在保持互操作性的前提下共同运行。在 IoTeX 世界中，根链（root blockchain）管理着许多独立的区块链或子链（subchain）。子链与有相似性的物联网设备相连接，这包括功能目的、运行环境或信任级别的相似性。如果一条子链在遭受攻击或遇到软件错误时无法正常运行，根链完全不受影响。也可以进行跨区块链交易，将价值和数据从子链转移到根链，或者通过根链从一条子链转移到另一条子链。

根区块链是任何人都可以访问的公共链，它有三个主要目标：

（1）以保护隐私的方式在子链之间传递数值和数据，以实现子链间的互操作性。

（2）监督子链，例如通过没收定金（bond confiscation）惩罚子链上的运营方（bonded operators）。

（3）结算和锚定支付，建立子链信任。

2. 隐私保护交易机制

IoTeX 的隐私保护技术通过隐藏接收方的地址，使用环形签名（Ring Signature）保护寄送方的隐私和使用佩德森承诺协议（Pedersen commitment）来隐藏交易金额，进行了以下创新和改进：使用轻便型的隐藏地址让接收方不用扫描整个区块链来确认交易；优化环签名，使其更体积更轻便并更具有可信任程度。

隐藏地址技术源于 Cryptonote 协议，它利用"半轮（half round）"Diffie-Hellman 密钥交换协议解决接收方的接收问题。Bulletproofs 模型是为了替代佩德森承诺协议（Pedersen commitment）而被提出的。这是一种新的非互动零知识证明协议模型（noninteractive zero-knowledge proof protocol），它仅需非常短小的证明签文（proofs）并且不需要仰赖可信任的节点，因此可以在没有额外计算量的条件下，将范围证明（range proof）的大小从线性减小到次线性并进一步减少交易体量。

3. 共识机制

PoS 的基本思想是随机选择一组节点对下一个区块投票，并根据它们的资金量大小（即权益）对他们的投票进行加权。如果某些节点行为不当，系统可能会没收其链上的资金。藉由这种方式，不用通过高计算成本的 PoW，区块链依旧可以更高效地运行，除此之外可以实现链上的经济稳定性：参与者拥有的权益越多，其维护账本共识机制的动机就越大，其节点行为不当的可能性也就越低。

授权股权证明（DPoS）改进了 PoS 的思想即授权股权证明允许参与者委托一些代表来代表他们在网络中的部分股权。例如，Alice 可以向网络发送消息，委托 Bob 代表她的股权并代表她投票。DPoS 为我们的物联网应用提供了以下优势：

Ÿ 小股权参与者可以将他们的股权集中起来，让他们有更高的机会共同参与区块链中的投票，然后分享奖励。

Ÿ 资源受限的节点可以委任代表，因此并非所有节点都需要保持联机才能达成共识。

Ÿ 代表可以是具有强大电力供应和网络条件的节点，也可以动态随机选择，因此在链上将获得更高的整体可用性 . 使网络达成共识。

如上所述，为了效率考虑，当要提出或选举新块时，系统将随机选择一小组节点。这种随机选择算法的设计非常重要，因为它影响了整个共识过程的公平性和安全性。最近一组麻省理工学院的研究人员 –Yossi Gilad 等人提出了 Algorand 法，这是一种基于可验证的随机函数（VRFs）的有效 PoS 共识算法。VRFs 的概念是由 Micali 等人提出的，指的是可以随机输出公开可验证的数据。通过使用 VRFs 参与者可以私下检查他们是否被选中于每轮提议或投票，然后发布他们的 VRFs 证据和区块提案或投票。通过使用 VRFs，我们可以提高网络效率并避免有针对性的攻击，因为所有被选参与者只需向网络广播一条消息。

4. 通证机制

本地数字通证（IOTX）是 IoTeX 网络生态的重要组成部分，它被设计成完全服务于 IoTeX 网络。IOTX 通证作为一种虚拟加密"燃料"被用于在 IoTeX 网络上实现某些功能（比如执行转账和运行分布式应用），通过消耗 IOTX 通证激励社区参与者，维持 IoTeX 网络上的生态。在 IoTeX 网络上执行转账和运行分布式应用以及验证添加区块 / 信息需要占用很多的计算资源，因此我们需要激励这些提供服务 / 资源的网络参与者（即挖矿）以保持 IoTeX 网络的完整，IOTX 通证还被作为一种汇率单位用于支付占用计算资源所产生的费用。IOTX

通证需要 50 年才能挖完，挖矿奖励会随着时间的推移而线性下降。

IOTX 通证是 IoTeX 网络中不可或缺的一部分，如果没有 IOTX 通证，那么就没有一种汇率单位去支付这些费用，从而使 IoTeX 的生态系统无法持续。

IoTeX 区块链支持多样的物联网生态系统，包括共享经济、智能家居、自动驾驶汽车与供应链等。不同类型的开发者用不同的方式使用 IoTeX。IoTeX 支持的开发者包括物联网硬件制造商、物联网设备控制系统开发商、智能家居应用程序开发商、共享经济设备制造商、供应链数据整合商、数据众包供应商、自动驾驶车辆开发商，等等。

四、其他项目

将区块链技术与物联网技术相融合，解决物联网存在的各种问题，目前已受到业界的重视。除了前面所述的 IOTA、IoT Chain、IoTeX 等项目以外，还有 Modum、Factom、Ambrosus 等项目。

Modum：Modum 是一家旨在改善货币供应链流程的科技初创公司。通过将物联网和区块链相结合，Modum 创建了一个供应链网络，将物联网设备和智能合约结合到一个设备中。本产品的目的是提供实时跟踪数据。这有助于确保产品没有被篡改，并且在整个装运过程中都处于目标位置。

Factom：Factom 是一个用于保存记录的系统，它驻留在一个分布式、分散的网络上。这个项目背后的概念是在价值层和数据层之间创建一个区别，这允许文档公证。这些记录随后被存储在比特币的区块链上，这意味着它们是不可变的，也不太可能改变。

Ambrosus：Ambrosus 是一个基于以太坊的项目，它的资源也集中在供应链上。凭借其专有的物联网设备，Ambrosus 的目标是创建一个完整的供应链。Ambrosus 背后的妙处在于，它对任何依赖物流和供应链的行业都有用例。在当前系统中存在潜在的错误和问题，这就是为什么 Ambrosus 创建了一种设备，消除了一些供应链的复杂性和导致数百万美元损失的问题。

VeChain：该项目利用智能合约跟踪公司库存，在整个供应链过程中标记产品。RFID 标签贴在货物上，然后完整地显示产品的历史。VeChain 用户可以在发货过程中随时查看此历史记录。

Power Ledger：Power Ledger 项目正在创建分散的、分布式的能源交易，支持专注于能源的应用程序。Power Ledger 希望创建一个市场，允许能源由那些不需要的人分配给那些需要的人，以及一个共享所有权方法，将赋能区块链上的微电网。

Helium：Helium 项目希望创建一个简单的解决方案，通过分散的区块链连接物联网产品。这个网络通过提供可负担的基础设施来激励企业和社区，这些基础设施允许连接传感器、机器和设备设备。Helium 网关为覆盖范围内想要使用网络的设备和应用程序提供连接。

OriginTrail：OriginTrail 项目旨在提供整个供应链过程中的数据共享。这为企业提供了一种方便、无缝地交换数据的方法。OriginTrail 通过提供一个安全透明的应用程序来提高效率和责任感。OriginTrail 的目的是成为第一个分散的专门构建的协议。这样做使企业能够轻松地跨越国际边界相互交流。

Grid+：基于以太坊网络，Grid+ 希望为用户提供一种进入批发能源市场的方式。Grid+ 通过其智能能源代理设备，通过调整和控制驻留在网络上的智能小工具来调整电网的能源消耗。它也可以使用储存在家里的能量在需要的时候购买能量。

第三节　区块链物联网融合应用案例

一、传感器数据存证与溯源

传统的供应链运输需要经过多个主体，例如发货人、承运人、货代、船代、堆场、船公司、陆运（集卡）公司，还有做舱单抵押融资的银行等业务角色。这些主体之间的信息化系统很多是彼此独立，互不相通的。一方面，存在数据做伪造假的问题，另一方面，因为数据的不互通，出现状况的时候，应急处置没法及时响应。在这个应用场景中，在供应链上的各个主体部署区块链节点，通过实时（例如船舶靠岸时）和离线（例如船舶运行在远海）等方式，将传感器收集的数据写入区块链，成为无法篡改的电子证据，可以提升各方主体造假抵赖的成本，更进一步地厘清各方的责任边界，同时还能通过区块链链式的结构，追本溯源，及时了解物流的最新进展，根据实时搜集的数据，采取必要的反应措施（例如，冷链运输中，超过0℃的货舱会被立即检查故障的来源），增强多方协作的可能。

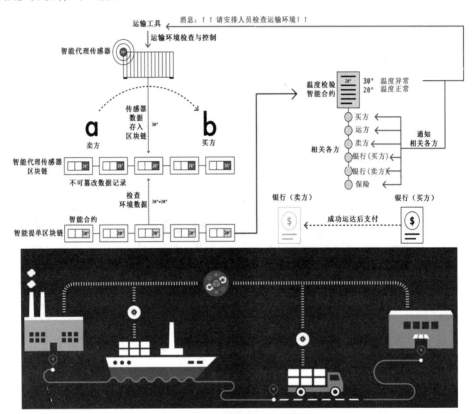

图 6-13　物流运输应用场景

如图 6-13 所示，在物流运输场景中，安装在运输工具中的智能代理传感器检测运输环境参数（如温度、湿度等），并将数据存入区块链。数据将显示容器内的温度是高于还是低于 20 度。如果超过 20 度，智能合约中相关条款的状态将从"温度正常"变为"温度异常"。在智能合约的世界里，不遵守合同将触发对受害方的付款或强制赔偿。然而，如上所述，在短期内设想一个非此即彼的二元世界是不可行的。最有可能的是，合同中的状态变化会提醒合同当事人或利益相关者潜在的违约行为，在这种情况下，将派遣一名物理审计员检查货物并纠正任何合同（温度）不符之处。随着设备变得更加安全可靠，环境温度的长期状态变化将产生直接的经济后果。

二、新型共享经济

共享经济可以认为是平台经济的一种衍生。一方面，平台具有依赖性和兴趣导向性，摩拜和 OFO 做单车共享，但并没有做摩托车的共享。另一方面，平台也会收取相应的手续费，例如，滴滴打车司机要将打车费用的 20% 上交，作为平台提成。初创公司 Slock.it 和 OpenBazaar 等主要是希望构建一个普适的共享平台，依托去中介化的区块链技术，让供需双方点对点地进行交易，加速各类闲置商品的直接共享，并节省第三方的平台费用。

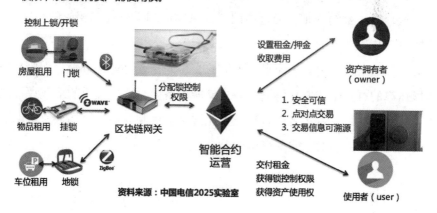

图 6-14　新型共享经济应用场景

在图 6-14 这个案例中，首先依托区块链网关，构建整个区块链网络。资产拥有者基于智能合约，通过设置租金、押金和相关规则，完成各类锁与资产的绑定。最终用户通过 APP，支付给资产所有者相应的租金和押金，获得打开锁的控制权限（密钥），进而获取资产的使用权。在使用结束后，归还物品并拿回押金。这里有一个优势是，精准计费，可以按照智能合约上的计费标准，实时精准地付费，而不是像目前共享单车的粗犷式收费（按半小时、一小时收费）。虽然节省了平台手续费（20%），但是，也引发了很多思考，例如，没上保险，出了事故如何解决；客户租车开了 200 公里，直接锁车结账走人了，谁将车开回来等，在实际应用中，仍有很多问题有待解决。

三、基于智能电表的能源交易

在图 6-15 应用场景中，传统输电的线路损耗率达到 5%，住户建立的微电网中盈余能源无法存储，也不能共享给有能源需求的其他住户。纽约初创公司 LO3 Energy 和 ConsenSys 合作，由 LO3 Energy 负责能源相关的控制，ConsenSys 提供区块链底层技术，在纽约布鲁克林区实现了一个点对点交易、自动化执行、无第三方中介的能源交易平台，实现了 10 个住户之间的能源交易和共享。主要实现方式是，在每家住户门口安装智能电表，智能电表安装区块链软件，构成一个区块链网络。用户通过手机 APP 在自家智能电表区块链节点上发布相应智能合约，基于合约规则，通过西门子提供的电网设备控制相应的链路连接，实现能源交易和能源供给。

对于我国来说，也有一家点对点能源交易的初创企业 Energo。主要是通过将各家住户的可再生能源存储到分布式储能设备中，通过代币的形式评估能源的占有量和消耗量，基于智能合约设置能源交易规则和微电网切换主电网的策略，实现无中介的点对点能源交易平台。

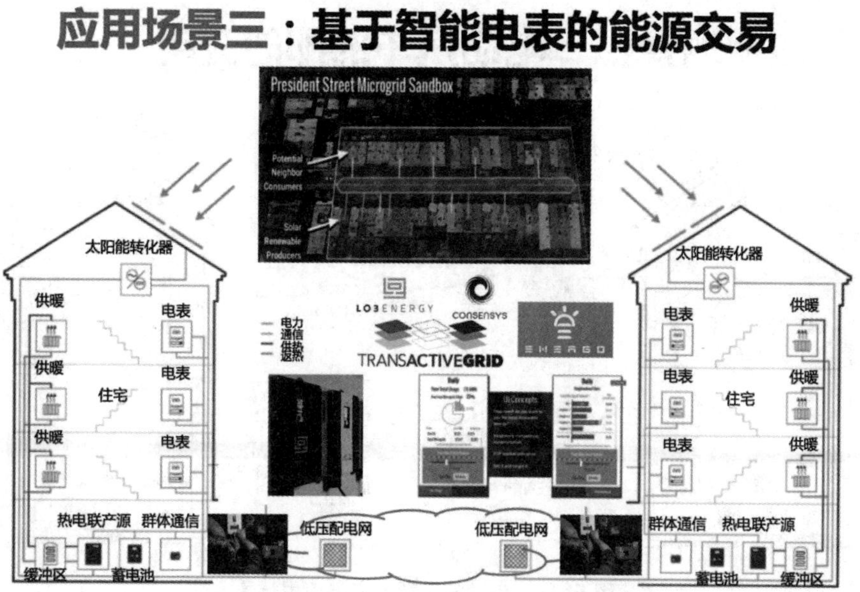

图 6-15　能源交易应用场景

四、电动汽车即时充电

在图 6-16 应用场景中，主要面临的是多家充电公司支付协议复杂、支付方式不统一、充电桩相对稀缺、充电费用计量不精准等行业痛点，由德国莱茵公司和 Slock.it 合作，推出的基于区块链的电动汽车点对点充电项目。通过在各个充电桩里安装树莓派等简易型 Linux 系统装置，基于区块链将多家充电桩的所属公司和拥有充电桩的个人进行串联，使用适配各家接口的 Smart Plug 对电动汽车进行充电。使用流程为：（以 Innogy 的软件举例）首先，在智能手机上安装 Share&Charge APP。在 APP 上注册你的电动汽车，并对数字钱包进行充值。需要充电时，从 APP 中找到附近可用的充电站，按照智能合约中的价格付款给充电站主人。APP 将与充电桩中的区块链节点进行通信，后者执行电动车充电的指令。

271

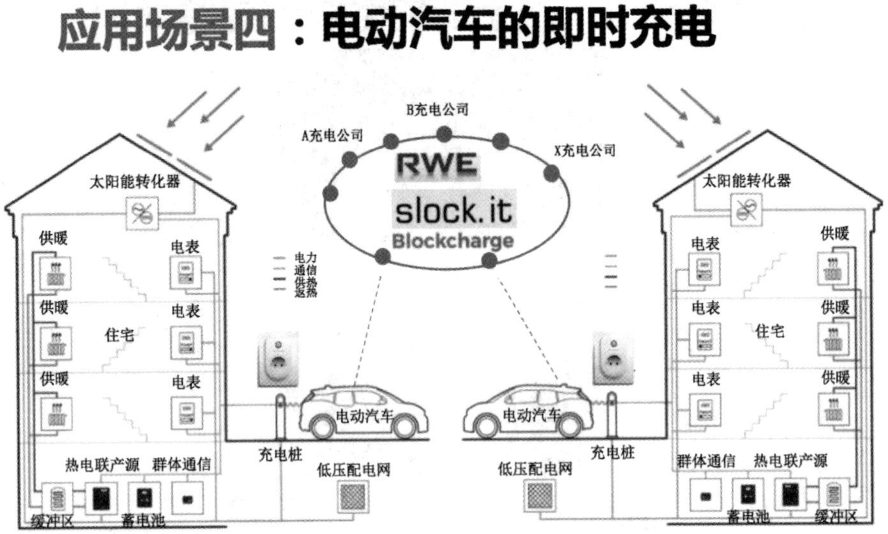

图 6-16 电动汽车即时充电应用场景

五、无人机安全通信与群体智能

图 6-17 应用场景主要是针对未来无人机和机器人的快速发展，机器与机器之间的通信必须要从两个方面去考量：一方面，每个无人机都内置了硬件密钥。私钥衍生的身份 ID 增强了身份鉴权，基于数字签名的通信确保安全交互，阻止伪造信息的扩散和非法设备的接入。另一方面，基于区块链的共识机制，未来区块链与人工智能的结合点——群体智能，充满了想象空间，MIT 实验室已经在这个交叉领域展开了深入研究。

有人指挥变成了机器共识。在战场上中心化的指挥节点被打掉之后，机器就失去了战斗能力。2017 年 11 月份，伯克利大学发布了自主杀人机器人，发布命令之后，可以直接去教室指定地点去杀害指定目标，并且当遇到障碍物时候会协作爆破，他们会结成队一起去炸掉墙。

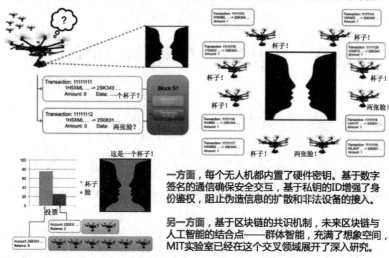

图 6-17　无人机安全通信与群体智能应用场景

　　这种情况下，一般我们都是通过手控、遥控远程去操作。很多时候，一个机器人对采样图像进行模式识别，并不能判别一个物体到底是不是确定的，比如你遇到一座山峰，有些时候，像无人机摄像头辨别不出来，如果你不拉升、提高无人机的高度，就会坠毁。如果有多个机器人，在不同的纬度、不同的高度，并且都能给你提供决策支撑，通过大家投票，到底是山峰，还是普通障碍，有助于提升决策的精准度。这种情况下，称之为"群体智能"，更准确地说，是物联网中下一个比较热门的技术，叫"边缘计算和区块链的结合"。

273

第七章　区块链物联网融合研究方向

第一节　基于区块链的物联网安全架构

针对物联网存在的平台架构安全、网络通信安全、设备安全等问题，研究如何运用区块链技术保障物联网系统的安全。主要包括：区块链在物联网系统架构中的应用模式；在物联网中广域网络各网络层部署区块链技术的新架构，以提供较高的安全性和可信度保证；区块链共识机制用于交易验证防范恶意攻击的技术；基于软件定义网络（Software Defined Network，SDN）和区块链防范物联网网络攻击的安全模型；基于智能合约和零知识证明的身份认证技术。

一、基于雾计算、SDN（软件定义网络）和区块链构建分布式云架构

基于三种新兴技术：雾计算、SDN（软件定义网络）和区块链构建分布式云架构，架构层包括设备层、雾层、云层。云层采用基于区块链的云，这种架构可以实现实时数据交付，安全性，低延迟，满足以较小的成本管理大型生成的数据流。引入区块链的分布式网络架构，智能设备节点映射等技术，以及PBFT-DPOC 一致性算法（委托贡献证明），通过共识算法实现账户的共享，这种算法需要候选人提供硬件设施（包括计算能力，带宽和存储），并参与节点投票，最终实现智能设备的分散自治。

物联网区块链融合技术的基础架构分为四层：感知层、公链层、合约层、应用层。公链层，合约层统称区块链层，感知层上搜集到的数据和信息在公链

层传输，一旦上链，数据不可篡改，通过 P2P 网络的形式实现信息传输，在合约层上，通过智能合约的运行实现系统的运行，融合架构见图 7-1 所示。

图 7-1　物联网区块链融合基础架构

基于 SDN 和区块链技术构建一种新的 Dist Block Net 架构，这种架构利用区块链技术更新、下载并验证物联网设备得最新流规则表，使得网络架构主动适应环境，并能以低性能开销检测到网络中的攻击，灵活有效可扩展。采用改进的实际拜占庭容错（PBFT）共识机制实现物联网设备的时间同步，从而减少来自外部的攻击，使系统高效安全。IoT 设备的部署导致攻击增加，采用区块链技术中的智能合约提高了系统的安全性，区块链机制（BCM）成为物联网防御得一种手段。分析区块链技术中属于新型池挖掘攻击中的硬币跳跃攻击，深入分析了其实施条件，提出防御策略：核查矿工工作检测池管理者的异常行为；改进公示协议，跟踪恶意池管理器。Fastpay 技术可以有效解决该问题，Fastpay 协议原理是建立名为 Broker 的用户充当中间人，实现安全支付。Polkadot，Cosmos 是跨链中项目，实现万链互联，设计出一种 Hybrid-IoT（物联网的混合区块链架构），把 IoT 设备转化为 PoW 子链上的对等体，PoW 子块链之间的连接采用 BFT 互连器，此架构通过了性能和安全性评估，系统模型和性能分析的基础上设计了一种算法，在最大化交易吞吐量的标准下，确定区块链系统的最优全功能节点部署。

二、基于区块链智能合约的身份认证技术

身份验证管理系统大多出自学术研究，只有少数初创公司在做身份验证系统的研发，一般而言，解决方案分为两类：依赖于公共区块链平台的身份解决方案，具有许可身份的块生成器的身份解决方案，前者主要使用以太坊智能合

约来设计数字身份模型，并确保通过一组操作（即密钥撤销）确保身份的可靠性和可用性，后者在对等网络中建立了一个公共许可的区块链，其中节点被划分为经过验证的验证器节点和观察者节点，以确保高性能和可扩展性。

Bassam 引入了基于区块链的 PKI，提供了基于以太坊智能合约的解决方案。在他的工作中，定义了几个与身份相关的操作，例如添加属性、签署属性、撤销签名，还计算了以太坊平台不同运营的成本。带外双因素认证方案，设备关系存储在区块链上，即使访问令牌被窃取，认证方案也可以组织外部恶意设备的访问，仿真实验表明设备的内存和 CPU 开销在可以接受的前提下，解决了大规模物联网设备的验证难题。物联网系统中身份管理系统的要求：可扩展性，互操作性，移动性，安全性，隐私性，并研究了区块链主权身份解决方案，最后阐述了物联网构建完整身份管理系统的挑战。通过约束公众，开发了基于以太坊智能合约的身份管理系统密钥，用户的实体信息。除身份管理部分外，他们还重新定义了令牌，以符合他们提出的声誉模型，反映用户的声誉。奥古特等人修改了比特币堆栈以构建身份管理解决方案，并把零知识证明称为品牌选择性披露方案，以确保匿名身份。设计 NEXTLEAP，这是一个非中心化的身份框架，具有使用盲签名的隐私保护功能，此外，他们使用身份解决方案提供的身份验证服务构建更安全的消息传递应用程序 Azouvi 等。

物联网具有可扩展性，移动性强，互联网领域中的身份管理系统无法直接应用在物联网环境中，区块链技术的去中心化做到不依赖第三方的情况下，允许用户设备管理自己的身份，通过对学术研究中的身份管理系统充分调研，区块链技术的引入为身份管理提供了可行的解决方案。

三、基于区块链的隐私保护技术

隐私是指用户的敏感信息，包括身份信息，来自服务商提供的敏感数据，我们可以通过更改权限保护自己的隐私数据，然而由于第三方的存在，不可避免的泄露自己的身份信息，Blockchain 可以被用于确保物联网（IoT）生态系统中增强安全性和隐私性。采用 PoW 共识机制，PK（公钥）来记录用户身份，私钥用来加密，提供了一个使用区块链来保护物联网安全的模型。Axon 分析了隐私设计分散式 PKI 系统时提出的要求，提出了一种具有隐私意识的基于区块链的 PKI，除了注册，撤销和恢复等一系列操作外，他们还引入了邻居组的概念，以提高隐私保护的性能。Hardjono 在许可的区块链环境中使用零知识证明引入了一种基于区块链的隐私保护身份解决方案，称为 ChainAnchor。在本方案中，经过验证的节点具有编写或处理交易的权限，且都建立在防篡改硬件上，为用户提供隐私保护服务。引入区块链技术中的智能合约，能够将复杂的多步骤流程自动化，实现加密可验证性。将其与监管框架规定联系起来，提供了区块链的隐私和数据保护方面的解决方案，随着区块链产品的开发，还需要考虑遵守数据隐私监管框架。

区块链技术使身份控制权从第三方提供商返给用户，零知识证明的加密方案可以在不泄露隐私的情况下确认身份，通过链下存储构建平台可以保护个人数据的隐私，智能合约的执行可实现加密壳验证性，合同违约时，被欺骗的当事人可获得相应的赔偿，需要指出的是，智能合约应用在物联网中仍需学术界的进一步研究和工业界的实践验证。

四、基于区块链的信任机制

信任机制非常重要，与隐私和身份验证紧密相关。区块链是一种新兴的范例，提供以无信任，可审计的方式与其他网络设备交互，解决物联网（IoT）平台的信任问题。

现有的信任机制研究大部分脱离物联网环境，提出一种适用于分布式物联网的信任管理方法，借助区块链实现信任数据的共享，该方案经实验表明，能够有效量化信任，保护数据不被篡改。在 IETF 草案 "（约束节点的区块链交易协议"）中引入了 BIoT 范例，主要思想是在区块链交易中插入传感器数据，由于对象没有逻辑连接到区块链平台，因此控制器实体会转发交易伪造所需的所有信息。为了生成加密签名，对象需要一些可信的计算资源，Liu 等人提出了一种通过量身定制的以太坊令牌建立信任声誉的方法。Zhu 将所有物联网实体之间的区块链和社交网络结合起来，为物联网构建了一个安全架构，也为信任管理奠定了坚实的基础。提出一个信任列表，信任列表的原则是自动化怀疑，验证和信任物联网服务和设备的过程，以有效地防止攻击和滥用，并通过集成区块链和软件定义网络（SDN）在边缘网络上提供物联网交通管理的自动执行。提出一种基于区块链的社会物联网可信服务管理框架。该框架通过区块链的去中心化特性在服务请求者和服务提供者之间直接建立信任关系，利用智能合约产生并管理新的交易，实现交易过程透明化并减少管理维护成本。

对信任机制研究有以下两种：基于策略制定的机制和基于信誉的机制，上述文献在两种机制的研究基础上引入区块链技术，使研究成果应用到分布式物联网中，随着 IoT 设备的智能化程度提高，引入风险概念后的信任机制需要进一步的研究。

五、基于区块链的访问控制技术

访问控制作为一种安全机制，规定了是否可以访问计算机系统中的哪种资源和服务，传统的访问控制包括访问控制列表、给予角色的访问控制、给予属性的访问控制、给予能力的访问控制，传统的机制很难满足物联网现在的发展，区块链技术的引入使得访问控制策略变得透明。

FOCUS 架构利用三维社交网络构建以用户为中心的访问控制机制，可以管理所有类型的访问控制，整个访问控制机制建立在无信任物联网环境中基于区块链的身份管理系统上，保证了用户的安全性和隐私性。提出 IoT Chain 架构，它是 OSCAR 架构和 ACE 授权框架的组合，为安全授权访问物联网资源提供端到端解决方案，OSCAR 使用公共分类帐为授权客户端设置多播组。提出一种动态访问控制方案，以解决现有的设备间直接数据通信访问控制方法的问题，并应对物联网的动态环境。提出 FairAccess 框架，这个框架的优势是使用智能合约创建去中心化的假名和隐私保护授权管理框架，其中智能合约用来表示访问控制策略，既保留了区块链带来的优势，同时克服了区块链在访问控制策略上的挑战。为 IoT 设备描述了一种新颖的防伪方法，利用存储芯片的独特特性来获取加密，结合区块链进行可靠和可靠的设备身份验证。

第二节　面向物联网的区块链适配性

针对物联网中计算资源，存储资源稀缺的问题，研究适用于物联网的区块链技术需要做哪些方面的改进。主要包括：基于语义区块链的新型面向服务的体系结构（SOA），通过智能合约用于服务的注册和发现，解决物联网节点拓扑动态变化的问题；适用于物联网的区块存储方案，针对轻量级物联网客户端仅在更新时下载并存储有用的数据，有效降低物联网设备的通信和存储成本；基于 IPFS、Storj、Hadoop 解决区块存储和节点计算问题的途径；研究一种同时解决 IoT 数据计算、存储和网络资源问题的新架构。资源稀缺是物联网节点面临的主要问题。存储资源指物联网数据保存在哪里，IPFS 项目的设计初衷是把闲置的存储空间利用起来，Storj 利用文件分片打散存储数据，并通过端到端保护数据隐私，计算能力是数据的处理快慢，DxChain 项目参考了 Hadoop 架构，希望同时解决存储和计算问题，而通信能力是数据、价值状态的连接网络。

一、区块链 + 物联网面临的技术挑战

立足当前，展望未来，区块链 + 物联网会遇到以下四个方面的挑战：

在资源消耗方面，IoT 设备普遍存在计算能力低、联网能力弱、电池续航短等问题。比特币的工作量证明机制（PoW）对资源消耗太大，显然不然适用于部署在物联网节点中，可能部署在物联网网关等服务器里。其次，以太坊等区块链 2.0 技术也是 PoW+PoS，正逐步切换到 PoS。分布式架构需要共识机制来确保数据的最终一致性，然而，相对中心化架构来说，对资源的消耗是不容忽视的。

在数据膨胀方面，区块链是一个只能附加、不能删除的一种数据存储技术。随着区块链的不断增长，IoT 设备是否有足够存储空间？例如，比特币运行至今，需要 100G 物理存储空间。

在性能瓶颈方面，传统比特币的交易是 7 笔 / 秒，再加上共识确认，需要

约 1 个小时才写入区块链，这种时延引起的反馈时延、报警时延，在时延敏感的工业互联网上不可行。

在分区容忍方面，工业物联网强调节点"一直在线"，但是，普通的物联网节点失效、频繁加入退出网络是司空见惯的事情，容易产生消耗大量网络带宽的网络震荡，甚至出现"网络割裂"的现象。

二、可能的改进措施

从改进方面，可以从两个方面去衡量。

（1）对于资源消耗，可以不使用基于挖矿的、对资源消耗大的共识机制，使用投票的共识机制（例如 PBFT 等），减少资源消耗的通知，还能有效提升交易速度，降低交易时延。当然，在节点的扩展性方面，会有一定损耗，这个需要一个面向业务应用的权衡。

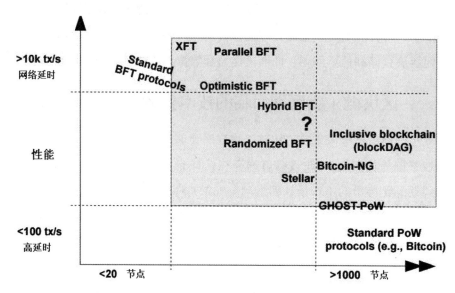

图 7-2　节点扩展性

（2）对于数据膨胀，可以使用简单支付交易方式（SPV），通过默克尔树对交易记录进行压缩。在系统架构上，支持重型节点和轻型节点。重型节点存储区块链的全量数据，轻型节点只存储默克尔树根节点的 256 哈希值，只做校验工作。

（3）对于性能瓶颈，已经有很多面向物联网的区块链软件平台做了改进。例如，IOTA 就提出不使用链式结构，采用有向无环图（DAG）的数据结构，一方面提升了交易性能，另一方面，也具有抗量子攻击的特性。Lisk 采用主链—侧链等跨链技术，进行划区划片管理，也在性能方面取得了不少突破。

（4）对于分区容忍，针对可能存在的网络割裂，可以选择支持链上链下交易，尤其是离线的交易，并在系统设计时支持多个 CPS 集群。

从物联网的角度来看：

（1）对于资源消耗，随着 eMTC、NB-IoT、LoRA 等低功耗广域网（LPWA）技术的发展，传输质量、传输距离、功耗、蓄电量的问题将得以逐步解决。

（2）对于数据膨胀，根据摩尔定律和超摩尔定律，存储成本下降，物联网存储能力持续上升。

（3）对于性能瓶颈，随着 MEMS 传感器、SiP 封装工艺等新技术、新工艺、新架构的不断成熟、成本降低，小体积、低功率的传感节点有望广泛应用。

通过智能合约的运用，基于语义区块链的新型面向服务的体系结构可解决存储和计算资源短缺，在各网络层部署区块链可以解决网络资源问题，提升网络性能，未来的目标是提出新的架构同时解决 IoT 数据的计算、存储、网络资源问题。

有限的物联网设备不能承受计算资源，缓存资源，把边缘计算和区块链结合起来，利用边缘服务器的计算和缓存能力，帮助物联网设备达成共识，存储数据。研究一种基于区块链的存储系统，基于 OSD 的智能合约（OSC）方法用作交易协议，大规模存储系统的并用性可以减少数据分析的时间，大大降低物联网中数据分析的开销。研究管理物联网设备，构建密钥管理系统的方法：通过配置区块链保护传感器中的数据采集配置物联网设备，使用 RSA 公钥密码系统管理密钥，同时选择以太坊作为区块链平台，编写图灵完整代码。

区块链技术的引入解决了物联网的数据管理问题，传统物联网架构僵化，加上物联网数据的持续增长，导致所有数据流都汇总在中心控制系统内，而区块链技术的存储系统大大降低了开销，最终实现设备的分散自治，在数据管理系统中，共享数据也是要解决的问题，数据共享平台应满足三个条件：平台数据跟平台无关，安全可靠，数据共享内容的控制方法灵活可靠，未来需要进一步的研究来提出解决方案。

第三节 区块链性能提升技术

针对区块链技术中的可扩展性差和交易延迟大的问题，研究提升区块链的可扩展性和吞吐量的技术。主要包括：使用本地对等网络的侧链技术，通过可扩展的分类账限制进入全局区块链的交易数量，从而提高交易处理的速度；基于 DAG（有向无环图）的区块存储技术和共识协议，以提升区块链的扩展性和交易速度；基于物联网设备数据新鲜度及有效性的共识协议，避免高能耗、获得低延时，提升交易吞吐量。

研究本地对等网侧链技术；研究基于 DAG 的区块存储和共识协议，提升区块链的扩展性和交易速度；研究基于物联网设备数据新鲜度及有效性的共识协议。

区块链作为一个记账或者账本系统，这其中存在一个很大的问题，即关于吞吐量的问题，比特币的底层设计仅支持每秒 7 笔交易，还不及传统支付工具 Visa 每秒 8000 笔交易的一个零头，严重制约了去中心化应用的发展，如果用户想进行一笔简单的转账，必须支付更高的手续费才能完成这笔交易。因此，低吞吐量导致了目前还没有相关领域的杀手级应用，链下存储技术可以解决这个问题，即对应比特币的闪电网络和以太坊的 Raiden Network，用户提前支付一些以太坊或比特币作为押金，之后便可以在链下通过一些手段，来跟其他人进行交易。交易结束后，用户要把这个结算放在区块链上面。因为在链下处理交易时，可以使用性能极为强大的服务器，大幅度提升系统的吞吐量，达到每秒上万，甚至是几十万的交易量。

物联网中，移动设备产生的数据需要迁移，借助侧链技术和令牌可以以分散的方式在不同的区块链之间转移。资产转移过程与货币类似交换，链下存储虽然能够达到高的吞吐量，交易却失去了开放性、透明性的优势，使用链下交易，没有那么多节点去进行行为监督，也就少了去中心化的优势，同时，普通的物联网节点失效，退网是常见现象，针对可能存在的网络割裂，可以选择支持链上链下交易，并在系统设计时支持多个集群。

针对如何增大区块链的吞吐量这一问题，业界也一直在不断努力尝试。交易吞吐量（区块链可以处理交易的最大速率）和交易延迟（确认交易已包含在区块链中的时间）是区块链扩展性的主要衡量指标。吞吐量和延迟是提升区块链性能的瓶颈，区块链技术中最大的挑战是：交易速度慢，主要原因是每个节点处理网络上的每笔交易，下载慢，验证慢，随着节点越来越多的加入，交易量越来越大，以太坊的网络速度会越来越慢。"分片"来源于传统的数据库概念，将完整的数据库进行分片管理，每个分片保留相同的数据库结构。在以太坊中，借用数据库中分片的思想，现将网络中的每个区块拆分成一个个子区块，每个子区块可以容纳若干个（目前是 100 个）存有交易数据的校验块，这些校验块最终组成一个在主链上的区块，由于分片中的节点只需要负责所在片区处理，不需要广播到整个网络，因此提升了处理交易。

在物联网环境下研究开发分片区块链，管理操作都在不同的分片上并存储在不同的服务器中完成，从而将大问题拆分成小问题解决，不同的链按重要程度记录数据，保证全局和本地所有记录的完整性，使用 GHOST（Greedy Heaviest-Observed Sub-Tree）协议加快生成块的速度，从比特币中的每块 10 分钟到以太坊中的每块 12 秒，也可以基于软件区块链平台做改进，例如 IOTA 提出不使用链式结构，采用 DAG 的数据结构，再加上随着封装工艺等新架构的不断成熟，小体积低功率的传感器节点越来越受欢迎，从而提升了交易性能。

区块链中数据全网广播、全网存储和全网校验需要消耗很大的网络带宽资源，存储资源和算力资源，对于资源消耗大的共识机制，我们可以改变共识算法，使用资源消耗低的算法，如 PBFT 和 Tendermint 算法等，在物联网领域，随着低功耗广域网技术的发展，传输质量、传输距离、功耗、蓄电量的问题有望逐步得以解决。

此外，数据传输能力差，延迟性高的问题依赖 5G 技术的崛起有望得以解决。2019 年 6 月份，工信部发布了 4 张 5G 商用牌照：中国电信、中国移动、中国联通、中国广电，5G 网络加速推进了物联网的发展。5G 赋能的物联网区块链在一定程度上缩短了传输延迟，显著提高区块链的吞吐量。

第四节　物联网区块链融合应用开发技术

　　针对业界物联网与区块链融合应用成功案例少、开发难度大的问题，研究物联网区块链融合应用开发模式和技术。主要包括：离线构建私有链基础设施的技术；基于智能合约和 NodeJs 开发物联网区块链应用软件的技术；基于 IOTA 平台开发物联网区块链应用软件的技术。

　　离线构建私有链基础设施的技术；目前业界构建私有链基础设施必须连接到国外资源网站，这对于国内政府、军队等涉密机构通常是不被允许的。另一方面，当前构建私有链主要由专业的运维人员逐条输入命令来完成，技术门槛高、效率低下，市场上尚缺少集成化的部署工具。故此，研究主要侧重点在于构建集成化的部署工具，在离线条件下实现私有链的搭建。

　　基于智能合约和 NodeJs 开发物联网区块链应用软件的技术；Hyperledger Fabric 是业界应用最广泛的通用区块链架构，具有基于 CA（认证中心）的身份认证机制，可以有效保证上链节点的合法性；Fabric 所特有的 Channel 机制和 Collection 机制可以有效地保护节点之间的隐私数据。利用 Fabric 的智能合约和 NodeJs 技术开发区块链应用软件，解决现实生产生活中无信任场景下建立信任关系的问题。

　　基于 IOTA 平台开发物联网区块链应用软件的技术；IOTA 是为物联网（IoT）而设计的一个革命性的新型交易结算和数据转移层。它基于新型的分布式账本——Tangle（缠结），Tangle 能够克服现有区块链设计中的低效性，并采用新型的交易验证协议实现去中心化 P2P 系统共识的达成。由于 IOTA 不需要通过挖矿来获取记账权，每个交易者同时也是验证着，因此交易不需要支付手续费，这也就意味着，无论是多小额的支付都能通过 IOTA 完成。基于 IOTA 可以开发物联网 M2M（Machine to machine，机器对机器）交易应用。

参考文献

［1］ Wang X,Zha X,Ni W,et al.Survey on blockchain for Internet of Things[J]. Computer Communications,2019.

［2］ 史慧洋,刘玲,张玉清.区块链综述:区块链在物联网中的应用[J].信息安全学报,2019,4(5).

［3］ 中国电子技术标准化研究院.中国区块链与物联网融合创新应用蓝皮书[EB/OL].http://www.cesi.cn/201712/3466.html.2017.9.10.

［4］ Walton Chain.沃尔顿链白皮书[EB/OL].http://www.waltonchain.org/white_paper;2018.10.17.

［5］ Xinle Yang,Yang Chen and Xiaohu Chen.Effective scheme against 51% Attack on Proof-of-Work Blockchain with History Weighted Information[C].2019 IEEE International Conference on Blockchain (Blockchain).

［6］ IBM商业价值研究院.增强边缘设备——对分散型物联网的实用洞察[EB/OL].https://www.ibm.com/downloads/cas/kj1obypz.

［7］ Castro M,Liskov B.Practical Byzantine fault tolerance[C]//OSDI.1999,99: 173-186.

［8］ Miller A,Xia Y,Croman K,et al.The Honey Badger of BFT Protocols[C]// ACM Sigsac Conference on Computer and Communications Security. ACM,2016:31-42.

［9］ IoTeX Whitepaper[EBIOL].httpsa/IoTeX.io/white-paper.

[10] Jan Henrik Ziegeldorf,Oscar Garcia Morchon,and Klaus Wehrle. "Privacy

in the Internet of Things:threats and challenges" [C].In:Security and Communication Networks 7.12(2014),pp.2728-2742.

[11] Samsung.Samsung ARTIK and Successful Strategies for Industrial IoT Deployment.Samsung,2016.

[12] Nicolas van Saberhagen.Cryptonote v 2.0.2013.

[13] Yossi Gilad et al."Algorand:Scaling byzantine agreements for cryptocurrencies".In:Proceedings of the 26th Symposium on Operating Systems Principles.ACM.2017,pp.51-68.

[14] Silvio Micali,Michael Rabin,and Salil Vadhan."Verifiable random functions". In:Foundations of Computer Science,1999.40th Annual Symposium on IEEE.1999,pp.120-130.

[15] Bo Tang,Hongjuan Kang,Jingwen Fan,Qi Li,and Ravi Sandhu.2019.IoT Passport:A Blockchain-Based Trust Framework for Collaborative Internet-of-Things.In Proceedings of the 24th ACM Symposium on Access Control Models and Technologies(SACMAT'19).Association for Computing Machinery, New York,NY,USA,83-92.DOI:https://doi.org/10.1145/3322431.3326327.